メディカル ソーシャル ワーカー

MSW ハンドブック

～ 難病相談・支援を通して ～

独立行政法人国立病院機構南九州病院
地域医療連携室・社会福祉士

久保　裕男　著

日本プランニングセンター　発行

凡　例

本書における用語について

MSW（Medical Social Worker）：メディカルソーシャルワーカーの略。

病院等の保健医療の場面において社会福祉の立場から、患者・家族の抱える経済的、心理社会的問題の解決、退院支援・調整を援助し、社会復帰の促進を図るソーシャルワーカー。

厚生労働省保健局通達（平成14年11月29日）によると、業務の範囲は、① 療養中の心理的・社会的問題の解決、調整援助、② 退院援助、③ 社会復帰援助、④ 受診・受療援助、⑤ 経済的問題の解決、調整援助、⑥ 地域活動。近年、政府による「在院日数縮小」政策が進む中で、「退院支援」の調整援助役として、大病院を中心に採用が増えている。なおMSWは国家資格でも任用資格でもないが、８割を超える者が社会福祉士や精神保健福祉士の国家資格を取得している。

社会福祉士：「社会福祉士及び介護福祉士法（昭和５月26日　法30）」による国家資格であり、同法第２条において「社会福祉士の名称を用いて、専門的知識及び技術をもって、身体上若しくは精神上の問題のあること、又は環境上の理由により日常生活を営むのに支障のある者の福祉に関する相談に応じ、助言、指導、福祉サービスを提供する者その他の関係者（医師を初めとした医療従事者、介護業務者）との連絡及び調整その他の援助を行うことを業とする者。

介護福祉士：同上の法律に基づき、介護福祉士の名称を用いて、専門的知識及び技術をもって、身体上又は精神上の障害があることにより日常生活を営むのに支障がある者につき心身状況に応じた介護を行い、並びにそのもの及びその介護者に対して介護に関する指導を行うことを業とする者。

ホームヘルパー（訪問介護員）：居宅において要介護度の高齢者、障害者などへの介護、家事援助、相談援助などホームヘルプサービスを専門的に行う者。都道府県に委託された養成機関にて、所定の研修課程を履修する事が条件で、履修時間数や内容により１級から３級までの資格が設定されている。

難病医療専門員：主として在宅重症難病患者に対し医療・福祉相談、入院相談に対し適切な支援を行う者。職種は保健師、看護師、社会福祉士などいずれも国家資格を持っている。ほとんどが各都道府県に設置している難病医療入院確保事業を行う拠点病院（大学病院、国立病院機構）に配置されている。1010年10月現在で、まだ配置されていない県もある。

神経難病に血の通った経験を組みこんで

独立行政法人　国立精神・神経医療研究センター病院　院長
糸山　泰人

先日、久保裕男さんからお電話があり「この度、『MSWハンドブック～難病支援を通して～』を上梓することになったので挨拶文が欲しい」との内容でありました。

電話の声を通してすぐさま薩摩の風貌を持つ実直でいつも前向きに考えられる久保さんのお顔が思い浮かび、即座に申し出をお引き受け致しました。

私が研究班長をしている厚生労働科学研究費助成金「重症難病患者の地域医療体制の構築に関する研究」ではよくお会いしていました。研究班の班員である国立病院機構南九州病院院長の福永　秀敏先生のところからの発表の多くは久保さんがされ、地に足の着いた実践的な発表を行っていて頂くので、いつも感心させられていました。

今日、難病、特に神経難病とソーシャルワークに関する本格的な書籍が無いのが現状でありますが、この久保さんの書籍はその意味において最初のもので大変有意義なことと思います。この度、久保さんの本の挨拶文を書くに当たり校正用の原稿を読ませてもらい、改めて久保さんと難病、特に筋ジストロフィ患者さんとの出会いから神経難病療養にソーシャルワークの必要性を感じて、それを発展してこられた経緯を知らされました。まさに久保さんのライフワークとしての活動の全てがこの書籍に込められていることを実感させられました。特に筋ジストロフィ患者さんとの出会いにおいて「まずは疾患を理解し、（中略）そして彼らの心情把握から始まった。」と書いておられ、その理解から患者さんへのソーシャルワークの実践が南九州病院を事務局とした南九州医療福祉研究会活動を通して始まったことが詳しく述べられています。

この血の通った経験は多くの人に神経難病のソーシャルワークの意義と必要な経験を与えてくれるものと思います。また、療養一辺倒から自立して社会での活動を求める患者さんの気持ちを、いかにサポートするかということは、実に今日的問題であり課題でもあります。この点に関しても久保裕男さんの熱い思いが語られています。

また、この本には我が国における難病と社会保障制度の歴史から難病ソーシャルワークの芽生えとその発展が分かり易く書かれてあり、今後の日本の医療保障制度のあり方、特に医療ソーシャルワーカーのあり方に関しても久保さんの自説が述べられています。

日本の医療社会は今混沌とした中にあり「医療とは何か？」の根本が問われています。なかでも社会的医療活動の多くの評価は数値目標でなされることが多く、難病医療やその支援的活動はなかなか目に見えて評価できるものではありません。それがゆえに今こそこの様な活動を多くの皆様方に理解してもらうことは極めて重要なものと考えます。

この久保さんの書籍が多くの神経難病患者さんまたはそれを支える人々にとって重要な指針になるものと信じています。

永年の難病相談・地域ケアの足跡の集大成

国立病院機構南九州病院　院長　**福永　秀敏**

2009年の仙台市で開催された国立病院総合医学会に久保さんはシンポジストとして登壇し、ソーシャルワーカーとしての総決算とでもいうべき素晴らしい発表を行った。終わったときには期せずして会場からは大きな拍手が起こったが、それは長年の功績に対する賞賛だったように思えた。

また彼の「地域医療と在宅ケア」での足跡はそのまま私とも重なるものがあり、日本が高齢社会を迎えるにあたって、医療や福祉の面でいかにスムーズに移行させられるかという壮大な実験のようでもあった。

当院は1980年代から、筋萎縮性側索硬化症をはじめとする神経難病の在宅医療と取り組んできた。その過程で久保さんは重要な役割を果たしてくれたが、特筆すべきものとして「南九州医療福祉研究会」と「在宅難病支援検討会・学習会」への関わりがあげられる。

1991年に、川嶋前院長が当院の院長として赴任され、南九州医療福祉研究会を発足された。国の高齢者保健福祉十カ年計画(第１次ゴールドプラン)がスタートして間もない頃で、厚生省の助成もあって、姶良郡医師会並びに同医師会の範囲内に所属する保健所・福祉事務所・市町村・国公立病院で構成し、総合的在宅ケアシステムを構築することだった。まず保健・医療・福祉の関係機関が協力し在宅でのケアを充実するためには、人材の育成が重要であるとの視点から在宅ケア実務者研修を開催した。年に数回、姶良郡医師会館に出向いて、講義と実習をしたことも懐かしく思い出される。

また1993年から、「ボランティア介護大学」なるものを開設した。その後、社会情勢の変化もあり、ヘルパー養成への機運も高まって、ヘルパー養成講座へと発展的に解消した。

1995年からは県の指定を受けてホームヘルパー養成研修（２級課程)を開講、介護保険制度の発足前の1998, 99年度には、県の委託で１,２級課程ホームヘルパー養成研修を実施した。2008年３月までに、1級課程 1,884名(看護師等研修免除を含む)、２級課程 1,627名、難病患者等ホームヘルパー養成研修では難病基礎課程Ⅱ 637名、難病基礎課程 1,390名 の養成を行ってきた。その結果、鹿児島県下のホームヘルパーのかなりの人が当研究会で研修を受けたことになる。

また1993年には、国立療養所南九州病院は、国立病院として唯一在宅医療・看護が認められた（訪問看護部の創設)。1994年からは、厚生省国立病院課に、「国立療養所における在宅医療推進のための研究班」が組織され、私が研究班長となり、全国の国立病院における在宅医療推進のリーダー的役割を果たすことができた。

その他にもこの研究会は、鹿児島県重症難病医療ネットワーク協議会の事務局、難病支援検討会や重症難病に関する研修会など、多彩な活動を支えてきた。

次に「在宅難病支援検討会・学習会」は50回実施したが、事務局を含め指導的な役割を果たしたのが久保さんである。

この会が発足したのは1997年で、当初は医師中心の在宅療養患者を対象にした事例検討会だった。神経難病患者さんは、多くの場合完治することは少ないので、退院後も多職種の援助を受けながら在宅で療養を続けることになる。在宅療養も当初は保健師さんや訪問看護師さんが主体だったが、介護保険の導入後はケアマネージャーさんがコーディネーターとなり、援助もヘルパーさんが主として担いつつある。そのような情勢の中でこの会は、病院から在宅への円滑なつなぎ（連携）の場であったり、また在宅でさまざまな援助をしている実務者への教育（学習会）の場でもあったともいえる。年度ごとの参加者数の推移を眺めてみると、2001年のように304人と多い年もあったり、2004年のように88人と少ない年もある。ただ毎年続けられてきたのは、事務局の久保さんの熱意と努力の賜といえる。

2006年７月に特別記念会を施行したが、私は次の３点について強調させてもらった。

先ず、継続することの大切さである。研究班にしても何らかのプロジェクトにしても、この種の会合は発足して数年は頑張れるが、一応の目的を達っすると終わってしまうことが多い。ただ難病の在宅ケアは、患者には終わりはないわけで、継続こそ真に患者の力となりうる。またこの会は事例検討会が中核であった。在宅ケアは、住み慣れた自宅で暮らしたいという患者の強い気持ちがあり、それを毎日支える主介護者の苦労、そして在宅で暮らしたいという思いを叶えてあげたいという看護・介護者の支援があって初めて成り立つ。在宅は、病院や施設にないぬくもりや匂いがあり、何と言っても患者が主役で暮らせる場所である。そしてこの検討会は、多くの有為な人材の育成の場にもなった 医療福祉の分野は、人の手による手仕事の作業であり、人材の育成なしには成就できない。

今回、久保さんの足跡の集大成とでもいうべき本が刊行される。難病医療や地域ケアがより重要な社会的使命を持ちつつある時代に、時宜を得た出版だと考える。

目　　次

第Ⅰ部　難病とソーシャルワーク

第2章　難病ソーシャルワークの実践

第3章　難病患者へのソーシャルワーク実践

第4章　地域医療連携室創設とMSW

第５章　新たな時代の流れと重症難病患者MSWの課題

第Ⅱ部　医療ソーシャルワーカーの歴史的検証

第６章　医療保障制度の歴史的検証

第７章　医療ソーシャルワークの歴史的検証

はじめに

2008（平成20）年秋のアメリカにおける経済の混乱がまともに日本を襲い、「百年に一度の大不況」の経済情勢のもとで、2009年秋から今日に至るまで国民は敗戦直後の混乱期を除くと約60年間、自由民主党主導の政治を選択していたが2009年、民主党を中心とした政治にわずかの期待を込め、戦後初めて民主党中心の政治が生まれた。しかし現実を冷厳に見るならば、民主党·連合政権は交代時、前政権から860兆円もの借金を負わされての船出であった。「徹底した無駄を省く」と、ややスタンドプレー的に「事業仕分け」なるものを実施したものの、税収が当初予算より９兆円も下回る中で、「こども手当て」など、無い袖を振り「ばら撒き」政治を演じた。その一方で、2009（平成21）年の一年間で自殺者が約３万２千人、またいわゆる「孤独死者」も３万人以上、東証株価は20年前までに下がり、有効求人倍率３割台、大学卒業生の２割以上が職に就けない状況が続いている。卑近な所では、筆者の住む鹿児島県のある市において、2009年秋、工場閉鎖に伴い1000人近くが職を失い、きわめて厳しい状況下求職活動を行っている。学校を卒業してすぐに職につけない学生も急増し、私たちは今明るさの見えないトンネルの中を走っている。

このような情勢のしわ寄せは、まず社会的弱者に一番先にやってくる。「入院生活から自立へ」と、意気込んでアパート生活を始めた身障３級の筋ジストロフィー患者Aさんからの「年賀メール」に息を呑んだ。「生活保護を受けているが、いろいろな支払いをすると手に残るのはわずか１万円程度。これで何とか食いつないでいたが、それも底を突き、12月下旬から餅しか喰っていない。生活保護課の方に相談しても『今の時期はホームレス対策でいっぱい、国が決めた最低限度の保障はしているのだから、細かい相談には乗れない！』と、けんもほろろの対応。先生（筆者）は入院より在宅で暮らすほうが、人間らしい生活ができると、退院を勧めたが、現実はこの通り。どうにかしてください」。また、人工呼吸器を装着したまま在宅生活しているBさん、「このまま私が生きていくということは、結局社会の損失なのでは」旨のメールが届いた。

筆者は約40年間に渡って重症心身障害児・者の療育、進行性筋ジストロフィー患者へのソーシャルワーク、神経・筋重度難病患者のソーシャルワークを実践してきた。40年間を振り返るに、社会の流れに沿うよう諸制度もめまぐるしい展開を見せている。この10年を顧みただけでも、相次ぐ医療保障制度の改定、具体的には第三次、第四次、第五次医療法改正、診療報酬のマイナス改定、後期高齢者医療制度の創設、障害者自立支援法に基づく自立支援医療・療養介護病棟の創設、特殊疾患療養病棟廃止等が浮かぶ。その一方で退院支援加算で社会福祉士の介入による保険点数化、介護保険制度の抜本的改定など、生き馬の目を抜くような変化に現場が追いつかないのが実情である。

社会福祉士をめぐる情勢をみても「社会福祉士及び介護福祉士法」が制定されて20年、2007（平成19）年、法改正により社会福祉士の定義、業務内容が大幅に改定された。即ち「福祉サービスを提供する者又は医師その他の保健医療サービスを提供するその他の関係者（「福祉サービス関係者等」という）との連絡及び調整」の機能が加えられ、社会福祉士の業務として「福祉サービス及びこれに関連する保健医療サービス関係者その他のサービスが総合的かつ適切に提供されるよう、地域に即した創意と工夫を行いつつ（以下略）」（注：下線は筆者）と、医療保健サービス関係者との連携調整が明確に打ち出された。また長い間の懸案であった「医療社会事業員（医療ソーシャルワーカー）の資格化」についても、「社会福祉士以外に専門資格は認めない」方向で情勢は動いている。

難病に関しても、「特定疾患患者」に対する医療費一部負担導入、「軽快者の扱い」、また2009（平成21）年10月から、特定疾患が新たに11疾患加わるなど、大きな変化が起きている。このような情勢下、難病患者・家族支援の一職種である社会福祉士はどのような役割を果たせばよいのだろうか。

本書執筆は、筆者がこれまで行ってきた実践の振り返り作業のひとつである。また、昨今病院への「入院期間短縮」に伴い、本来患者の立場に立つべきである医療ソーシャルワーカーが、病院経営のため、やむを得ず「退院促進的役割」も果たさなければならない情勢下、リッチモンドが訴えた「ソーシャルワークとは何か」の原点に立ち返る事、また諸先輩方が時には離合集散を繰り返しながらも「患者さん本位のソーシャルワークを、そのためMSWの存在と社会への認知」を目標に、手弁当で協会を設立し、多くの苦難を乗り越え、今日に至った苦労に対し、心から敬意を払うことも執筆動機のひとつである。

本書は、前段に「難病とソーシャルワーク」の関係を、筆者の実践を基に論ずる。後段で、関連事項を、補完的に述べる。なお、本書では、引用した原文などで「医療ソーシャルワーカー」と記している点については原文に忠実に従うが、基本的にはMSW（Medical Social Worker）で統一する。

著　者

第 I 部

難病とソーシャルワーク

第１章　難病と社会保障制度、研究活動の変遷

1．難病とは

難病に明確な定義はなく、いわゆる“不治の病”に対する一般的な呼び方として用いられてきた。どのような疾病が難病であるかは、時代や医療水準によって変わってきた。例えばかつてのコレラ、赤痢、結核といった伝染病は“不治の病”で、有効な治療法を当時の医療が実施しえず、多くの人々の命が奪われたという点で、これらの諸疾患はまぎれもなく難病であった。しかしその後日本人の生活が豊かになり、公衆衛生の向上、医学の進歩及び保健·医療の充実に伴って、これらの伝染病は減ったのみならず、治療法も確立され、大半が死に至る病ではなくなった。したがって、少なくとも現在、わが国においては、もはやそれらの疾病は難病との認識はない[厚生労働省健康局疾病対策課　2008『平成20年度版　難病対策提要』][1)]。

1972（昭和47）年10月に出された「難病対策要綱」（表1-1）による行政上の難病対策における難病とは、① 原因不明、治療法が未確立でありかつ後遺症を残すおそれが少なくない疾病、② 経過が慢性にわたり、単に経済的な問題のみならず介護に著しく人手を要するため家計の負担が重く、また精神的にも負担の大きい疾病。つまり前者は医学的な観点から、また後者は福祉的観点からの考え方である。

2．難病の歴史と対策の変遷

1）難病対策の概要

『平成20年度版　難病対策提要』には以下のように記載されている。以下引用する。

「今日の難病対策の発端となった一つが、スモンの登場であったといえる。(中略) このスモンが、学会にはじめて発表されたのが昭和33（1958）年６月であり、昭和39（1964）年５月の日本内科学会シンポジウムに取り上げられて医学界の関心は高まってきたが、これをさらに社会的レベルまで注目を集めさせたのは埼玉県戸田町（現戸田市）での集団発生、その後の岡山県をはじめ全国各地での集団発生を思わせ

表1-1

難病対策要綱

47年10月
厚 生 省

いわゆる難病については、従来これを統一的な施策の対策としてとりあげていなかったが、難病患者のおかれている状況にかんがみ、総合的な難病対策を実施するものとする。

難病対策として取り上げるべき疾病の範囲についてはいろいろな考え方があるが、次のように整理する。

(1) 原因不明、治療方法未確立であり、かつ、後遺症を残すおそれが少なくない疾病（例：ベーチェット病、重症筋無力症、全身性エリテマトーデス）
(2) 経過が慢性にわたり、単に経済的な問題のみならず介護等に著しく人手を要するために家庭の負担が重く、また精神的にも負担の大きい疾病（例：小児がん、小児慢性腎炎、ネフローゼ、小児ぜんそく、進行性筋ジストロフィー、腎不全（人工透析対象者）、小児異常行動、重症心身障害児）

対策の進め方としては、次の三点を柱として考え、このほか福祉サービスの面にも配慮していくこととする。

1) 調査研究の推進
2) 医療施設の整備
3) 医療費の自己負担の解消

なお、ねたきり老人、がんなど、すでに別個の対策の体系が存するものについては、この対策から、除外する。

る多数の患者発生であった。

当時はその原因が不明で、遷延経過をたどり、失明や歩行障害などの後遺症を残すことが多く、またそれらの患者を収容している病院従事者の中からも患者が発生したり、研究の進展途上で病因としてウイルス説が発表されたりしたこともあって、患者が周囲から社会的疎外を受けるなど、大きな社会問題となった。」[2008『平成20年度版　難病対策提要』]。

「原因不明、治療法未確立の疾患に罹患した者の不安は勿論のこと、不幸にしてスモンに罹った人々を救済しなければならないという機運も高まってきた。まず患者自身が立ち上がり、1969（昭和44）年10月、『全国スモンの会』を結成し、国や自治体に患者の救済、原因の究明などの対策を講じるよう要望した。」[同上]

2）難病対策の歴史

患者の会や支援団体の要望に対し、国は1971（昭和46）年度から、入院患者一人に対し月額1万円を支給、また自治体もそれに上乗せし、救済の第一歩が始まった。

この原因不明の疾患に対する研究体制としては、1964（昭和39）年から厚生科学研究費、医療研究助成費などで進められてきたが、1969（昭和44）年度にはそれまでの研究班がスモン調査研究協議会として組織され、厚生省の特別研究費と科学技術庁の特別研究促進調整費が投入され、以降厚生省の大型研究班によるプロジェクト方式の調査研究が強力に進められることとなった。そして前述のように1972（昭和47）年10月、厚生省（当時）は「難病対策要綱」を策定し、総合的な難病対策の実施に取り組むこととなった。

わが国の難病対策は、「難病対策要綱」に基づき、以下の5点を柱に進められている(表1-2)。

(1) 調査研究の推進
(2) 医療施設等の整備
(3) 医療費の自己負担の軽減
(4) 地域における保健医療福祉の充実·連携
(5) QOLの向上を目指した福祉施策の推進

(1) 調査研究の推進

まず研究の嚆矢となったのが1973（昭和48）年度から始まった「東京都衛生局特殊疾病に関する研究班」（班長・重松　逸造）であり、1975（昭和50）年に「特殊疾病に関する研究報告書（重松班報告書)」を提出している。同研究班は3年間で終了したが、この研究会に参加した川村佐和子、高坂雅子、水上瑠美子、影山ツヤ子、伊藤淑子（都立神経病院医療相談室）ら保健婦（当時）・医療ソーシャルワーカー・研究者が自主的に難病患者福祉研究会を結成して共同研究を継続し、その中間報告として『難病患者·家族への医療福祉援助』（1977）をタイプ印刷で刊行した[2)]。東京都はその後も次々に研究班を立ち上げ、国の牽引車の役割を果たした。厚生省も1976（昭和51）年から3年計画で「難病の治療·看護に関する研究班（班長・小山義之　国立病院医療センター院長)」を立ち上げ、川村、宇尾野、山手らが、研究成果を報告している（主に16ミリ映画)。また3年間の調査研究の成果を集計している。これによると全国の国立病院·療養所、日赤病院、済生会病院、および北里大学病院の協力のもと8疾患患者に対し全国調査を実施し、「療養上困っている問題」について綿密な分析を行っている（図1-1)。これら初期の研究で注目されることのひとつ

表1-2　難病対策の概要

難病対策については、昭和47年に定められた「難病対策要綱」に基づき各種の事業を推進している。

難病対策として取り上げる疾患の範囲	対策の進め方	事業の種類
(1) 原因不明、治療方法未確立であり、かつ、後遺症を残すおそれが少なくない疾病 （例：ベーチェット病、重症筋無力症、再生不良性貧血、悪性関節リウマチ） (2) 経過が慢性にわたり、単に経済的な問題のみならず介護等に著しく人手を要するために家庭の負担が重く、また精神的にも負担の大きい疾病 （例：小児がん、小児性慢性腎炎ネフローゼ、小児ぜんそく、進行性筋ジストロフィー、腎不全（人工透析対象者））	(1) 調査研究の推進	厚生科学研究 （特定疾患対策研究）（健康局） （子ども家庭総合研究）（雇用均等・児童家庭局） （障害保健福祉総合研究）（障害保健福祉部） 精神・神経疾患研究（国立病院部）
	(2) 医療施設等の整備	難病の診療を行う国立病院・療養所（国立病院部） 重症心身障害児（者）施設（〃） 項進行性筋萎縮症児(者)施設（〃） 国立精神・神経センター（〃） （運営費・施設整備費） 重症難病患者拠点・協力病院設備（健康局） 身体障害者擁護施設における ＡＬＳ等受入れ体制（障害保健福祉部）
	(3) 医療費の自己負担の軽減	特定疾患治療研究（健康局） 小児慢性特定疾患治療研究（雇用均等・児童家庭局） 育成医療（障害保健福祉部） 更生医療（〃） 重症心身障害児（者）措置（〃） 進行性筋萎縮症児（者）（〃）
	(4) 地域における保健医療福祉の充実・連携	難病特別対策推進事業（健康局） 特定疾患医療従事者研究事業（〃） 難病情報センター事業（〃）
	(5) ＱＯＬの向上を目指した福祉施策の推進	難病患者等居宅生活支援事業（健康局）

図1-1　療養上困っている問題

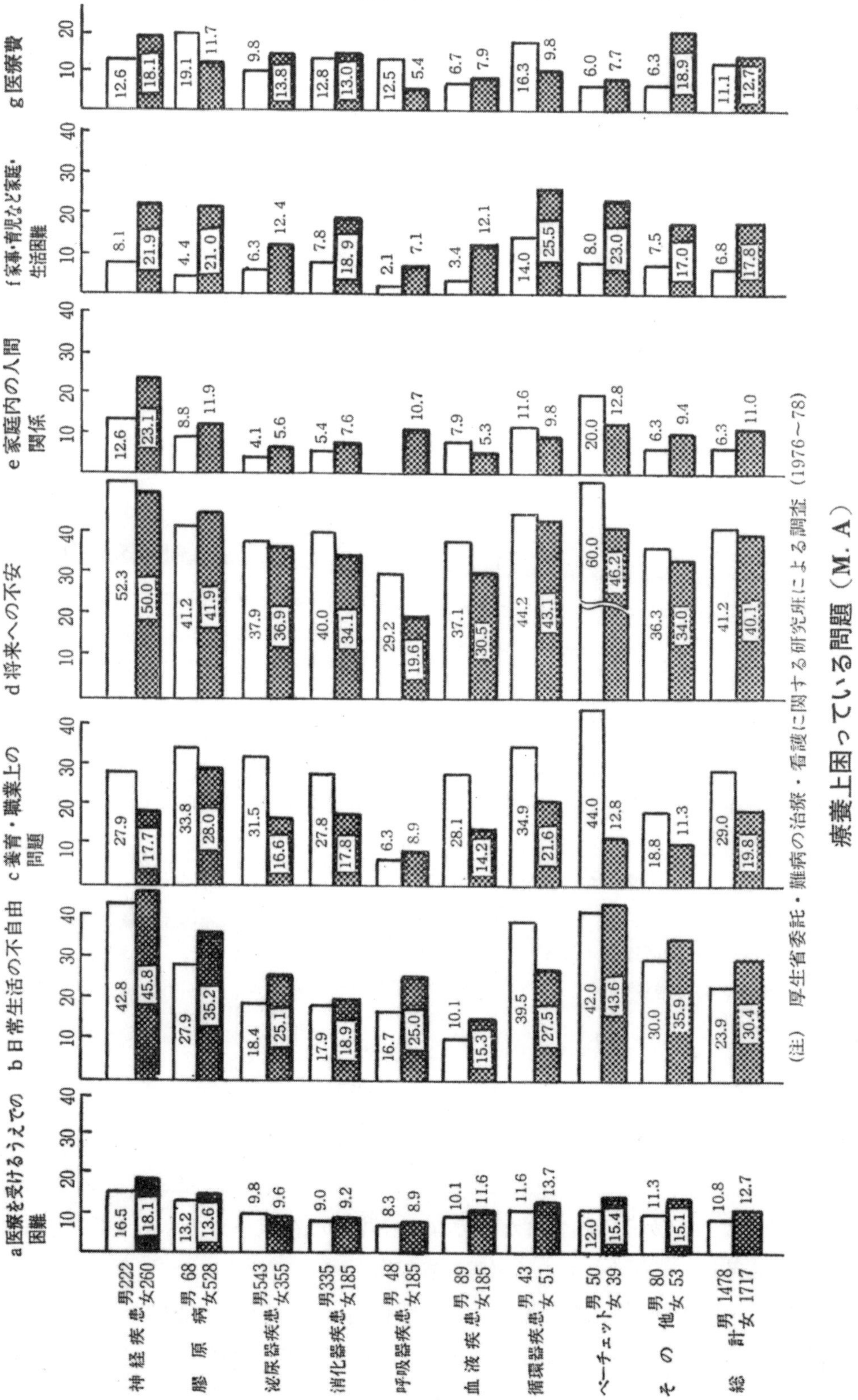

表1-3　難治性疾患患者

	医　　療	看　　護	医療・生活保障
サービス制度	○医療相談 ○専門医療（入院，通院，訪問） ○日常医療（通院，往診） ○救急医療（入院，往診） ○リハビリ医療（入院，通院，訪問） ○専門集団検診 ○患者護送サービス ○通院サービス	○看護相談 ○病院・施設での完全看護 ○訪問保健指導 ○家族に対する看護技術教育 ○訪問看護技術提供 ○家庭看護用器具の貸与・資材の給付（吸引器，マットレス，紙オムツ，経管栄養食等） ○医療，保健，福祉機関に関する情報提供・連絡調整	○生活相談 ○差額ベッド料負担解消（公費） ○付添料負担解消（公費） ○漢方医療・マッサージ費公費負担 ○通院費補助 ○難病患者福祉手当 ○難病患者介護手当 ○生活保護難病加算 ○障害者年金・手当の対象拡大 ○税・公共料金の減免 ○難病医療費公費負担の徹底
機関・職員	○病院相談室（ＭＳＷ増員） ○保健所相談窓口（ＰＨＮ増員） ○専門病院増設（専門医増員） ○専門病院地域サービス部門設置 ○家庭医の地域医療参加・専門医との協力体制 ○リハビリ施設増設 （ＰＴ，ＯＴ増員）	○保健所の相談・訪問援助体制（PHN増員，Nr配置） ○専門病院の看護体制・訪問看護体制（看護婦増員，適正配置） ○一般病院・診療所の訪問看護体制 ○区市町村保健婦の訪問看護体制 ○ナーシング・ホーム建設 ○デイ・ケア施設建設 ○ナイト・ケア施設建設 ○ハーフウェイ・ハウス建設	○病院相談室・保健所・福祉事務所等相談窓口 （担当職員の研修） ○医療保障・生活保障機関の対応 （関係職員の研修）

に、「医療モデル」からの調査ばかりでなく、生活に視点を当てた「生活モデル」による調査研究であったことである（表1-3）。

「重松班　重松　逸造（国立衛生院疫学部長）」は、３年間（1973～1975年度）の「研究報告と提案」を基に、難治性疾患患者に対する援助の基本として以下の課題を

対策機構の課題

福　　　祉	職　　　業	教　　　育
○福祉サービス相談 ○障害概念の拡大（判定基準の改善） ○児童・身障者・老人福祉サービス拡充（施設収容，通所，訪問援助） ○住宅保障（公営住宅優先入居，建設資金融資） ○住宅改善・設備改善補助（トイレ・浴室・浴槽） ○日常生活用具の貸与・給付（特殊寝台，電動車椅子，電動タイプ，湯沸器，電話等） ○緊急一時保護サービス（施設収容，介護人派遣，通所） ○ボランティア開発・援助	○職業相談 ○職業訓練 ○職業紹介 ○庇護雇用 ○通勤援助（通勤用自動車購入資金貸付等） ○自営業開業優先措置（公共施設内売店設置等） ○資金貸付・債務保証 ○雇用主啓発と労働条件改善（休職，復職の保障，通院時間保障，配置転換，職場設備改善，上役・同僚の理解）	○教育相談 ○訪問学級教育 ○病院・施設内学級教育 ○養護学校教育（寮，通学サービス） ○普通学校教育 ○社会教育 ○通信教育援助
○福祉事務所・身障者福祉センターの対応（担当職員の研修） ○病弱児・障害児施設（入所，通所）の拡充 ○療護施設の拡充 ○特養老人ホームの拡充 ○ホームヘルパーの増員・研修	○身障者相談機関（担当職員の研修） ○職場訓練・授産施設の拡充 ○職業紹介機関の対応（担当職員の研修） ○企業内保健・福祉相談機関の拡充（担当職員の研修）	○教育相談窓口（担当職員の研修） ○難病児・者教育条件の整備（訪問学級，病院，施設内学級，養護学校，寮，スクールバス，普通学校の肢体不自由児・病弱児受入体制，社会教育条件整備，等）

提案した。

a) 予防･早期発見･早期治療からリハビリテーション・終末医療に至る一貫した保健･医療･福祉サービスが体系化されること。

b) 予防から終末医療までの一貫した対策の中に、保健･医療･看護・福祉･教育・職業的リハビリテーションなどの諸サービスが総合化されること。

c) 施設収容ケア対策と在宅ケア対策とを統一的に推進し、患者·家族が主体的に選択することができるよう条件を整備すること。

d) 個々の患者·家族の特殊なニーズに適切に対応することができるよう個別的処遇を徹底すること。

e) 個々の患者·家族の多様なニーズに適切に対応することができるよう、関連諸職種従事者のチームワークを強化すると共に、関係所機関の連携を強化すること。

これらの研究成果を実践に生かすべく、川村らは、すでにこの時点で難病看護とソーシャルワークを統合しつつ実践を始めている。

「保健·医療·福祉の一体化」、「サービスの総合化」「ケアの選択」「関係機関の連携」などに見られるように、この提案は30年以上時を隔てた今日的課題そのものであり、いかに先見性があったかを、思い知ることが出来る（太字は筆者が記載した）。

その後、今日に至るまで厚生省は疾患ごと、またはテーマごとに「研究班」を国立病院・療養所（現独立行政法人国立病院機構）、大学付属病院、大学研究者などに委託、多くの資金を投資し調査研究活動を推進している。

東京都よりは少し遅れはしたが、先進的に都道府県を挙げて難病研究·対策に取り組んだ自治体もあった。

なお厚生省・厚生労働省委託研究については、膨大な量になるため、ここでは割愛する。詳細は日本難病看護学会編集『難病看護文献目録集」（日本プランニングセンター発行）[6] を参照していただきたい。

(2) 医療施設等の整備

① 進行性筋萎縮症児（者）の整備

国としてまず手掛けたのが、進行性筋萎縮症児（者）、いわゆる筋ジストロフィー症患者の入院確保であった。前述の「難病対策要綱」が作成された1972年よりも８年も前の1964（昭和39）年３月、筋ジストロフィー親の会（現在の筋ジストロフィー協会）は、時の厚生大臣及び医務局長に陳情し、その結果児童福祉法の改正により国立療養所（当時）への措置入院が法律化されることになった（1996.西谷　裕：編著『からだの科学·難病』日本評論者P11）[3]。国立療養所への入所の背景には結核治療の進歩に伴い、多くの国立療養所に空床が目立ち、「空床対策」の事情もあったが、国が率先して入所による対策を講じたことには、大きな意味があった。因みに1967（昭和42）年の児童福祉法改正により、当時３万人以上が在宅で暮らしていた重症心身障害児（者）の国立療養所への受け入れも始まった。なお重症心身障害児（者）入所に関しては、民間先行型で、すでに1961（昭和36）年には島田療育園（東京都）が、63年は秋津療育園（同）、びわ湖学園（滋賀県）が開設されていた。その後、筋ジストロフィー病棟は全国に広がり、最大期は27施設、2,300床を有するようになった（その後、統廃合によるベッド縮小、障害者自立支援法による療養介護病棟への転換に伴う入院患者数が縮小）。

② 困難を極める神経系難病入院施設確保

一方、筋萎縮性側索硬化症（以下、ALSと略す）を初め、重度神経系難病患者の入院確保に関し、一部の国立療養所ではスタッフの献身的な努力で実現したが、全体としては遅々として進まず難渋した。これに対し、厚生省は各都道府県に対し、厚生省保健医療局通知「難病特別推進事業について」（平成10年４月９日健医発第635号）を出し（表1-3）、入院確保・相談援助等を目的にした「重症難病医療連絡協議会」の発足、入院確保事業の一環として、各都道府県に拠点病院、協力病院を指定し、普及を求めたが、地域間格差が広がった。また同省は1997（平成９）年、身体障害者療護施設への入所を可能にすべく人員、設備面での財政補助を行った。当時としては「画期的」といわれたこの措置に対し多くのALS患者·家族は期待を持ったが、十数年を経た今日、全国的にあまり成果を挙げていない。

そのような中にあって、重症難病とりわけALSの入院確保が困難な中で、一定の期限を区切っての医療保険による「レスパイト的」入院は確実に前進している。また一部の自治体では、人工呼吸器を装着したALS患者を受け入れた医療機関には補助金を出しているが、根本的解決には至っていない。

(3) 医療費の自己負担の軽減

患者·家族にとって、それまで最大の負担は医療費だった。そこで厚生省はすでに他の疾患で行っている「公費負担医療」を難病患者にも適用すべく努力した。その結果、「特定疾患治療研究事業」を立ち上げ「難病研究に協力してくれた謝金」的意味合いで、特定の疾患に限り、公的医療保険制度による患者一部負担に対し一部もしくは全額の公費負担を行うこととなった（1996　黒川ら『からだの科学·難病』P2）。

(4) 地域における保健医療福祉の充実・連携

重症難病患者の入院確保が遅々として進まない一方で、1980年代後半頃より、欧

表1-4　難病特別対策推進事業の概要

<table>
<tr><th colspan="2">事業名</th><th>事業概要</th><th>実施主体</th></tr>
<tr><td colspan="2">難病相談･支援センター事業</td><td>地域で生活する患者等の日常生活における相談・支援、地域交流活動の促進及び就労支援などを行う拠点施設として、難病相談・支援センターを設置し、患者等の療養上、日常生活上での悩みや不安等の解消を図るとともに、患者等のもつ様々なニーズに対応したきめ細やかな相談や支援を通じて、地域における患者等支援対策を一層推進する。</td><td>都道府県</td></tr>
<tr><td colspan="2">重症難病患者入院施設確保事業</td><td>重症難病患者のための身近な入院施設の確保等を図るため、都道府県は概ね二次医療圏ごとに１か所の協力病院を指定し、そのうち１か所を拠点病院として、地域の医療機関の連携による難病医療体制の整備を図る。
（拠点病院は、難病医療連絡協議会の業務(医療機関との連絡調整、各種相談応需、拠点・協力病院への入院要請、研修会開催)を受託するほか、連絡窓口を設置し、高度の医療を要する患者の受け入れ等の機能を担う。
協力病院は、入院受け入れ等の機能を担う。）</td><td>都道府県</td></tr>
<tr><td rowspan="4">難病患者地域支援対策推進事業</td><td>在宅療養支援計画策定・評価事業</td><td>在宅の重症難病患者の療養を支援するため、保健所が医療及び福祉関係者の協力を得て、保健・医療・福祉にわたる各種サービスの効果的な提供を行うための計画策定等を行う。</td><td>都道府県・保健所政令市・特別区</td></tr>
<tr><td>訪問相談事業</td><td>在宅の重症難病患者・家族の精神的負担の軽減を図るため、保健所が保健師、看護師等有資格者及び経験者を派遣して訪問相談（日常生活の相談応需や情報提供等の援助）を行う。</td><td>都道府県・保健所政令市・特別区</td></tr>
<tr><td>医療相談事業</td><td>専門医、看護師、ケースワーカー等により構成された相談班を設置し、都道府県自ら又は適当な団体に委託し、会場を設定して医療相談を実施する。</td><td>都道府県・保健所政令市・特別区</td></tr>
<tr><td>訪問指導事業（訪問診療）</td><td>専門医、主治医、保健師、看護師、理学療法士等による診療班を設置し、都道府県自ら又は適当な団体に委託し、在宅療養患者を訪問して診療、療養指導を実施する。</td><td>都道府県・保健所政令市・特別区</td></tr>
<tr><td colspan="2">神経難病患者在宅医療支援事業</td><td>担当医が診療に際して疑問を抱いた場合等、緊急に厚生労働省が指定する神経難病の専門医と連絡を取れる体制を整備するとともに、担当医の要請に応じて、都道府県等が専門医を中心とした在宅療養支援チームを派遣することができる体制を整備する。</td><td>都道府県・独立行政法人・国立大学法人</td></tr>
<tr><td colspan="2">難病患者認定適正化事業</td><td>特定疾患治療研究事業の対象患者の認定業務の効率化を図るとともに、臨床調査個人票の内容を特定疾患調査解析システムに入力することにより、難病患者の動向等を全国規模で把握するとともに、難治性疾患克服研究事業を推進する。</td><td>都道府県</td></tr>
</table>

米の「ノーマライゼーション」の考え方が次第にわが国にも浸透し始め、ALS患者を中心に在宅医療が展開されるようになった。因みにノーマライゼーションはデンマークで成立した「精神遅滞者法」(1959年）に端を発する。その後、スウェーデン(1980年)、北米地域（1980年代前半）に拡がった。

1990（平成２）年から始まった高齢者保健福祉十か年戦略（いわゆるゴールドプラン）の発足、1992（平成４）年第２次医療法改正により医療提供の場のひとつに「居宅」が明文化されたこともあり、「在宅医療」が全国的課題となり、重症難病患者への支援も遅々とはしていたが、在宅療養できる環境作りが本格化した。1990年代中葉には、保健･医療･福祉を総合的に提供する「介護保険制度」も俎上に登り、訪問看護に代表される医療サービスが、介護サービスと同じ制度で提供されることが明らかになった。また介護保険成立過程で在宅難病支援との関連も言及する必要がある。当初の政府案では、介護サービスを受けられる者は一律65歳若しくは60歳以上の「寝たきり者」(いわゆる１号被保険者）となっていたが、議論の過程で、若年層の中でも介護の必要な疾患を持っている者が多くいることが指摘され、その結果「15疾病」については「特定疾病」の対象者になり、40歳以上の２号被保険者から介護保険サービスが受けられることになった（現在は16疾病)。その中で、８疾病の患者が「特定疾患」つまり「特定疾患医療受給者証」を持つ難病患者であったことである。

このことは、比較的若年（40～50歳代）に発病するALSを初め、多くの若年性難病患者には朗報であった。また、「公費負担医療」の理念が介護保険に導入されたのも大きな前進であった。即ち、介護保険制度は大きく医療系サービスと入所も含む福祉系サービスに分けられるが、医療系サービスのうち訪問系サービス（訪問看護、訪問リハビリ、居宅管理指導）については公費負担医療と同様自己負担が生じない対象となったことである。なお、訪問看護については、厚生労働大臣が定める一定のレベル（重度化）に達すると介護保険ではなく医療保険による仕組み（交通費代のみ)、また都道府県単独事業ではあるが、「在宅人工呼吸器使用特定疾患患者訪問看護治療研究事業」も始まり一日複数回訪問、年間260日訪問看護利用可能な仕組みができ、ALSを中心に重度在宅難病患者とその家族支援に大きな役割を果たしている。なお、難病と諸制度の関連は別章で詳述する。また、「難病と地域連携」についても後述する。

(5) QOLの向上を目指した福祉施策の推進

介護保険制度を初め障害者自立支援法など、在宅患者･家族を支援するシステムが整備される中、また人工呼吸器など医療機器の飛躍的発展により、この20年で治療

図1-2　難病相談・支援センターのイメージ

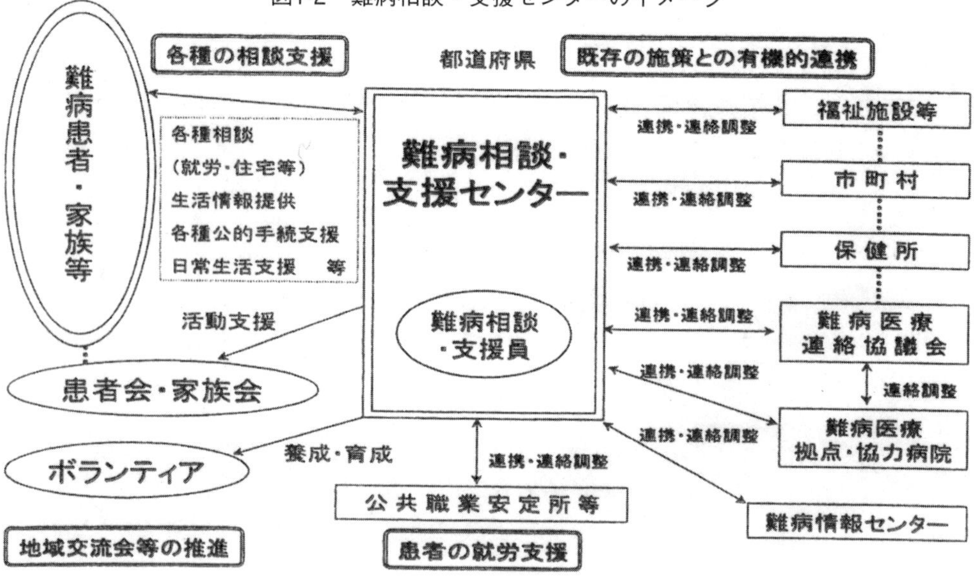

法の解明が遅々としているなかでADL支援の面では大きな前進があった。例えば人工呼吸器装着後の延命年数も飛躍的に伸びてきた。その一方で、単なる「生物」としての「生」ではなく、「人間らしく尊厳を持ち、社会の中で生きる仲間」としての考え方即ち「自律性や選択性を重んじ、その人らしい生活を支援する」QOL（Quality of Life：生活の質）の向上を目指した支援が求められるようになった。その一環として、ハード面ではIT技術を駆使し、スイッチ等の開発により、寝ながらにして全世界の友人と交信·交流できることが可能になった。また長年の懸案であった、痰の自動吸引機も完成した。その一方、ソフト面では、「難病患者を支援する」仕組みから「難病患者自身が立ち上がり社会に物申す」IL（Independent Living）の考え方も浸透しつつある。現在鳥取・香川・佐賀県を除く都道府県に日本ALS協会支部があるが、会長の大半は当事者である。それらの考え方の根底には「ノーマライゼーション」があることは論を待たない。

(6) 難病相談·支援センターの発足

国は、前述の厚生省保健医療局通知「難病特別対策推進事業について」の中で、「難病特別対策推進実施要綱」を定め「難病相談・支援センター事業」を明記した。具体的には、難病患者·家族の療養上、日常生活上での悩みや不安を解決を図るとともに、様々なニーズに対応したきめ細やかな支援を通して、地域における難病患者等支援対策を推進することを目的に、全都道府県に最低1ケ所の「難病相談·支援センター」の設置を打ち出した。同センターには「難病相談支援員」が配置され、電話や面談等による相談、患者会などの交流促進、就労支援など難病患者の持つ様々なニーズに対応した相談支援を行っている（図1-2)。2010年４月段階で、全ての都道府県に設置され、様々な活動を行っているが、同センター設立以前における各都道府県の施策の温度差の違いもあり、均点化が求められている。

3．東京都を中心とした先駆的難病看護・研究活動の成果

２でも触れたが、難病看護の分野では、まず1973（昭和48）年以来東京都神経科学総合研究所社会科学研究室が中心となって始まった。その後今日に至るまでの研究内容、研究参加者、そしてその成果も膨大な量になるため、川村佐和子（日本難病看護学会代表）は「難病看護研究概要」で、研究成果を以下のようにまとめている（紙面の関係で第１期：1973年４月から1986年３月まで)。[3) 4)]

① 難病患者・心身障害者問題の構造及び対策

難病患者、心身障害者問題の全体的構造及びそれに基づく保健・医療・福祉システムを取り上げ、患者・家族の総合的な保健医療福祉対策研究を行った。

② 難病問題に対する調査研究

a) 東京都衛生局委託研究「療育相談、早期発見・早期治療の機構に関する研究班」、「地域の特殊疾患患者に対する保健師同等のあり方に関する研究」、「地域に置ける特殊疾患患者の管理方法に関する研究」「特殊疾病対策の地域活動とその効率的推進に関する研究」「介助具の開発と効率化に関する研究」
b) 「厚生省特定疾患研究　難病の治療・看護研究に関する研究班」「スモン調査研究班」への参画
c) その他

③ 関係機関、施設が所有する既存資料を基に神経難病患者の早期発見方法を検討

都内三多摩、23区、島しょにおける難病検診活動を通し関係機関によるケア体制確立に貢献

④ 神経系難病患者のfollow upと援助についての検討と具体的方法論確立

a) 地域における実践を通し、検証した。
b) 患者発見から治療、リハビリテーションに至る総合的な地域保健、医療、福祉

の協力体制を確立した。

c) 提供できる仕組みを作ることによって、患者の　follow upが可能となった。

⑤ 在宅療養患者に対する保健・医療・福祉の総合的サービスを提供するための研究

a) 保健婦、看護婦、医療ソーシャルワーカー等の共同研究の場「在宅看護研究会」「難病看護研究会」を立ち上げ事例研究法により個別的援助の実践例を明らかにし、その有効性を検討し、福祉を発展させうることが実証された。対象疾患はALS、進行性筋ジストロフィー症、パーキンソン病、脊髄小脳変性症、多発性硬化症、その他神経筋疾患、などであった。

b) 援助事例によって得られた看護内容を疾患別・症状別・援助課題別に整理し看護技術の開発、適用を検討した。これらは保健指導基準、手引きなどを作成する基礎となっている。

c) 神経系疾患患者の生活において必要とされる介護具、看護具についての検討。有効性や使用上の問題点を明らかにした。また新しい用具の開発及び既成製品の改善。

⑥ 地域保健、医療、福祉活動の組織化と社会的諸対策について検討した

a) 研究対象地域における保健、医療、福祉サービスの総合的なシステム化を推進。

b) 患者会への支援：聞き取り調査等を通し社会的役割を明らかにし援助した。

⑦ 保健、医療、福祉事業職員に関する研究

患者・家族への支援者である専門職員の質的・量的の向上のため、実態調査、資格、教育制度の検討、再教育について具体的対策法を開発した。

⑧ 難病に対する啓蒙と地域活動推進のための研究

a) 情報の提供及び研修会の開催。

b) 手引き書、パンフレット、映画等の作製、発刊。

第２項 各地域における難病看護研究実践の成果（注：太字は著者が加工した。）

4．厚生省（現厚生労働省）研究班を中心とした研究成果

難病５大対策の一つ、「調査研究の推進」について、初期(昭和40年代から50年代)については、「１．」で触れたが、その後も今日に至るまで、研究活動が継続されている。

筆者は1999（平成11）年度から始まった厚生科学研究費補助金疾患対策研究事業「特定疾患の地域支援ネットワークの構築に関する研究班（木村班）」で、福永秀敏班員（南九州病院院長）の協力研究者として本研究事業に参加し、今日に至っている。ここでは、難病に関わる数多くの研究班の中から、主な研究班のテーマ、研究の総括的評価、主な発表を記述する。

なお、以下の一部は『難病看護文献目録集』（日本プランニングセンター）より引用させていただいた。[5] 1999年度（平成11）年度からは、報告集を基に記述した。

１）厚生省特定疾患　難病の治療・看護に関する研究

1976（昭和51）年度から1987（昭和62）年度まで

前半は、ALSを始め、スモン、脊髄小脳変性症、難病の治療、看護そのものに関する研究報告が大半であったが、すでに在宅療養の実績を重ね、その研究成果を報告したものもあった。特徴的な研究報告の演題と研究責任者等を列記する。

① 1976（昭和51）年度

a.「専門病院における神経難病の頻度と医療看護システムについて」宇尾野　公義、他

b.「神経難病における自宅療養の検討」川村　佐和子、他

c.「難病検診と在宅患者の実態について」乗松　克政、他

② 1977（昭和52）年度

a.「『在宅診療』活動における地域医療・保健·福祉機関との協力について」川村　佐和子、他

b.「脊髄小脳変性症患者のリハビリテーション看護」水口　一徳、他

c.「運動ニューロン疾患患者の意思伝達装置の試作」中島　敏夫、他

③ 1978（昭和53）年度

a.「神経難病の治療システム　その２　筋萎縮性側索硬化症（16mm映画）」宇尾野　公義、他

b.「在宅難病患者に対する医療機関の協力態勢と訪問看護活動」山手　茂、他、

c.「地域医療、保健、福祉機関の相互連携」宇尾野　公義、他

④ 1979（昭和54）年度

a.「神経難病・在宅療養の条件　パーキンソン病を中心に』宇尾野　公義、他

b.「保健活動から見た難病患者の実態及び患者の実数把握に関する研究」
倉本　安隆、他

⑤ 1980（昭和55）年度

a.「地域医療、保健･福祉機関の相互連」宇尾野　公義、他

b.「難病の地域ケアシステム確立の要件」西　三郎、他

c.「ALS患者の家族指導表作成の試み　障害別の援助について　」向山　昌邦、他
後半（昭和56年度）になると、地域との連携、保健所との連携に関する研究発表が増加。

⑥ 1981(昭和56)年度

a.「難病の地域ケアシステム確立への試論」西　三郎、他

b.「『筋萎縮性側索硬化症』自宅療養の手引書の作成」向山　昌邦、他

c.「筋萎縮性側索硬化症患者の在宅療養指導についての研究」乗松　克政、他

⑦ 1982（昭和57）年度

a.「難病地域ケアシステム化と教育研修」宇尾野　公義、他

b.「神経・筋疾患の難病相談　保健所との連携を中心にして」森吉　猛、他

c.「大阪難病相談室による訪問看護」青木敏之、他

d.「特定疾患患者の病院及び地域保健婦間の連携方式の試行」井出　愛邦、他

⑧ 1983（昭和58）年度

a.「愛知県医師会難病相談室の現状と課題」今井　茂、他、愛知県医師会

b.「療養相談室の開設」鈴木　純子、他

⑨ 1984（昭和59）年度：地域と保健所との連携に関する発表が大半を占めた。

a.「ALS患者の在宅療養を支える環境要因についての研究」乗松　克政、他

⑩ 1985（昭和60）年度
医師･看護婦以外の職種からの研究成果も、少しずつ報告されるようになった。

a.「在宅神経難病患者ケアの実態と問題点の分析　リハビリテーションの立場から」
向山　昌邦、他

b.「神経難病患者のコミュニケーションエイド適応の為の評価法試案　OTの立場より」村上　慶郎、ほか

c.「継続看護　療養相談室の開設」鈴木　純子、他

d.「神経難病患者のエゴグラム解析」北尾　武、他

e.「難病患者･家族･看護者間のコミュニケーションのためのY―G性格検査について」
宮崎　一興、他

⑪ 1986（昭和61）年度：資料不明

⑫ 1987（昭和62）年度

a.「神経難病の作業療法の検討　第1報　脊髄小脳変性症を中心に」村上　慶郎、他
b.「地域保健機関側からみた神経難病患者受療の実態と専門病院の役割に関する研究」廣瀬　和彦、他
c.「伊豆半島における難病患者在宅治療の実態」今村　幸雄、他
d.「地区医師会の難病検診の発展とガイドライン作成」村瀬　敏郎、他
e.「脊髄小脳変性症患者のターミナルケアのための基礎研究（第２報）、村上　慶郎、他
f.「在宅神経難病患者の終末期までの療養状況　患者の死亡時の状況」青木　敏之、他

２）厚生省特定疾患　難病のケア・システム調査研究班研究報告

上記の研究成果に立って、1988（昭和63）年度から厚生省は「厚生省特定疾患難病ケアシステム調査研究班」を立ち上げ、各地域における研究の成果報告の機会を作った。特にこの時期は、社会福祉士及び介護福祉士法」の成立1887(昭和62年）、福祉関連８法改正、ゴールドプラン開始(1989年)、老人訪問看護制度発足（1992年）、第二次医療改定（同年）に伴う「在宅医療」推進などが次々に打ち出され、保健・医療・福祉の連携が大きな課題となった。各地域から、地域における難病ケアシステム形成に関する多くの研究報告が発表された。「QOLの向上」という視点から、個別実践研究も報告されるようになった。また「難病ターミナルケア」に関する報告もなされるようになった。更に、この時期よりボランテア活動（病院スタッフが出向く、地域の方々が病院で実施）も行われるようになった。主な研究題目を列記する。

① 1988（昭和63）年度
a.「難病在宅ケアのコーディネート機能について」村瀬　敏郎、川村　佐和子、他
b.「地域ケア・システムと難病患者への対応」奥井　津ニ、他
c.「神経難病患者の入院から在宅に向けての原状と問題点　パーキンソン病患者を通して」中野　良義澄、他
d.「地域ケアシステムにおける障害者福祉センターの役割　神経難病患者の地域リハビリテーションを中心に」向山　昌邦、他
e.「難病ソーシャルワークにおけるコーディネート機能」今井　茂夫、他
　注：本研究会で初めて難病ソーシャルワークの研究成果が発表された。
f.「ALS患者の受容過程と援助に関する研究」乗松　克政、稲元　昭子、他
② 1899(昭和64、平成元)年度

a.「保健・医療・福祉の連携による在宅ターミナルケア」奥井　津二、他
b.「在宅難病患者家族の介護量調査」牛込三和子、他
c.「難病地域ケアシステムにおけるコーディネート機能のあり方に関する研究　地域システム作りとボランテイア講座の試み」阪　上裕子、他
d.「過疎地域における在宅難病患者に対するボランテイア援助の可能性についての検討」福原　信義、他
e.「難病ケアシステムへの宗教ボランテイア導入」北尾　武、他
③ 1990（平成２）年度
a.「コミュニケーション・エイドの使用困難な患者のコミュニケーション手段の確保に関する研究」村上　慶郎、他
b.「筋萎縮性側索硬化症患者の受容過程に関する研究：その３死亡例の分析」川村佐和子、他
c.「在宅難病患者及び家族に対する保健活動―医療･福祉との連携－」倉本　安隆、他
d.「ALS患者の食事指導に関する研究～しおり作成への試み～」乗松　克政、他
e.「神経難病の患者と家族に対する心理的援助に関する研究」福原　信義、後藤清恵、他
④ 1991（平成３）年度
a.「難病在宅ケアシステムにおけるコーディネート機能に関する研究―主治医の機能と医師会の役割」村瀬　敏郎、東京都16医師会、愛知県医師会、他
b.「コミュニケーション障害者に対するトーキングエイドの適用の研究　パーキンソン病、脊髄小脳変性症を中心に」村上　慶郎、他
c.「在宅難病療養者の“集い”の役割に関する研究―ケアシステム化に向けて」北耕平、他
d.「地域システム化に向けてのボランテイアの育成に関する研究」北　耕平、今井尚志、他
e.「長期療養患者（難病）の介護状況についての考察―ALS患者のための食事のしおり配布とアンケート調査より」福永秀敏、稲元昭子、他
f.「神経・筋疾患の長期療養における法的諸問題」平林　勝正、他
g.「当院で登録した神経難病患者の長期予後―特に居住場所と医療福祉体制について」堀川　楊、他
h.「神経難病患者のQOL評価票の作成」村上　信之、他
i.「看護からみた難病患者のQOL」牛込三和子、他
④ 1992（平成４）年度

a.「神経筋疾患を対象とした長期療養施設・機能とそのあり方と、施設·機能の総括に関する研究」西　三郎、他
b.「神経難病患者·家族の自立度の評価に関する研究－精神的·社会的評価」北　耕平、他
c.「在宅看護技術の開発に関する研究（１）（２）」近藤　紀子、牛込三和子、他
d.「大阪難病相談室の歩み」青木　敏之、他
e.「神経難病患者の家族からみたQOL評価」村上　信之、他
f.「神経難病患者のQOL自己評価―患者は自分を幸福と考えているかー」北尾　武、他
g.「難病の在宅リハビリテーション　理学療法の立場から」増本　正太郎、他
⑤ 1993（平成５）年度
a.「医師会が行う『難病地域医療のガイドライン』に関する研究」中村　努、他
b.「難病患者と家族への関わりについてー入院生活に意欲を持たせるためにー」村上慶郎、他
c.「ALS患者への心理的検討－カウンセリングを通してー」今村葉子、他
d.「神経難病患者の地域ケアにおける関係機関の役割と連携－間や連絡票の導入から」中川禎二、他
e.「難病のリハビリテーションⅡ　嚥下障害[1)] 呼吸障害に対する理学療法[2)]、排尿障害[3)]、代替コミュニケーション手段の特徴とその応用[4)]、廃用症候群とその予防[5)]、長期慢性難病患者のQOLを高めるために」1)塩浦　政男、2)伊藤　直栄、3)佐々木　光信　4)望月　久、5)十川　むつ子
f.「難病患者とインフォームドコンセントー看護婦の立場からー」藤明　アケミ、他
⑥ 1994(平成６)年度
a.「ALS患者への『療養のしおり』の検討」廣瀬　和彦、他
b.「在宅難病患者の社会資源利用の実態に関する研究」中村　努、他
c.「国立病院における在宅療養の支援の意義－神経難病患者の事例を通してー」佐藤　イツ子、他
d.「在宅人工呼吸療法ガイドラインに関する研究－在宅療養決定時の『療養者と家族の在宅療養希望と同意』の重要性ー」川村佐和子、他
e.「難病患者のソーシャルサポートに関する研究」栢沼　勝彦、他
f.「日常生活用具給付・貸与に関する自治体の制度と医療者の責任」宇都木　登、他

⑦ 1995（平成７）年度
a.「東京都医師会が行う難病医療相談事業の評価」中村　勉、他

b.「難病患者の医療･福祉サービスー『生活ガイドQ&A』を通してー」福永秀敏、他
c.「筋萎縮性側索硬化症のインフォームドコンセントー遺族へのアンケートからー今井尚志、他
d.「大阪府における難病ケアシステムの現状と問題点（その１）ー訪問看護ステーション･医療ソーシャルワーカー（MSW）へのアンケート調査からー」黒田研二、他
e.「ALS患者のケアにおける患者会の活動とその意義」黒田　研二、他
f.「Aインターネットを利用した神経難病情報サービス提供に関する研究」福原　信義、他
g.「難病における看護技術の最近の進歩ー人工呼吸器ー、筋ジストロフィ在宅患者の人工呼吸療法[1]」、家族介護者についての看護アセスメントと解決策[2]、トラブル対応（阪神大震災時の緊急対応[3]」1)小長谷　正明、他、2)尾崎　祥子、川村佐和子、他､3)豊浦保子､他。
h.「パソコン利用によるQOL支援ー長期療養の神経難病の症例より」村上　慶郎､他

３）長寿医療共同研究（神野進・国立病院機構刀根山病院副院長）

本研究は、国立療養所中部病院・長寿医療センターが介護保険制度施行（2000年）を挟んで、1999（平成11）年から2001年度まで３年間実施された。長寿医療共同研究は、長寿医療研究委託費とともに、平成８年から国立療養所中部病院に事務局をおいて運営されている研究である。したがって本研究は政策医療を具体化し、普及させるための研究ともいえる。平成11年度から３年間行われた課題は「QOL向上を目指した高齢者排尿障害の実態調査と治療指針」､「高齢者難病介護のガイドラインに関する研究」である。大田壽城・国立療養所中部病院院長。

筆者は、初めて分担研究者に選出され、３年間のまとめを報告した。
報告書久保裕男「介護保険下における重度神経難病患者に対する国立医療機関の役割」

４） 厚生科学研究補助金特定疾患対策研究事業「特定疾患の地域支援ネットワークの構築に関する研究班（木村班）」1999年度から2004年度まで[7]

一度廃案の憂き目にあった「介護保険法」は 2007（平成９）年末、苦難の末成立した。これを受け、難病対策の地域ネットワーク構築が、より具体的課題となった。厚生労働省は、これまでの研究成果に上に立って、ネットワーク構築の実現に向け「特定疾患の地域支援ネットワークの構築に関する研究班（木村班）』」を立ち上げた。同研究班は、当初３年計画（1999年度から2001年度まで）であったが、さらに３年

間延長し2004年度まで６年間実施された。筆者は2001年度より、福永秀敏・分担研究者の下で、研究協力者として毎年、調査研究・実践の成果を発表した。

① 1999（平成11）年度から2001年度の3年間の主な研究成果と考察（班長の総括文より）[7)]

a. 全国横断的支援ネットワークの構築に関する成果

都道府県単位に実施されている『重症難病患者入院施設確保事業』の進捗状況について、地域ごとの推進と阻害要因を検討した。平成14年3月時点でほぼ70%実施されている。難病医療連絡協議会の設置及び拠点病院－協力病院の指定、及びそのネットワーク構築、相談窓口事業実施の阻害要因として、医療スタッフと行政を統括調整できるキーパーソンの存在が指摘された。難病医療専門員の配置も12都道府県に留まっており、緊急な配置が求められる。

b. 首都圏等大都会における支援ネットワークの構築に関する成果

大都会における基幹病院間の連携が遅れていたが、本研究を通して、大阪、名古屋などで、医療機関・保健所・行政が一体となった難病支援ネットワークが稼働するようになった。

c. 地域支援ネットワークの構築に関する成果

北海道、兵庫・岡山・広島県を含む広域支援ネットワークが構築された。静岡県では、東海地域地震など大規模災害を想定した非常時支援ネットワークが検討されている。その他、四国、九州では難病医療専門員が中心メンバーとなって、ネットワーク構築を進めている。鹿児島県では全国に先駆けて平成8年より国立療養所を核に設立した鹿児島ALS医療ネットワークを基盤として、平成12年に「鹿児島県重症難病医療ネットワーク協議会」が発足した。特に在宅支援者と保健所との連携の重要性が、実践を通して明らかになった。

d. 療養環境の向上

長期療養の場の新たな選択肢として患者主体による運営する協同居宅事業（ケアハウスあるいはグループホーム）のモデル事業を実施し、その法的・経済的必要条件をまとめた。介護保険導入による重度神経難病療養に及ぼす影響を調査し、改善項目を明らかにした。在宅療養を補完する長期療養の選択肢として身体障害者療護施設が含まれる。身体障害者施設でALS患者長期療養を可能にする諸条件を検討し、医療面では専門病院との密接な連携、高い介護・看護度の解決には医療経済的課題の解決が求められる。

在宅療養への絶対的介護力不足に対して、全身性障害者介護人派遣制度と介護保険の融合を試みて成果を得た。難病医療への介護保険適応による影響は大きく、早期に制度の見直しの必要性が指摘された。

e. 生活の質を向上させるための支援ネットワーク構築に関する成果

在宅重度難病患者の家族の介護負担は極めて高く、負担を軽減するためには家族に代わる教育を受けたヘルパーの養成が望まれることがわかった。特にヘルパーの吸引など医療行為に準ずる処置に対する考え方、研修とマニュアル化も今後の課題となった。

f. メンタル面での支援体制の重要性

難病患者では病気自体に直接起因する身体的な障害と社会的な不利に加えて難病に罹患することによって二次的に生じる精神的一心理的負担を担う。メンタル・ストレスは時に生きる力を失わせる程に大きく、患者が元気にいていくためにはメンタル面での支援体制が必須である。実態調査の結果、病気の告知からインフォームド・コンセント、病態の進展に応じた医療スタッフと介護者の係わりが重要である。将来精神科医、心理療法士、ケースワーカー等専門職の積極的な参加が期待される。そのため「ガイドライン作成」が今後の課題である。

② 2002年度から2004年度の研究成果（班長の総括文より）[8)]

a. 全国都道府県に難病医療ネットワークを構築し、公表し、報告する。

ほぼすべての都道府県で難病医療連絡協議会が設置され、その指導の下に拠点病院と協力病院が指定・公表され、地域格差はあるものの、難病医療ネットワークが構築された。今後ネットワーク活動の量と質の評価と検証が求められる。

b. 患者の自立支援体制の整備と患者・家族からの検証

全国70%の都道府県で地域支援体制は整った。地域支援のキーパーソンとなる難病医療専門員、難病相談支援員など医療スタッフ、都道府県、市町村、医師会から構成される「全国難病医療ネットワーク研究会」を設置し、スタッフの資質向上の場について検討した。

c. 全国相談支援センターの設置

2004（平成16）年度までに全国18都道府県で設置された。他の県も来年度中に設置予定である。(2010年10月現在現在全ての都道府県に設置されている)

d.　難病患者の就労に関する研究：来年度まで継続研究

e.　大規模災害での地域難病支援ネットワークの策定と模擬運用についての研究

静岡・愛知両県におけるモデル研究から災害時の難病患者支援体制整備、携帯する難病手帳とマニュアルが完成した。他の都道府県でも実施し普及に努める必要がある。

f.　難病医療の質の管理体制と第三者評価機構の必要性に関する研究

【筆者の研究発表演題】

・2001年度
演題「重症難病医療ネットワーク協議会における相談・コーディネート事業１」事例研究
研究班員　　福永秀敏（国立療養所南九州病院長）
研究協力者○久保裕男（同院、児童指導員、社会福祉士）園田至人、児玉知子、福永知、西郷隆二
・2002年度
演題「重症難病医療ネットワーク協議会における相談・コーディネート事業２　―健所保健婦との連携を実施して―」アンケート調査による分析研究
研究班員　　福永秀敏（国立療養所南九州病院長）
研究協力者○久保裕男（同院、児童指導員、社会福祉士）園田至人、児玉知子、福永知、西郷隆二、前村和俊（同院神経内科医師）
・2003年度
演題「『重症在宅難病患者支援検討会・学習会』の成果と課題」集約・分析研究
研究班員　　福永秀敏（国立療養所南九州病院長）
研究協力者○久保裕男（同院、児童指導員、社会福祉士）園田至人、児玉知子、福永知、西郷隆二、丸田恭子（同院神経内科医師）、今村恵（加治木保健所）、福岡勝代（南九州医療福祉研究会事務局）
・200４年度「在宅難病支援検討会・学習会の進展～介護職によるケアマネージメント～」
研究班員　　福永秀敏（国立療養所南九州病院長）事例研究
研究協力者○久保裕男（同院、児童指導員、社会福祉士）園田至人（同院神経内科）園田利枝(さつま業協同組合居宅支援事業所、介護福祉士)

(3) 重症難病患者の地域医療体制の構築に関する研究班（糸山班）

６年間にわたる「木村班」の研究成果を基に、2005（平成17）年度から2007（平成 19）年度まで、東北大学大学院医学系研究科・糸山泰人教授を主任研究者とする新たな研究班が設立された。「糸山班」は３年間の研究の成果を「重症難病患者の地域医療体制の構築に関する研究班　３年間の総合研究報告書」としてまとめた。なお、糸山班は、研究成果が認められて、2008年度以降も、研究活動を行っている糸山班の総括文[9]。

① 地域における重度難病患者の医療環境

a.　難病医療ネットワークシステム

全く医療ネットワークシステムが存在せずかつ難病医療専門員もいない地域でも、最小単位のシステム作りの工夫が見られた。その一方で、規模の大きなシステムは形成されているものの、実質的には活動しているとはいえない例もあった。地域ごとの特殊性に合わせたネットワークの形成や役割分担を考え直す必要がある。

b．在宅医療の包括的ネットワーク

診療報酬改定に伴う病床削減をはじめ医療を取り巻く環境が大きく変化する中で、患者を中心に据えた在宅の包括的ネットワーク構築が重要になってきている。そのためには病診連携、家庭医、訪問看護ステーションなどの参加が重要視されている。無床診療所に対する調査の結果、重症難病患者に関する在宅療養に協力的な診療所が比較的多いことがわかった。今後専門病院と診療所の二人主治医制を活用することが重要である。

① 地域における重症難病患者の療養環境

地域の実情を考えつつ患者を中心に据えたネットワークの形成が療養環境改善につながることがわかった。レスパイト入院についての関心が高いが、受け入れ側の負担増にもつながる中で医療従事者の増加が求められる。同事業はまだ始まったばかりであり、今後この波及効果が期待される。

② プロジェクト研究

a. 重症難病患者の入院確保のためのプロジェクト

重症難病患者の入院確保に関する現状を地域ごとに分析し「難病患者入院施設確保マニュアル」を作成した。

b. 災害時の難病患者に対する支援体制プロジェクト

各自治体が重症難病患者に十分に配慮した地域防災計画を策定するための指針となる自治体向けマニュアルを作成した。また実用的な基本情報が記入された「緊急時連絡カード」も作成した。

c. 難病医療専門員による難病相談ガイドライン作成プロジェクト（代表　吉良潤一　九州大学神経内科教授）

本プロジェクトは、全国に配置されている難病医療専門員を中心に3年掛けて検討し、2008年１月「難病医療専門による難病患者のための難病相談ガイドブック（九州大学出版会）」を発行した。

d. 自動痰吸引器の普及並びに在宅療養改善プロジェクト

自動痰吸引器については1999年度より法化図陽一氏（大分県立病院）を分担研究者に、山本真氏（大分協和病院）、徳永修一氏（株式会社徳永装器研究所）らが継続して研究を行っている。注：「自動痰吸引器」は2010年５月に完成し、薬事審議会の承認を得て市販されるまでに至った。

【筆者の研究発表演題】

・2005年度
演題「過去高齢地域における特定疾患地貴意支援体制とソーシャルワーカーの課題」
アンケート調査による現状把握研究
研究班員　　福永秀敏（国立療養所南九州病院長）
研究協力者○久保裕男（同院、地域医療連携室社会福祉士）園田至人
・2006年度
演題「地域医療連携室の創設と神経難病患者退院指導に関する研究」
事例分析から課題を抽出
研究班員　　福永秀敏（国立療養所南九州病院長）
研究協力者○久保裕男（同院、地域医療連携室社会福祉士）園田至人
・2008年度
演題「在宅ALS患者の入院確保に関する研究　ALS協会との共同研究」
アンケート調査による、クロス研究
研究班員　　福永秀敏（国立療養所南九州病院長）
研究協力者○久保裕男（同院、地域医療連携室社会福祉士）園田至人
　　　　　　里中理恵子（鹿児島県ALS協会事務局長）

５）「特定疾患患者の自立支援体制の確立に関わる研究」（研究分担者 今井 尚志）

同班は、ICFの概念を基に、難病･慢性疾患患者の社会参加、就労に関する研究を目的に2007（平成19）年度から、糸山班と同時進行でスタートしている。
【筆者の研究発表演題】
「重度神経難病患者の退院時･退院後の情報に関わる地域医療連携室の課題」
ケアマネジャー、介護事業所を対象にアンケート調査と分析、課題抽出
研究班員　　福永秀敏（国立療養所南九州病院長）
研究協力者○久保裕男（同院、地域医療連携室社会福祉士）園田至人

６）「政策ネット医療を基盤にした神経疾患の総合研究」（主任研究員 湯浅 竜彦）

同班は、上記の研究班で触れることの少ない多様な研究を行っている。
・筆者は2005年度研究班会議に参加し、以下の発表をした。

演題「離島における神経難病患者の実態と課題―ALSを中心に」
徳之島保健所と連携したフィールドワーク、個別実態調査
研究班員　園田至人（国立療養所南九州病院神経内科部長）
研究協力者○久保裕男（同院地域医療連携室、社会福祉士）相星相吾（徳之島保健所長）曽木　茜（同所、保健師）

(6) 国立病院総合医学会

同学会は、すでに戦前より「国立病院療養所総合医学会」として、毎年秋に実施されてきたが、独立行政法人国立病院機構に移行して新たに「国立病院総合医学会」として再スタートし、2009年は　菊池秀氏（国立病院仙台医療センター院長）を会長に、仙台市で第63回目を実施した。本学会は、文字通り国立病院機構上げての総合的な研究発表の場であり、当然「神経疾患」の口演も設定されている。

これまでもMSWによる発表が無くもなかったが、マイナーであった。しかし昨年(2008）年より、MSWが関わる研究発表が数多くなされるようになった。
これは、「地域医療連携」「患者のQOL向上」など医療に最も求められている課題にMSWが多く関わっている証左ではなかろうか。

2009年度の発表で、これらに関わる演題を抽出してみた。

① 「地域医療連携との関連」で、50本を超えるポスターセッション、「ソーシャルワーク」で20本が報告され、その中でMSWの果たす役割が明らかになった。
② シンポジウム「これからの地域医療連携　ー連携と退院支援ー」、「神経難病とソーシャルワーク診断·告知から療養環境整備、そして就業支援へ」、「国立医療における『ウェルビーング』の所在、『患者の立場に立ったより細かな対応』を行える相談体制足りうるためには」では、MSWの役割が重要性とともに、力量向上、そのための研修システムなどが、討論された。今後、患者個人に対する質のよい医療を提供する一助としての様々な相談が増加することは必至であり、また「地域医療連携」も充実・強化が求められている今日、MSWによる病院・地域との連携による実践·研究成果の検証の場としての学会発表は増加するものと思われる。

7）　日本難病ネットワーク研究会の成果と課題

本研究会は、吉良潤一氏（九州大学院医学研究院神経内科教授）を会長に、2004（平成16）年10月に発足したもので、第１回（九州大学医学部、会長　吉良潤一教授）を皮切りに、第２回2005年（東北大学艮陵館　会長　木村　格・独立行政法人国立病院機構宮城病院院長)、第３回2006年（大阪中之島センター、会長　狭間敬憲・大

阪府立急性期・総合医療センター神経内科部長）、第４回2007年（大分県　別府ビーコンプラザ、　会長　森　照明・国立病院機構西別府病院長）、第５回2008年（東京都タワーホール　会長　林秀明・東京都立神経病院院長）第６回2009年（三重県津市　アスト津　会長　成田有吾・三重大学看護学部教授）、第７回1010年（横浜市神奈川県民ホール　会長　荻野美恵子・北里大学東病院神経内科講師）と、継続的に行われている。　研究発表内容は、一部「木村班」や「糸山班」と関連するものもあるが、医師だけでなく、看護師、特に訪問看護ステーション看護師による研究成果の発表も多い。また難病医療専門員を中心に３年掛けて検討し、2008年１月「難病医療専門による難病患者のための難病相談ガイドブック（九州大学出版会）」を発行した。[10)]

本研究会は，医師、看護師、MSWなど多彩な職種が地域に根差した実践研究の成果を発表し、年を重ねるごとに、水準が向上している。同研究会は将来、学会昇格を目指している。

５．難病社会保障の実態と課題

１）複合的支援としての難病社会保障

難病患者・家族は、難病の定義にもあるように「未だ解明されていない医学的課題」「闘病生活が長期にわたる社会心理的課題」さらには、「この先が見えない spiritualな課題」を複合的に内包し日々生活している。また、闘病の長期化は、家族関係、他人との関係など幾重にも課題を背中に背負いながら生きなければならない。状況を生み出す。前節で国の難病対策を説明したが、ここではわが国における社会保障制度と難病支援制度の関係について触れる。

前節でも記したように、わが国には「難病対策基本法」というような、難病患者をトータルに公的保障する法制度は無い。難病対策の基本は前述した「難病対策要綱」であるが、例えば身体障害者に対応する「身体障害者福祉法」若しくは「障害者自立支援法」というような難病患者の保健·医療・福祉・介護を総合的に保障する法はない。難病患者・家族支援は、前述のように「治療研究事業」としてスタートし、昭和40年代前半から始まった筋ジストロフィー患者・児の「入院確保」、また「特定疾患治療研究事業」での医療費の減免（公費負担医療）、「重症難病患者入院確保事業」、「難病患者居宅支援事業」など独自事業政策はあったが、基本的には既存の諸制度を援用することで、その解決を図った。以下、諸制度と難病対策の関連を考える。

(ア) 身体障害者福祉法、障害者自立支援法との関連

ほとんどの難病患者は疾患の進行に伴い、身体面の障害も受ける。医療費については前述の「特定疾患治療研究事業」で一定のカバーは可能だが、身体障害の進行に伴う生活の不自由さに対しては、「身体障害者福祉法」や「障害者自立支援法」に基づく障害度（等級や区分）の判定を受け、申請により様々なサービスを受けることが出来る。しかし、矛盾も残る。例えばパーキンソン関連疾患病の場合、「特定疾患医療受給者証」では重症認定の患者が、「時折、何とか歩ける」を根拠に「身体障害者３級」の判定を受け、車イスなどが貸与されない事態が発生している（もっとも、後に触れる介護保険でカバーできるが）。

(イ) 介護保険法との関連

以上のような「矛盾」に解決の一石を投じたのが介護保険である。介護保険は65歳以上を１号被保険者、40歳以上65歳未満を２号被保険者とし、原則サービスを受けるのは65歳以上のものであるが、厚生労働省が定めた特定疾病（16疾病）は、40歳以上からサービスを受けることが出来る。16疾病のうち８疾病は「特定疾患」であり、若年層の難病患者も、訪問介護サービスはもとより、福祉用具貸与、住宅改修支給の権利も発生する。特に40,50歳代の若年性難病患者・家族にとって、介護保険は、大変な朗報であった。介護保険制度を如何にうまく利用するかが、在宅療養を継続する上で大きなポイントである。

訪問看護を例に考えてみよう。介護保険法制定以前は、訪問看護は全て医療保険によるサービスであった。しかし介護保険制定後は、介護保険サービスの一環となった。当然のことながら、訪問看護を必要とする難病患者は、ケアマネジャーと相談し、契約したケアプランに基づきサービスを受ける事となる。しかし、疾患が重症化すると、介護保険から医療保険の対象になる（厚生労働省は14疾患を対象としている）。

難病訪問看護は、老人訪問看護制度が新設された1992（平成４）年の２年後、1994年よりより始まっているが、難病患者に対しては、「特定疾患治療研究事業」の精神が継がれ、当初より患者負担は無かった（交通費のみ実費）。介護保険制度発足後もその流れは変わらず、介護保険・医療保険ともに患者負担は無い。因みに、訪問リハビリテーションも同様に患者負担は無い（いづれも交通費のみ）。

２）難病患者等居宅生活支援事業

同事業は、「難治性疾患克服研究事業」130疾患を対象に「難病患者等ホームヘルプサービス事業」、「難病患者等短期入所事業」、「難病患者等日常生活用具給付事業」「難病患者等ホームヘルパー養成研修事業」の4事業より構成されているが、対象が「介護保険法、老人福祉法、身体障害者福祉法などの施策の対象外の者」となっているため、「日常生活用具給付事業」「養成事業」以外は、ほぼ介護保険法や障害者自立支援法でカバーできる。「日常生活用具給付事業」による給付（17品目）のうち多くは介護保険法や障害者自立支援法でカバーできるが、動脈血中酸素飽和度測定器(パルスオキシメーター）など、医療機器についてはこの制度で入手できる。なお、「意思伝達装置」や吸入器（ネブライザー）、電気式痰吸引器は、身体障害者手帳取得者（呼吸障害3級以上）でも市町村への申請により所得可能であるが、大半の自治体では「前例が無い」を盾に入手が困難な実態がある。なお、「意思伝達装置」に関し、日本ALS協会の各都道府県支部では、ALS協会員を対象に、入手するまで一定期間レンタルする所もある。

３）レスパイトの課題

１年365日24時間の介護は、家族にとって計りしえない心身疲労やストレスを与える。先に触れた厚生省保険局長通知（平成10年４月）でも「難病患者等居宅支援事業」の一環として「難病患者等短期入院事業（ショートステイ）」が位置づけられ「運営事項」も明記されているが、実施主体が市町村であること、それ以上に受け入れてくれる施設がほとんどないのが実態である。特に、気管切開し人工呼吸器を装着している難病患者を、たとえ短期間であっても受け入れてくれる施設は圧倒的に不足している。そこで近年、神経難病病棟を持つ医療機関において、医療保険を使って「レスパイト的入院」が進められている。南九州病院の例を紹介する。

１．目的と内容
当院を退院し、在宅療養しているALSを始め重度神経難病患者の介護に当たっている家族が、自らの休息、また冠婚葬祭などで患者介護が困難時、予め病院への登録により、2週間程度を基本に、年2,3回の利用が出来る。
２．場所　4病棟（神経内科病棟）
３．費用　医療保険適用
４．申し込み等
地域医療連携室が窓口になり、調整を行う。

レスパイトに関しては、近年、障害者自立支援法による療養介護病棟を持つ医療機関でも始まりつつある。また、気管切開以前（NIPPVなど）の患者を対象に、年間計画を立て、数十名のレスパイト入院の実績を上げている医療機関もある（福岡県など）。

4）医療機器の飛躍的発展に伴う医療費増加と生命倫理の兼ね合い

高齢化に伴い増加する（例えばパーキンソン病関連疾患）という患者側の事情、また医学の飛躍的進歩に伴い供給体制が整い、延命が飛躍的に伸びている。卑近な所で、筆者の勤務する病院の筋ジストロフィー症・Duchenneタイプの患者の場合、1980年代では、まだ人工呼吸器も無く、20歳の成人式に参加した患者は、ごく数名であったが、現在では、人工呼吸器装着15年目、40歳を超えた患者も珍しく無くなってきた。また人工呼吸器そのものの飛躍的改善（軽量化、充電量の長期化）だけでなく、前述した山本 真氏（大分協和病院）らの努力により自動吸引機の開発、また、大手機会メーカーが中小企業とタイアップしての意思伝達装置、それらを駆使する道具であるスイッチ等の飛躍的発展などにより、筋ジストロフィー症も含め、確実に延命効果が上がっている。

本書冒頭の「まえがき」でも記したように、日本はかつてのような右肩上がりの高度成長は望むべくも無く、借金地獄の中で、社会保障、とりわけ医療に関し「負担と給付」が大きな政治課題となっている。その一方で、「地球より重い」人間の生命倫理・尊厳を今以上に育むこともまた政治の課題である。

このような情勢下、難病患者・家族を支援する医師を初めとした医療職、また療養生活の充実、QOLの向上、自立支援・社会復帰を支援するソーシャルワーカーを初めとした福祉職、さらに、直接難病患者・家族に関わるものだけでなく、全ての国民が「生命倫理と負担と給付の兼ね合い」を検討する場面に遭遇することは避けられない。

【引用・参考文献】

1）厚生労働省健康局疾病対策課: 平成20年度版, 難病対策提要, 2008
2）重松逸造監修, 難病患者福祉研究会編著: 難病ケースワーク, メヂカルフレンド社, 1979
3）西谷 裕: からだの科学・難病, 日本評論社, 1996
4）都立神経難病医療相談室編: 在宅の患者及び障害者に対する病院医療相談業務に関する研究, 昭和57年度臨床研究, 医療相談研究グループ執筆・編者：川村佐和子, 高坂雅子, 水上瑠美子, 影山ツヤ子, 伊藤淑子(都立大久保病院医療相談室)
5）川村佐和子, 伊藤淑子, 高坂雅子著: 神経難病の実践的ケア論, 看護の科学社, 1980.
6）日本難病看護学会編集: 難病看護文献目録集１，２, 日本プランニングセンター
7）厚生労働科学研究費補助金特定疾患対策研究事業
8）「特定疾患対策の地域支援ネットワークの構築に関する研究班統括研究報告書」主任研究者木村格1999年－2001年度.2002年－2004年度
9）厚生科学研究費補助金難治性疾患克服研究事業「重症難病患者の地域医療体制の構築に関する研究班平成17～19年度総合研究報告書」主任研究者糸山泰人

第2章　難病ソーシャルワークの実践

1．難病ソーシャルワークの歴史

1）東京都から始まった難病ソーシャルワークの研究・実践

第１章でも触れたが、難病ソーシャルワークの始まりは、「難病患者福祉研究会」がまとめた５課題に対する具体的対応にその端を発する。重松らは、５課題を遂行すべく、「難治性疾患患者・家族」の医療･福祉ニーズについて細かな実態調査を行った。その結果以下のことを明らかにした（第１章２．参照）。[1]

その結果、生活保障ニード、福祉ニード、教育ニード、職業生活支援ニード、教育ニード、個別的支援ニードが明らかになり、これらの解決のためのひとつとして、関係機関による医療福祉相談サービスの拡充が求められるようになった。より具体的には、a) 専門病院医療相談室の整備、b) 一般病院医療相談室の整備、c) 保健所へのMSWの配置、福祉事務所へのMSWの配置、社会福祉施設へのMSWの配置、などであった。前後するが、都立府中病院に神経内科が設置された1971(昭和46)年、院内に「医療相談神経内科担当チーム」が立ち上げられ、川村佐和子（保健婦・当時）が初代相談員となり、ここに日本ではじめて難病医療福祉相談組織が設立された。その後、伊藤淑子（福祉職）、高坂雅子（心理職）も加わり、その後日本における難病医療･福祉相談事業の牽引車的役割を果たした。彼女らの活躍ぶりは、すでに多くの書籍で紹介されている[2]（「難病に取り組む女性たち」「神経難病の実践的ケア論」他）。これらの先駆的実践研究が、厚生省（当時）を動かし、1972（昭和47）に、難病要綱が出される大きな機会となった。

東京都は、以上の先駆的実践研究を経て、本格的に難病ソーシャルワーク対策に望んだ。

まず、実態把握の一環として、「療養上困っている問題」について、実態調査を行った（第１章図1-1 参照）。これらの結果を基に、「MSWサービス・システム（図2-1）」を作成した。次に疾患別医療ソーシャルワーク援助の課題として特定８疾患に加え進行生筋萎縮症（筋ジストロフィー症）、小児の腎炎・ネフローゼ、計10疾患を対象

図2-1　MSWサービスシステム

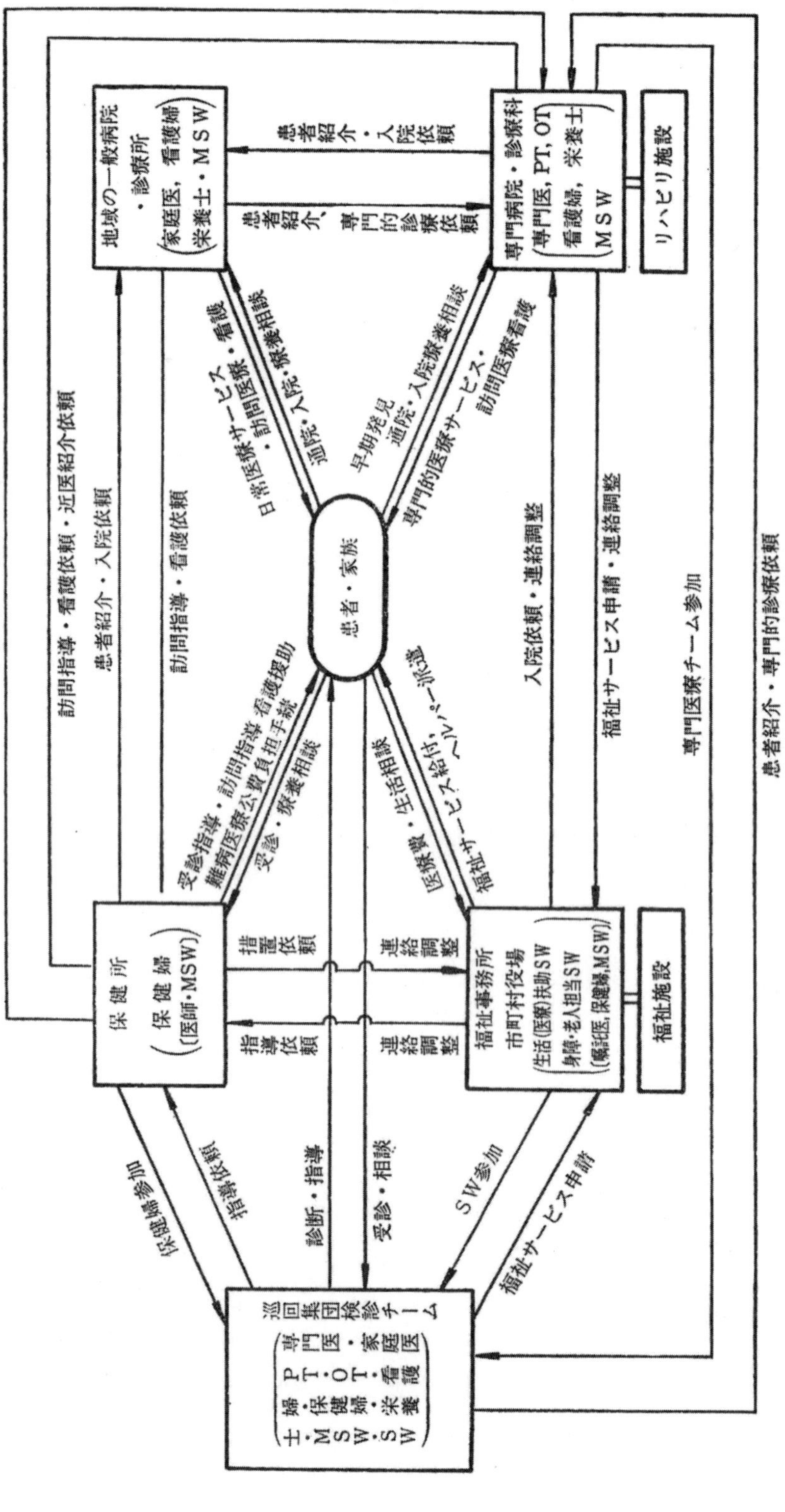

に、a) 患者の特徴、b) 基本的課題、c) 患者への心理的援助、d) 家族関係の調整と家庭生活設計の援助、e) 社会資源の活用・開発の援助、の５課題について、実態調査を基に疾患別（表2-1)。症状進行別課題（表2-2)、生活周期段階別援助課題（表2-3）を作成した。

２）各地における難病医療ソーシャルワーカー誕生と課題

東京都における地道な実践研究の結果、MSWの必要性は一定の市民権を得ることとなったが、アンケートの結果でも明確なように、その具体化となると多くの困難が待ち構えていた。当時研究会のメンバーであった坂上は「医療ソーシャルワーク援助は、患者の疾病別、症状･障害の進行段階別、生活周期段階別などによる特殊性に対応し、患者の正確な診断の患者のニードと課題の的確な把握を行い、それに基づいて、患者への心理的援助、家族関係調整と家庭生活設計の援助、社会資源の活用･開発の援助を行わなければならない（『難病患者のケースワーク』P27)」とし、前述した課題の本格的取り組みを行ってきた。[2)]

このような状況は当時右肩上がりの高度成長期に加え美濃部・革新都政ということもあり、東京都は府中病院を中心に、多くの都市（日野市など）でも、地域をあげた難病支援体制が組織され、MSWも、確たるマニュアルもない中で、患者の生活支援(医療費を初め経済的支援)、入院確保（施設作り）などに奔走した。

その後、難病患者を取り巻く状況は厳しくなる中で、東京都はもとより、宮城県、大阪府、愛知県、福岡県など、独自の難病対策を打ちたてた自治体もあったが、実態に政策が追いつかず、結果として難病患者・家族を支援するソーシャルワーカーは増加しなかった。

３）日本医療社会事業協会と難病

わが国でMSW団体としては最大の社団法人医療社会事業協会発行の「医療社会事業協会50年史」をみると、難病（団体）との関連は、1978（昭和53）年全国難病団体連絡協議会とのかかわりが最初である。また同協会が長年求めていた「医療ソーシャルワーカーの業務指針」(1990年）では、「１、趣旨」の中に「難病患者等」が位置付けられ改正された2002年度版も全く同様の取り扱いとなっている。各医療機関における医療社会事業員（医療ソーシャルワーカー）の業務基準を見ても、「国立病院･療養所における医療ソーシャルワークの業務領域表」には「５．疾病分野別特殊性：(7)難病医療」が記されているが、他の公的医療機関の業務基準では触れていない（筆者の不勉強かもしれない)。

表2-1　医療ソーシャルワーク

		筋萎縮性側索硬化症	進行性筋萎縮症		スモン	重症筋無力症
			小児	成人		
患者の特徴	症状	短期間に進行	幼児期から青年期にかけて進行	緩やかに進行	後遺症(痛み・しびれ)・老化進行	症状変動・クリーゼ
	身体的障害	障害重度化	障害重度化	障害重度化	知覚・視力・運動障害	運動・視力障害
	性・年令	男やや多い・中年期	男子が多い・児童期	男・女，青・中年期	女性が多い，中高年期	女性が多い，青～高年期
基本的課題	医療の確保	○日常医療	○リハビリテーション疾病管理	○リハビリテーション疾病管理	◎リハビリテーション	◎専門医療救急医療
	看護・介助の確保	◎	◎	○	○	○
	生活の安定	◎	○教育保障	◎	◎	◎
患者への心理的援助	疾病の理解・受容	◎	○	○	○	◎
	生きがい再発見	○	○	○	○	○
	療養生活相談指導	○	○	○	○	○
家族関係の調整と家庭生活設計の援助	家族の疾病理解	○	◎	○	○	○
	家族関係の調整	○夫婦・親子関係	○親子・きょうだい関係	○夫婦・親子関係	○夫婦・親子関係	○夫婦・親子関係
	家族の役割再配分	○介護者の確保	○介護の役割分担	○介護・職業・家事の役割分担	○介護・家事・職業の役割分担	○介護・家事・職業の役割分担
	家庭生活設計	◎	○	◎	◎	◎
社会資源の活用・開発の援助	医療サービス	○専門医と家庭医の協力	○専門医と家庭医の協力	○専門医と家庭医の協力	◎リハビリテーション医療	◎専門医と家庭医の協力,救急医療
	医療保障	○重度障害者医療	○重度障害者医療	○重度障害者医療	○障害者・老人医療費	○重度障害者医療
	生活保障	○障害年金	○重度障害児手当	○障害年金	○障害・老齢年金	○障害年金
	福祉サービス	○身障福祉	○児童・身障福祉	○身障福祉	○身障・老人福祉	○身障福祉
	看護・介助サービス	◎訪問看護・介助の開発	◎訪問看護・介助の開発	○訪問家事援助・介護サービス	○訪問家事援助介護	○訪問一時介護
	患者会紹介	○	◎	◎	◎	◎
	ボランティア紹介	○	◎	○	○	○
	その他	◎ナーシングホームの建設	◎養護学校訪問教育	◎療護施設	◎療護施設特養老人ホーム	◎救急医療体制

援助の課題（疾患別）

（注）　◎は特に重要な課題，○は重要な課題，△は比較的重要度が低い課題

パーキンソン病	ベーチェット病	関節リウマチ	全身性エリテマトーデス	難治性肝炎	小児の腎炎・ネフローゼ
症状変動	全身症状	全身症状・痛み	全身症状，症状変動	内部疾患	内部疾患
運動・言語障害	視力障害・運動障害	関節変形・運動障害	外出制限	特になし	特になし
男・女，中・高年期	男・女，青・中年期	女性が多い，青～高年期	女性が多い，青～中年期	男性が多い，中・高年期	男子が多い・児童期
◎専門医療	◎専門医療 リハビリテーション	◎専門医療 リハビリテーション	◎専門医療	◎専門医療	◎専門医療
○	○	○家事援助・看護	○家事援助・看護	△	△
◎	◎	○	○	○	○保育・教育保障
○	○	○	○	○	○
○	○	○	○	○	○
○	○	○	○	○	○
○	○	○	○	○	○
○夫婦・親子関係	○夫婦・親子関係	○夫婦・親子関係	○夫婦・親子関係	○夫婦・親子関係	○親子・きょうだい関係
○介護・職業・家事の役割分担	○介護・職業・家事の役割分担	○家事介護・職業の役割分担	○家事・看護・職業の役割分担	○職業・看護・家事の役割分担	○看護・家事の役割分担
◎	◎	○	○	◎	△
◎専門医と家庭医の協力	◎専門医療リハビリ医療	◎専門医と家庭医の協力	◎専門医と家庭医の協力	◎専門医と家庭医の協力	◎専門医と家庭医の協力
○障害者・老人医療費	○重度障害者医療費	○障害者・老人医療費	○既存制度拡充	○既存制度拡充	○既存制度拡充
○障害・老齢年金	○障害年金	○障害・老齢年金	○障害年金対象拡大	○障害年金対象拡大	△
○身障・老人福祉	○身障福祉	○身障・老人福祉	○身障福祉拡大	△身障福祉拡大	○児童福祉
◎訪問看護・介助家事援助	◎訪問家事援助・介護	◎訪問家事援助・介護	◎訪問家事援助・看護	△訪問家事援助	△家庭看護指導
○	◎	◎	◎	◎	◎
○	○	○	○	△	△
○療護施設特養老人ホーム	◎総合的リハビリテーション施設	◎総合的リハビリテーション施設	○家事・育児援助サービス拡充	○就労対策	◎病弱児施設・養護学校，院内学級

表2-2　医療ソーシャルワーク援助の課題（症状進行段階別）

（注）◎は特に重要な課題　○は重要な課題　△は比較的重要度が低い課題　×は該当しない課題

		発病・軽症期	症状・障害重度期	症状・障害最重度期
患者・家族の問題の特徴	医療の問題	専門的診断・治療を受けることの困難	専門的医療サービス利用の困難(入院・通院)	救急・救命医療サービス利用の困難(入院・往診)
	療養生活の問題	疾病とその予後についての不安	症状・障害の重度化に伴う不安と看護・介助の困難	症状・障害の重度化に伴う看護・介助の困難
	家庭生活の問題	医療費・生活費についての不安	家計不安定化・家族解体化	家計窮乏化・家族の負担過重
基本的課題	医療の確保	○早期発見，的確な診断と治療，悪化防止	○専門医療・一般医療・救急医療の確保	○専門医療・一般医療・救急医療・一時保護の確保
	看護・介助の援助	○療養生活設計援助，看護技術指導	○看護・介助の援助，看護・自助具の活用	○看護・介助の援助，看護・自助具の活用・開発
	生活設計の援助	○予後の見通しに応じた生活設計，生活の安定	○予後の見通しに応じた生活設計，生活の安定	○患者の死に対応した生活設計と生活の安定
患者への心理的援助	疾病の理解・受容	◎疾病・障害の理解・受容と療養意欲の確立	○疾病・障害重度化の受容と療養意欲の維持	○死の受容と療養意欲の維持
	生きがいの再発見	○	○	○
	役割の再発見	○学習・転職・家事分担・患者会参加，等	◎症状・障害の重度化に対応した役割再発見・再取得	○コミュニケーションの維持による精神的役割の発見
	主体的療養生活設計	○	○	△
家族関係調整と家庭生活設計援助	家族の疾病理解	◎家族による疾病・障害の理解・受容	○家族による疾病・障害重度化の理解・受容	○家族による疾病・障害重度化と死の受容
	家族の情緒的関係	○家族の情緒的安定と協力関係の確立	○家族の情緒的安定と協力関係の維持	○（同左）
	家族の役割再配分	○患者の役割軽減・代替(職業，家事等)	◎患者の役割軽減と看護・介助の役割配分	○（同左）
	看護・介助の援助	○看護技術指導	○看護・介助・援助	◎症状・障害の重度化に対応した看護・介助援助
	家庭生活設計	○症状と予後の見通しに対応した家庭生活設計	○（同左）	○重症化に対応した短期設計と死後の長期設計
社会資源の活用・開発の援助	医療サービス	◎専門医療機関紹介，専門医・家庭医・看護婦・ＰＨＮ・ＰＴ等の協力	◎専門医・家庭医・看護婦・ＰＨＮ・ＰＴ等の協力関係の維持	◎緊急時の往診・入院の確保
	医療保障	○難病医療費公費負担などの活用	○障害者医療費公費負担などの活用	○（同左）
	生活保障	△	○生活保護，障害者年金，諸手当などの活用	○（同左）
	福祉サービス	△必要に応じて児童・身障・老人福祉サービスなどの活用	○身障者福祉・老人福祉サービスなどの活用	◎緊急訪問介護サービス，一時保護施設収容サービス
	看護・介助サービス	○看護技術指導サービスの活用・開発	○家事・介助・看護援助サービスと用具・用品の活用・開発	○緊急訪問看護サービス，吸引器等の用具の貸与，経管栄養食等の給付
	患者会紹介	○	○	○
	ボランティア紹介	△	○	○
	教育	○病院内学級，普通学校の受入体制改善	○養護学校，病院・施設内学級，訪問学級	○病院内学級，訪問学級の活用・開発
	職業	○休職・通院の保障，軽作業への転換	○復職・転職のための職業的リハビリの活用・開発	×

1990年代後半になり、ソーシャルワーカーによる実践研究が研究誌等に登場することとなった（平岡ら社団法人日本医療社会事業協会編「医療と福祉」）[3)]。もっとも、「進行性筋ジストロフィー症」の難病患児（者）に対しては、すでに昭和40時代後半から厚生省（当時）は研究班を立ち上げ、毎年研究発表を行ってきた。当初より、医師や看護婦、PT・OTに混じって児童指導員（ソーシャルワーカー）も貴重な実践研究の成果を発表し、今日に至っている。

21世紀に入り、ようやくソーシャルワーカーが本格的に難病ソーシャルワーク実践·研究の成果を発表することとなった。

2．難病ソーシャルワーク実践の特徴

1）難病患者の心理的変化への理解とソーシャルワーク

難病は疾患の違い、発症年齢の違い、生活構造の違い、そして何よりも今の医学水準では「根治治療が困難」という現実がある中で、他の疾患に比べ、医療への期待と不安、心理社会的問題、経済的問題など重い課題が一気に患者·家族に押し寄せてくる。難病患者に関わるMSWは、まず患者·家族を理解することからはじめる。

厚生労働省「難病患者ホームヘルパー養成テキスト」では、「難病とは何か」「国の難病対策」「難病の種類」などを述べた後、難病患者のケアの特殊性、難病患者の心理的及び家族の理解、難病患者の心理学的援助法が、分かりやすくやすく書かれてある。ここでは同テキストを基に、これまで筆者が実践を通して学んだことを織り成しながら説明する。

(1) 難病患者の特殊性とソーシャルワーク

ここでは、第１章でも触れた難病疾患の種類、特徴を思い浮かべながらMSWの役割、実践課題を考えてみよう。まず第一は「長期にわたる進行性の病人をケアする」ことを知ることである。

上記の通り「難病」は、大部分がその病因も、治療法も解明されていないので、多くの患者が長期にわたり進行の経過をたどる。第一に必要なことは疾患の病状の特徴（疾患そののもの、付随する精神・心理症状、など）に対する家族の受け止めなどをアセスメントすることである。特に発症年齢の把握·家族状態については細かな情報収集が必要である。例えば特に働き盛り（40歳代）での発症は、人生の中で家庭出費も最も多い中で、一家の大黒柱が難病と診断された時、本人はもとより家

表2-3　医療ソーシャルワーク援助

		児童期	青年期	夫婦期
問題の特徴	不安	疾病と将来の人生についての親・本人の不安	疾病と人生についての本人・親の不安	疾病と生活についての不安
	生活上の困難	患児の保育・教育の困難	進学・就職・結婚の困難	妊娠・出産の困難・不安
	家族関係の問題	母子の密着・過保護	子の自立の困難・親の老化	夫婦関係の葛藤
基本的課題	医療・看護・介助の確保	○専門医療，看護指導	○医療，看護・介助援助	○医療，看護・介助援助
	家族・人間関係再組織	○保育・教育の保障	○進学・就職・結婚相談	○夫婦関係調整
	生活設計援助	○疾病に応じた生活設計	○予後の見通しに応じた設計	○家族計画・生活設計
患者への心理的援助	疾病の理解・受容	△親を通しての間接的援助	◎	○
	生きがいの再発見	○余暇活動の指導	◎	○
	役割の再発見	△患児グループへの参加	◎進学・就職・結婚相談	○
	社会参加	○学習集団への参加	○患者グループへの参加	○患者団体への参加
	主体的療養生活設計	○直接的・間接的指導	◎	○
家庭生活設計援助	家族の疾病理解	◎(親)	○(親・兄弟姉妹)	○(配偶者)
	家族の情緒的関係	○母親の情緒安定・兄弟姉妹関係調整	○子の自立化援助	○夫婦関係の調整
	家族の役割再配分	○父母の協力・役割再配分	○父母・兄弟姉妹の役割分担	○夫婦の役割再配分(職業・家事)
	看護・介助の援助	○看護技術指導	○看護・介助の指導・援助	○看護技術指導，家事援助
	予後の見通しに応じた家庭生活設計	◎	◎	◎(家族計画相談)
社会資源の活用・開発	医療サービス	○	○	○
	医療保障	○小児難病医療費公費負担	○難病・障害者医療費公費負担	○(同左)
	福祉サービス	○児童福祉サービス	○身障者福祉サービス	○(同左)
	看護・介助サービス	○看護技術指導	○看護・介助援助	○家事援助，看護指導
	患者会紹介	○	○	○
	ボランティア紹介	○	○	○
	その他	◎病弱児教育	○社会教育・通信教育，就労援助	○生活保障・住宅保障

の課題（生活周期段階別）

（注）◎は特に重要な課題　○は重要な課題　△は比較的重要でない課題　×は該当しない課題

育　児　期	教　育　期	老　後　期	単　身　期
疾病と生活についての不安	疾病と生活についての親・子の不安	疾病と生活についての不安	疾病と生活についての不安
家事・育児・家計の困難	家計・家事・教育の困難	家事・介護・家計の困難	家計・家事・ＡＤＬの困難
夫婦の役割分担の葛藤	夫婦・親子関係の葛藤	夫婦・子夫婦関係の葛藤	孤独，親族関係の葛藤
○医療，家事・介助・看護援助	○医療，家事・介助・看護援助	○医療，家事・介助・看護援助	○医療，家事・介助・看護援助
○夫婦役割配分調整	○夫婦・親子関係調整	○夫婦関係調整	○親族・隣人関係調整
○保育・教育計画，生活設計	○教育計画・生活設計	○老齢保障・老人福祉活用	○予後の見通しに応じた生活設計
○	○	○	○
○	○	○	◎
○	○	○	◎
○	○	○患者・老人グループへの参加	○
○	○	○	◎
○(配偶者)	○(配偶者・子)	○(配偶者・子)	×(親族・隣人の理解)
○夫婦関係の調整	○夫婦・親子関係の調整	○夫婦・親子関係の調整	×(親族・隣人の交際)
○夫婦の役割再配分(育児・家事)	○夫婦・子の役割再配分	○夫婦の役割再配分	×
○家事・育児・介助・看護援助	○家事・介助・看護援助	◎家事・介助・看護援助	◎家事・介助・看護サービス
○	○	○	◎
○	○	○	○
○(同左)	○(同左)	○老人医療費公費負担	○難病・障害者医療費公費負担
○(同左＋児童福祉)	○(同左)	○老人福祉サービス	○身障者福祉サービス
○家事・育児　介助・看護援助	○家事・介助・看護援助	○(同左)	○(同左)
○	○	○	○
○	○	○	○
○(同左)	○(同左)	○(同左)	○生活保障，施設収容

族関係者も頭の中は混乱し、今後の介護や生活全般について、不安いっぱいになる。MSWは、それらを十分にアセスメントしまた受容過程を頭の中にいれ、まずは「傾聴」することから始まる。具体的には患者·家族の次々に発する不安·否定·焦燥の気持ちを十分時間を掛け傾聴し、現在の気持ちを整理する作業をすることが求められる。

(2) 疾病受容過程に見られるさまざまな心理状態とソーシャルワーク

1971年出版された「死の臨床」キューブラー・ロス著[4]（読売新聞社）を契機に、「死の受容」、又はそれを援用した「障害の受容」の研究が盛んになってきた。彼女は多くの臨床経験·研究を通し「死の受容過程」について、５段階に分類している（下表）。

段階	命　名	主　な　特　徴
第１段階	否認と隔離	緩衝装置としての否認、ショックから否認へ
第２段階	怒り	見るもの全てが怒りの対象になる
第３段階	取り引き	「もう一度オペラを歌いたい」神との取り引き
第４段階	抑うつ	反応抑うつと準備抑うつ
第５段階	受容	闘争は終わり長い旅立ちの前の最後の休息の準備

上田は「障害の受容とは何か」に関し、多くの諸説を紹介し、また自身の考え方を記している。[5] 後藤は、「疾病受容過程に見られるさまざまな心理」について臨床心理士の立場から、豊富な研究・実践を基に詳細にかつ分かりやすく説明している。[6] 以下に紹介する。

a) 難病患者と家族の特殊な状況とその心理

・対象喪失の予期による悲哀

・情緒危機と悲哀

b) 疾病受容過程に見られるさまざまな心理

・精神的な打撃と現実感覚の喪失

・否認

・不安と恐怖

・怒り

・病気の受け止め方（楽観、悲観、絶望、など）

c) 疾病受容過程と精神症状

・不安反応

・心気反応

・抑うつ反応

・退行反応

・錯乱反応、妄想反応

d) 家族を理解する

・家族内コミュニケーションの増強

・家族内役割の変更

・家族の価値観の変更

これらのアセスメントを基に、援助目標を記している。

a) 精神的安らぎを深めること

b) 個人の自律性を尊重すること

c) 感情転移を理解すること

d) ゴールは限定されていることの理解

これらの先行研究・実践からも明らかなように、難病支援に当たっては、独自性を理解して対応することが求められる。とりわけ、患者・家族との面接の際、後藤が述べているように、心理社会的な段階を十分に踏まえ、対応することである。その基本的姿勢は傾聴である。それぞれの時期の特徴的なことばを十分に聴き、面接技法のひとつである「共感的理解」具体的には、患者の訴えを「言語化」し、患者自身が自分の思い（さまざまな不安、恐怖、怒りなど）を自分のことばで再確認する支援が必要である。

(3) 苦しみを和らげる：村田の考えから学ぶ

村田は、対人援助を構造的に示している。[7]

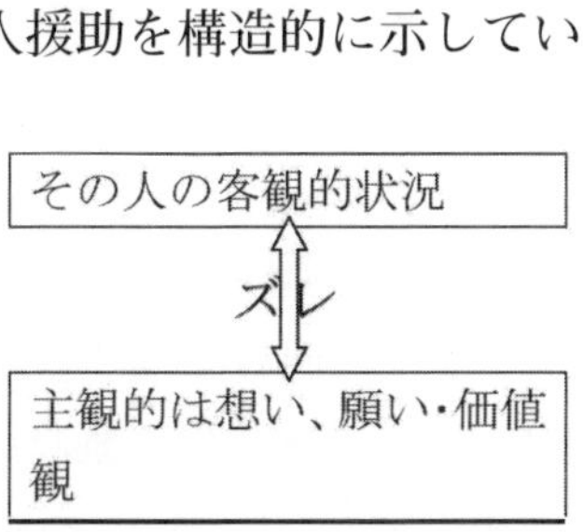

村田の考え方を、難病患者に置き換えれば、a) 「難病に罹った」という客観的状況と、b) 「将来への不安・誤診であってほしいという願い・何もできない人間にな

る」という主観的な想い･願い･価値感にズレが生じ、それが苦しみとなって現れる。そのずれを、ソーシャルワーカーは面接などの技法を通し「苦しみを和らげる」役割があるという。村田の考え方は、緩和ケアのひとつである spiritual care にその源を発しているが、難病患者へのソーシャルワークについても、参考になる。

2）家族の理解

後藤も指摘しているように、疾患患者や障害者への支援を考える時、家族との関わりを抜きにして論ずることは出来ない[6]。特に、難病患者の場合、「これまで家族のため一生懸命働いてきて、一度も医者に掛かったことのないオレが何でこんな病気に」と、大きな混乱に陥ることは先に述べた。難病の場合、本人と同様、いや本人以上に家族の精神的混乱は激しいのが現実である。病名告知直後、家族も確かに精神的な混乱はあるが、しばらくすると、「そんな馬鹿なことがあるか、大丈夫だ」と、患者を労う。「あんなに元気だった姉がこんな病気になるはずがない、家系をたどってもそんな病気になった先祖はいない」。ところが、病気の進行とともに、ADLの低下が現実化するうちに、「姉は本当に難病なのか」と主治医に食い下がる家族も少なくない。事実は、ADLの低下、それに伴う心理的不安、子育てをはじめ今後の生活への不安に対し、厳しい課題を押し付ける。

少し時が経て、一応「難病」になったことを、本人・家族ともに認めざるを得ない時期に出会う。パーキンソン病のように比較的高年齢に発症する難病の場合（最も30歳代に発症する若年性パーキンソン病の人もいる）、時の流れに従い心身が低下していく患者に対し、家族はそれなりの対応をとるが、ALSのように一番働き盛りの40歳代で発症する疾患もある。一家の大黒柱であった40歳代男性がALSの告知をされたときのことを考えてみよう。

家族が一番困ることは、当然の事ながらお父さんの病気への心配事だが、その一方で、家族は生活していかなければならない。筆者のこれまでのMSWとしての経験から、本人だけでなく、家族を一つの単位として捕らえることが重要だと考える。なぜなら、「家族とは夫婦（親）・子の結合を原型とする感情的包絡で結ばれた第一次的福祉志向集団」である（「新社会学辞典」より）ばかりでなく、家族は人間社会の基本的単位であり、また人間形成（人格形成）、即ち社会化の基礎的条件を提供する最も社会集団であって、その意味では、“基礎的集団”の代表とも言うべきもの」[9] なのである。父親の難病への罹患は、家族生活のスタイルを大きく変える。家族の心理社会的な心配はもちろんのこと、今後の生活設計、とりわけ経済的な問題、こどもの進学の問題、家族の兄弟の関係の変化、など複合的課題が一気に押し寄せてくる。

難病患者と関わりあう際、医療職など専門職だけでなく、全ての援助職が「家族を丸ごと知り、支援する」態度が求められる。

なお、第３章 3）の項で、４つの事例を取り上げるが、いずれも「家族間の関係性」を一つの perspective（視点）として、まとめている。

【引用・参考文献】

1）重松逸造監修, 難病患者福祉研究会: 難病のケースワーク, メヂカルフレンド社, 1979

2）川村佐和子, 伊藤淑子, 高坂雅子著: 神経難病の実践的ケア論, 看護の科学社, 1980

3）日本医療社会事業協会研究誌「医療と福祉」

4）キューブラー・ロス: 死の臨床, 読売新聞社, 1971

5）上田 敏: リハビリテーションを考える, P205-221, 青木書店, 1983

6）後藤清恵: 難病患者等ホームヘルパー養成研修テキスト改定第8版, P44-55, 社会保険出版社, 2007

7）村田久行: ケアの思想と対人援助, 川嶋書店, 2002

8）社団法人日本医療社会事業協会研究誌「医療と福祉」年４回発行

9）岡村重夫: 社会福祉原論, p81, 社会福祉法人全国社会福祉協議会, 1983

第３章　難病患者へのソーシャルワーク実践

前章で坂上らも指摘しているように、難病患者へのソーシャルワーク実践が本格的に開始されたのは1980年代前半からと考える。ここでは、これまで筆者のフィールドである国立療養所南九州病院（当時、現・独立行政法人国立病院機構南九州病院、以下南九州病院と記述）における、進行性筋ジストロフィー症を含めた神経・筋難病患者に対するソーシャルワーク実践を述べる。これまでの経過を顧みるに、筆者自身の難病ソーシャルワークについてはおおよそ以下の時期に分けることができる。

第１期：筋ジストロフィー病棟入院者に対する支援　1981（昭和56）年から1980年後半

第２期：「医療福祉研究会」を中心とした難病·高齢者在宅ケアに向けての研究・実践活動　1991（平成3）年頃から介護保険制度開始前の1998（平成10）年頃まで

第３期：本格的に難病ソーシャルワークの開始：4つの事例を元に２期、４期と重なる1997（平成９）年～2005（平成17）年まで

第４期：「難病支援検討会・学習会」を中心とした、事例検討会、難病ネットワーク形成模索　1999年（平成11）年より2004（平成16）年

第５期：地域医療連携室配属後の地域関係機関との連携　2005（平成17）年より今日に至るまで

１．筋ジストロフィー病棟入院者に対する支援

1981（昭和56）年から1980年後半

１）僕も学びたい、私も社会の中で働きたい

1972年度から実施された「特定疾患治療研究実施要綱」により、国は進行性筋萎縮症、いわゆる筋ジストロフィー症患者に対しては、国立療養所（当時）に特設のベッドを建設して対応する収容政策をとった（最初に開設されたのは1964年　宮城県仙台市にある国立療養所西多賀病院）。1973（昭和48）年、その一環として南九州

病院の一角に筋ジス病棟が設立され、県内はもとより宮崎、沖縄など隣県からも、多くの筋ジス患者が入院することとなった。当時は、神経・筋疾患分類の研究が今ほど進んでおらず、入院対象者もジストロフィー（muscular dystrophy ）患児（者）だけでなく、他の神経・筋疾患患者も多く入院してきた。入院患者のうちで最も多かったのが筋原性による筋肉の萎縮を症状とし、比較的短命のDuchenne（D型）の児童であった（当時のD型患者の平均死亡年齢は20歳以下、成人式を迎えることができる者は半数以下であった。それだけに、成人式は家族は元より、学校の担任だった教師、病棟スタッフ全員で祝った）。一方、比較的進行の遅い脊髄性筋萎縮症患者（多くは成人していた）も入院してきた。当時はまだ養護学校義務化も制度化されておらず、就学可能な児童生徒については、近隣小学校の分校として、主に病棟内の施設での教育がスタートした（因みに義務化されたのは1979年で、翌1980年養護学校高等部が設置された）。一方すでに学校を卒業し社会人としての経験もある患者がいる一方で、就学猶予・免除により未就学の成人の者も数名いた。当時児童指導員として配属されていた者は、「業務指針」らしいものは存在していたものの、教育を受けた学部（教育学部、法文・人文学部心理学科、福祉大学福祉学部、社会学部社会学科）のちがいもあり、それぞれ大学での教育経験を基盤とし指導員としての役割を果たすことになった。

前後するが、筆者は教育学部体育科に入学。学生時代より心理学、とりわけ発達心理学、臨床心理学を学び、また先輩の紹介で「自閉症への心理的アプローチ、療育」も実践していた。また当時まだ養護学校義務化がなされていない中で、教育学部生だけでなく医学系学生、教職員組合教師とともに、「障害児·者の教育を考える・未就学児をなくす会」を立ち上げ、鹿児島市内の未就学児の家庭訪問を実施した経験があった。さらに大学修了後、２年ほど知的障害児施設にソーシャルワーカー（児童指導員）として勤務した経験もあった。そこでは入所児と一緒に生活を共にすることが、一番の仕事であったが、未就学だが比較的知的能力の高い児童に対しては知能検査を行ない、字の練習など学校教師の役割（教員免許は取得していた）や成人後の生活について話し合う機会もあった。また、また保護者との連携も重要な課題であった。というのは、入所児の家族実態調査で分かったことだが、いわゆる家族性の知的障害で父母ともに字が読めない事例、家庭の事情で県外に出稼ぎに出たまま行方の分からない親がいる事例、「私のような良い家にこのような子が生まれるなんて信じられない、どうかここに入所いることは隠してくれ。兄弟が面会に来ても、取り合ってくれるな」など、当時の時代を反映した事例も少なくなかった。筆者は施設内で行われた運動会や施設内発表会、保護者会など年間行事時、来園される機会を見つけて、家族面談をした。ここでは、背中に多くの矛盾を背負いながらたくましく生きようとする彼らの姿に生きることの大切さを学んだ。そして２年間の経験はその後の実践·研究に大いに役立った。

筋ジス病棟での児童指導員（ソーシャルワーカー）としての最初の仕事は、まずは疾患の理解、そして生まれながらにして難病に罹り、同級生とは違う道を歩まざるを得なかった彼らの心情把握から始まった。筆者は経験を生かし、主に成人を対象に一人ひとりと語ることからはじめた（narrativeな会話）。最初の面接では構造を設定せずオープン面接を行った。最初は口をつぐんでいた者、「私の話を聞いてそれが何になるの。先生（筆者）と話したらこの病気が治るのか」など、いきなり厳しいことばの洗礼を受けた。まだ赴任したばかりの若造に対し、自分の過去を表現するのは酷な課題であった。当時まだソーシャルワークの過程についての筆者の知識はまことに乏しく、患者にとっては迷惑な対象でしかなかった。そこで、その後はじめたサークル活動での共同作業の過程で、時を見て個別に話すことになった。口をつぐんでいた彼らは、筆者との間で一定のラポールが生まれたと感じるや、まるで堰を切ったように話し始めた。多くは触れないが、こんな話に耳がつまされた。「幼稚園のときからかけっこが遅く、小学校に行っても一番嫌いだったのが体育の時間と運動会と体育教師、先生は確か体育の先生になるはずだったよね。良かった、ならずに。」と笑いながら過去の辛酸を涙ながらに話す彼女。以後、彼らは次第に自己を語るようになった。筆者は傾聴に徹し、自己を対象化する姿を見守った。

病棟はまた生活の場でもある。社会生活経験のあるものが、前任者西村指導員の努力でアマチュア無線、囲碁など自分の趣味を媒介としていくつかの趣味サークルができた。西村指導員は当事者の意思尊重を第一に、主に環境整備に奔走した。「義務教育は終えたが、高校にも行きたい」という成人患者からの声が上がったときがあった。西村は、彼らの志を果たすべく、関係機関と何度も交渉した。一部を除き彼らの向学心は鹿児島県当局をも動かした。当時、県下各地で地域住民を対象とした生涯教育活動の一環として「成人大学」が実施されていた。これを知ったAさんは「私たちも勉強したい」と西村に訴えた。西村はその旨を隣接している養護学校校長に伝えたところ、「患者さんからそのような声が出るとは。何とうれしいことか」と二つ返事で、県当局へ開設の要望を行った。その声はすぐに関係者に届き、県社会教育家の尽力もあり1980（昭和55）年度より、病棟デイケアホールを会場に「成人大学」が始まることとなった。受講生は患者だけに留まらず、地域住民、病院職員も参加し、年度末卒業式では、養護学校校長先生より、分け隔てなく卒業証書が渡され、文字通り「同期の桜」が生まれることとなった。

筆者は前任者の理念を引き継ぐことになった（昭和56年９月より）。入院生活が長引く中で「何とか社会に出て働いてみたい」という患者も現れた。それは、社会生活経験のある「こんままじゃいかん、外に目を向けんと」と言ったCさんの一言に端を発する。彼女の声は、「国が認定した難病になり、国が指定した病院に入院しているのだから入院生活が当たり前」と思っていた者にとっては、いささか奇異に聞こえたようだった。しかし同じく、定時制高校卒業後建築会社で働いた経験のあるBさんから「俺たちだって社会の一員なんだ。『隔離』されて生活しているのではない。実現できるかどうか、社会に向けチャレンジしようじゃないか」。社会福祉の概念で言えばempowermentが働き、自主的サークル「社会復帰グループ」が誕生した。筆者は、彼らの自主性を第一に考え、社会資源の紹介、特に障害者を雇用している会社・団体など情報提供を求めた。また障害者雇用促進の一環として機能している「国立県営」の訓練校見学にも同行した。

2）スイッチの神様との出会い：敏秀への支援

筋ジスD型患者の短命は、人工呼吸器という文明の力（りき）の登場により、大きく変化した。福永の研究によると、昭和の時代のD型の平均寿命は18歳程度であったが、人工呼吸器の普及により、30歳代はおろか50歳に手の届くところまで人生を生き抜いている者もいると言う[1)]。現在の人工呼吸器は大きく鼻マスク型と、気管切開による陽圧式人呼吸器に分かれる。筋ジストロフィー患者に対して日本で始めて対外式人工呼吸器が導入されたのが、南九州病院であることは余り知られていない。南九州病院に医師として赴任した中川正法先生（現京都府立大学教授）がアメリカ留学し、帰国への「お土産」として持ってきたのが「対外式人工呼吸器」であった。

この呼吸器は、装具（かつて結核の患者高圧酸素療法に使っていた鉄の肺のようなものを通気性のないウインドブレーカーのようなもので覆う）を着て、さらに空気が漏れないよう手首、頸部、腰部を紐で締め付けるもの。ちょうどへその上ほどに空気を出し入れする穴が開いていて、そこから器械で空気を送ったり吸ったりするシロモノ。器械が空気を吸うことにより横隔膜が上がり呼気ができ、逆に空気を入れることで横隔膜が今度は下がり吸気ができる仕組みで、その結果新鮮な空気が肺に入り、酸素が供給されることになる。何しろ日本ではじめての器具で、当時は漏れをなくすため、さまざまな努力をした。首をひどく絞められ「苦しい、苦しい」ともがく者もいたが、「空気が抜けたら、あなたが苦しくなるだけ、我慢しなさい」。患者と看護婦（現在名称は看護師）のバトル合戦もしょっちゅうのことだった。程なく双方と呼吸器の折り合いがつき、これを機会に一気に延命率が向上した。その

表3-1-1　社会復帰をめざす上での課題・意義・指導方法について

（第一次試案）国立療養所南九州病院　筋ジス病棟

課　題	意　義　・　根　拠	指導方法（実践場面）
社会復帰の可能性・必要性についての意志統一	・進行性の難病であることより，障害の面だけが強調されがちだが，障害者である前に人間であり，人間は社会の中にかかわりあうことが重要である。社会復帰を単に，就職，ととらえるのでなく，家庭で暮し，地域と交流することも，社会復帰の一形態であることを，本人・家族・スタッフ・学校4者で意志統一。	・医療相談 ・医教連絡会 ・カウンセリング
自己処理能力・伝達能力の獲得	・環境刺激が少ないため，知的能力は高くても獲得した能力をうまく使うことができない。身のまわりの整頓など身辺処理とともに，質問したり自分の考えをきちんと相手に伝える能力をつけることは重要な意義がある。病院を一つの社会ととらえ，日常のさまざまな場面への働きかけが重要。	・洗濯・身辺処理の励行 ・配膳・清掃など，病棟の日課への参加 ・会話指導 ・交流学習
学力・知力の獲得	・生きる力を培う前提として，書く力，話す力，計算する力，世の中のしくみを知る力など，学力をきちんと身につけることは重要である。 ・就学時期より，将来をみとおした教科指導が必要である。	・養護学校との連けい ・余暇時における自習の励行 ・放送利用による学習の推奨
社会生活への参加	・長期入院のため，社会に出ることへの不安恐れや，健常者への劣等感も強いので，これらを自らが克服するため具体的活動を準備することが重要である。	・趣味などを通しての地域ボランティアとの交流 ・外泊時における地域との交流 ・弁論大会・作品展など地域の行事への参加
家　族　指　導	・進行性であることより，家族の方も不安が先行し，消極的になる。しかし，家族の励まし，具体的働きかけこそが本人を奮起させることを理解してもらう。 ・兄弟・姉妹の働きかけも重要なポイント。	・医療相談 ・外泊指導・家庭訪問
就　職　指　導	・同じような障害をもつ難病患者が実際に，家庭（地域）で暮し，また働いていることを直接目のあたりにすることは，本人・家族がふんぎりをつける一つの機会である。家族と一緒に行動させることが重要。院内	・在宅障害者の訪問 ・作業所・授産所の見学 ・職安・福祉事務所との連けい
就　職　指　導	で一定の技能を身につけたら，まず院内でその技能を発揮させる場をもうける。	
家庭（地域）で暮す力をつける	・家庭で暮し，地域の中で生きていくことも社会復帰の一形態であることを確認する。	・外泊時，地域とのかかわりを具体的にもつ（趣味仲間・同窓生・青年団など）
余　暇　指　導	・障害者の離職率が高いことの一つに余暇のすごし方が不十分な点がある。働く場での技術・技能の向上，人間関係改善の努力とともに，余暇をたのしくすごすことが定着化につながる。入院時より，具体的な趣味を持つことは重要である。	・院内外のサークル活動への参加 ・養護学校との協力 ・放送利用

表3-1-2　社会復帰をめざす上での課題・意義・指導方法について
（前頁の続き）（第一次試案）国立療養所南九州病院　筋ジス病棟

行政への働きかけ	・身障者の就職・社会復帰にあたっては行政も大きく関係するので，たえず連絡をとりあうことが重要。雇用促進法等の関連法規の活用も意義がある。中間施設の確立。	・福祉事務所・職安との連けい ・出身自治体への働きかけ
保健・医療機関との連けい	・引き続き医療機関とは，たえずかかわりを持つ必要があるので，主治医を通して，かかりつけの医療機関をみつけること。 ・難病対索との関連で，保健所との連けいは重要。	・保健所への働きかけ ・Dr　を通して，開業医の紹介

表3-2　対象者名と担当者名

氏　名	生年月日	学年	タ　イ　プ	担当				
				Dr	Ns	指	保	訓
○籠　○浩	48. 1.21	中1	先天性ミオパチー	伊地知	小出水	杉　田	松　尾	羽　島
○籠　○一	44. 1.17	高2	〃	福　永	高　橋	久　保	森　本	新　屋
○籠　○人	42.12. 2	高3	〃	福　永	宮　川	久　保	森　本	羽　島
○枝　○紀	45. 5.19	中3	KW	伊地知	林　薗	杉　田	松　尾	新　屋
○田　○雄	37.12.14		KW	伊地知	石　橋	久　保	松　尾	羽　島
○合○由○	34.12. 9		KW	江　夏	川　口	杉　田	森　本	羽　島
○崎　○代	26. 3. 9		KW	江　夏	勢　尾	杉　田	森　本	羽　島
○口　○晴	49. 2. 1	小6	WH	江　夏	覉	久　継	森　本	羽　島

後は、現在最も使用されている鼻マスクによる呼吸器（NIPPV)、気管を切開しての人工呼吸器が定番となっている。

またALSを中心とする重度神経難病患者や構音障害に悩む患者にとって、最大の悩みの一つが、知的には全く障害がないにもかかわらず、自分の意思（想い）を相手に伝えられないもどかしさであった。筋ジス患者やALS患者は気管切開をして人工呼吸器装着状態になると、大半が表出言語能力を失う。患者は「何とか自分の気持ちを伝えたい」、また家族を始め支援者は「彼がなんと言っているのか、何とか知りたい」と、双方がもがいた時代が長かった(現在でもある)。最初に使われたのが、透明のアクリル製の五十音文字板。一つの例として「外に出たい」に行くまでの経過を説明しよう。支援者は五十音が書かれた透明なアクリル板を患者の前に置き、

表3-3　社会復帰をめざす上での指導の経過と反省、指導内容・方法
（第一次試案）国立療養所南九州病院　筋ジス病棟

課　　題	指導の経過と反省	指導内容・方法
社会復帰の可能性・必要性についての意志統一	・中学在校時より社会復帰の対象としていたが，学校側との連絡不十分さや家族との話し合いが不十分なこと，本人の自覚を促すための病棟としての働らきかけに具体性を欠く面もあった。	・「訓練校入校」という目標をはっきり自覚させる。 ・学校側との連けい ・「必らず就職させる」という自覚を親がまずもってもらうよう働らきかける。
自己処理能力・伝達能力の獲得	・５９年４月より日課表を作らせ，規律ある生活をするよう指導した。日記指導も試みたが，こちら側の働きかけが不十分なため前進しなかった。	・洗たく，ベッド周辺の整とん ・金銭管理～プラモデルよりパンの方が大切なことを教える。
学力・知力の獲得	・知的能力に比べ，学力が劣る under achiever である。（特に書く力） ・興味ある草花や飛行機プラモデルなどに対しては相とうの知識を持っている。 ・学級担任・教科担任が必死に働らきかけたが病棟側の対応が不十分だった。	・宅習時間をふやす。学習場所の確保。 ・日記・随筆指導～学校担任との連けい（連絡帳をつくる） ・放送利用～「続 基礎英語」の継続
社会生活への参加	・学校との連絡不十分さもあり，公的機関の利用法など十分指導できなかった。 ・障害者がきびしい条件下でも，一生懸命に働らき学んでいる様子をじかに見せることは大切なことである。	・公的機関の積極的利用～他の患者の福祉の手続き，職員の行政手続きの時には同行させ具体的に教える。 ・在宅障害者の訪問
家　族　指　導	・５８年８月医療相談実施，社会復帰の点に話しても「本人が行きたい方向ですすめばよい。病棟にまかす。」と消極的であったがその後の病棟の働らきかけもあり「なんとかしなくては」というような変化が出ている。 ・父子家庭というハンディも理解した上での指導が必要。	・訓練校見学に同行してもらう（夏休み） ・外泊時少しでもよいので家族だんらんの場をもうけるよう父親に働らきかける。
就　職　指　導	・５９年１１月２８日，入来の訓練校見学。まだ「入学するんだ」という自覚に欠け，単なる見学に終ってしまった。 ・本人は電気関係を希望しているが，身体のハンディや将来性を考慮した指導が必要。	・訓練校への入学を実現させる訓練校見学・訓練生との交流
家庭（地域）で暮す力をつける	・夏休みと冬休みに外泊した時に，家の清掃買物を励行するよう指導した。家庭内での役割が明らかにされておらず，弟の指図に従うだけだったが，正月休みでは買物をしたり清掃をおこなうようになった。	・外泊時における日課を作らせ規律ある生活をおこなわせる。 ・兄弟の中での存在を明確にするために金銭管理，清掃などでリーダーシップをとれるよう兄弟と話しあわせる。
余　暇　指　導	・プラモデルや昆虫・草花に興味を持っている。作品を完成させる持続力に乏しい。 ・プラモデルに自分のこづかいのほとんどを投入する。金銭に関する指導が必要。	・最後まで完成させる持続力を養う。
行政への働きかけ	・父子家庭であることより，地域民生委員との連絡が必要であったが，働きかけをしなかった。進路指導する上で重要である。	・民生委員への働らきかけ
保健・医療機関との連けい		

アクリル板を右から左へ、患者と目を合わせてあ→か→さ→た、と動かす。拾う文字は「そ」なので、患者はまぶたなどで「さ」を選ぶ。今度は「さ」を出発点にしてさ→し→す→せ→そ、と上から下に動かす。「そ」の所で患者は、またまぶたによる「OK」のサインをする。これで最初の文字が「そ」ということが分かった。支援者は以上のような動作を繰り返し、患者の「そとにでたい」を読み取るのである。筆者もアクリル板が手に入った時点より、アクリル板を使ったが、当初は互いに慣れず、患者のイライラが続き、挙句の果ては「もうよか」と首を振り、拒否（レッドカード）をもらうこともあった。しかし、この課題は、次のドラマで大きな転換点を迎えた。

筋ジストロフィー症の中でも最も悲惨なのがD型（Duchenne）の患者である。同タイプと知能の関連は基本的にはないが、学習の機会が少なかった為に学力不振の者もいた（学習心理学で言うunder achiever）。その一方で時には大変な秀才も現れる。生涯忘れられない轟 敏秀もその一人だ。就学時より理系の分野に明るく、また文章力も抜群だった。病棟で最も早く自分でパソコンを買ったのも彼だった。しかし次第に筋肉の萎縮という病魔が彼を襲い、日常生活は全面介助、残った随意運動は、わずかに動く指先と、減らない口。キーボードが打てなくなった。「でも何とかして自分の気持ちを記号化したい」。彼の生きるしぶとさは、ここから本格化した。

あるパソコン専門誌に、箸のようなものを口にくわえ、パソコンのキーボードをたたいている人の紹介記事が掲載されていた。彼は「これだ！」と思ったようだ。早速筆者に相談をした。「僕はまだ指先と口は何とか動かせる。僕にできるスイッチを作れる人を探してほしい」。この業界に不慣れな筆者にとって、彼の注文は重い宿題となった。また彼からの相談。「横浜のリハビリセンターにスイッチの研究をしている畠山さん（畠山卓郎／現・早稲田大学大学院教授）という人がいるので、電話で問い合わせ、よかったら出向いて欲しい」。なんという図々しい要求だ。しかし自分の要求は絶対に降ろさない彼のことを知っている筆者は、程なく実現した東京出張を機に、横浜に出向くことになった。この分野に門外漢の筆者、手ぶらでは説明が難しいと、彼のわずかに動く指先、何とか持てる箸棒の様子をビデオに収め、横浜市リハセンターに出向き、畠山氏にビデオを渡した。これを機会に、筆者の介入で畠山氏と敏秀のやり取りが始まった。「事情は分かったが、現場に行かないことには」と思った畠山氏、休日日帰り、自費で来院した。いよいよ彼が使えるスイッチ作製が本格化した。

その後も毎日のようにやり取りが行われた。「試作品を作ってみたが病室に行かないことには…」。畠山氏の声をいち早く察知したのが、稲元・病棟婦長だった。「お金は何とかする」。職員のカンパも含め婦長の工面で再び畠山氏が来院、ついに彼の使えるスイッチが完成した。

現在、医療業界では多くの特殊スイッチが開発されている。わずかのタッチで操作できるもの、息を吹くことで入力できるもの、極めつけは脳波を利用してのスイッチ。ここ10年ほどで大脳生理学の研究が飛躍的に発展している中で、「脳波スイッチ」は実用化の段階に入ってきている。このように、意思伝達の出発点である入力の方法を日本で最も早くに手掛けた畠山氏の「実践研究現場」が南九州病院だったことは余り知られていない。

ソーシャルワーク機能の一つに「関係性をつなぐ」がある。「最後まで自分の気持ちを記号化（文字化）したい」という要求に対し、病棟スタッフが共感し、実現に向け関係者と連絡を取り、要求実現の一翼を担うことはソーシャルワークの機能の一つであることをこの事例から学んだ[2)]。なお、この経過はNHKが大きく取り上げ、３日分番組を２回も製作し全国放送した。

２．「南九州医療福祉研究会」を中心とした在宅ケアに向けての研究・実践活動　～1991（平成3）年頃から介護保険制度開始前の1998（平成10）年前後まで～

１）研究調査活動への参加：「南九州医療福祉研究会」での研究活動

ソーシャルワーク業務のひとつに調査研究活動がある。1980年代に始まった国立病院・療養所統廃合計画により、当時国立病院・療養所では労働組合はもちろんのこと地域ぐるみの運動が全国で展開されていた。各地で住民主導の「存続させる会」や「守る会」が結成され、また労働組合を中心に地方議会へ「統廃合反対、地域医療を守れ」の請願・陳情活動が行われ、実に全国約3,000自治体の９割の議会が請願・陳情を採択した歴史的な時代であった。筆者自身、当時は組合運動の指導者として激しく当局（病院側）と対決していた。

そんな折、平成２年、南九州病院に思わぬ人が院長として赴任してきた。元九州医務局長の川嶋 望先生であった。先生の赴任の意図がどこにあったのか知る由もないが、実は先生が一番実施したかったことは今にして思うに、来たる高齢社会に備え今からどのようなシステムを構築していけばよいのか、という構想を作り上げることだったのではないかと考える。

川嶋先生は、長崎大学医学部を卒業し、臨床医と出発したが、類まれな文武両道型（外科医でありながら行政にも実に明るい）で、30代後半には早くも長崎県衛生部長となり今日の長崎県離島医療システムの礎を築いた方である。その後官僚となられ、厚生省（当時）と各地方医務局長業務をこなされた。後に先生からお聞きしたお話によると、先生は昭和60年前半よりに、「来る高齢社会に備え、今から相当の覚悟で準備をしなければならない」と考えていたようである。また1989（平成元）年に打ち出された「ゴールドプラン」策定にも間接的に関わっておられ、南九州病院への赴任は、南九州病院が位置する姶良二次医療圏（現姶良・霧島保健医療福祉圏：人口約 20万人）で、そのモデルを作成することが本来の目的だったようである(これはあくまで筆者の推測であるが、その後の先生の研究･実践活動を回顧するに、明らかな意図があったと推察される)。川嶋先生は赴任直後の1991（平成３）年、鹿児島県姶良郡医師会に所属する圏域の国立及び公的医療機関、県福祉事務所、保健所、加治木・姶良・隼人の三町及び同社会福祉協議会の賛同を得て「南九州医療福祉研究会」を創設した。次年度には参加自治体を増やし１市 11町並びに社会福祉協議会に範囲を拡大し、以下の研究調査活動、研修会活動を実践された。

２）南九州医療福祉研究会とソーシャルワーク

1992（平成４）年度、南九州医療福祉研究会は企画調査部会を中心に地域の保健医療福祉の実態調査を行った。また専門領域に関しては在宅ケアマニュアル作成部会、在宅ケア研修部を立ち上げ、各部署で活動が始まり、年度末には基本調査・実態調査報告・マニュアル作成・在宅ケア実務者研修会の結果を報告書としてまとめた。著者は事務局の一員として、多くの事業に関わった。役どころとして対象自治体の人口、高齢化率、福祉系サービスの実情とそれを裏付ける予算について、詳しく調べることだった。筆者は主に電話を通して自治体関係者に聞き取り調査を行ったが、いずこも同じ福祉関係の係が年度ごとに変わる関係で、大半の自治体関係者は即答できなかった。そこで、上司の許可を得て、自治体廻りを行い、直接関係者に会って聞き取る方式をとった。

当時姶良・霧島地区には、老人福祉サービスで全国に自慢できるあるサービスがあった。それは旧隼人町における、「老人給食サービス」である。主に虚弱者(今の介護保険判定で推測すると、要支援１若しくは２)で基本的には独居（夫婦の場合もあった）の方を対象に、お正月も休まず、一日２回の配食サービスを行っていた。これに掛かる町の支出は約２千万円。「全国から視察者が絶えなかった」と係の方は説明した。その一方で、隣のB町の配食に掛かる予算はわずか５万円。老人福祉課の方にお聞きしたところ、「独居老人を対象に、年２回程度業者に頼んだお弁当を家まで配るのみ」という返事だった。自治体間格差の典型例だった。

「南九州医療福祉研究会」は次年度（1993年）、前年度の調査活動を継続し、２年間の成果「提言」の形で以下のようにまとめた（大、中項目のみ）。

(1) 在宅ケア推進のための条件整備

(a)わが国において在宅ケアが進まない理由として、財政上の問題は別にして
・ソフト、ハード面で在宅ケアを行える条件が整備できていない
・医療機関は病院経営上、入院患者確保を優先しがちである
・患者家族は世間体からも入院をさる傾向にある
(b) 以上の結果から在宅ケアを継続させるための最低条件は
・在宅ケアができるような環境条件の整備体制
・継続した医療·感度·介護の確保
・医療機関における経過のフォロー

(2) 在宅ケア実態調査から

(a) 介護者の実態
(b) 在宅ケアの現状と問題点
(c)今後の課題

このようなの実績が評価され、南九州病院は1994（平成６）年から２年間「国立療養所における在宅医療推進に関する研究班」(研究責任者：福永秀敏・同院副院長）の事務局となり、著者も一事務員となった。臨床心理士の資格も持つ児童指導員が「研究報告書」をまとめた。このような研究活動を通し筆者は社会調査の重要性を学んだ。また調査に基づく数値や住民の意見は、その後の地域活動を展開する上で、これら調査結果のデータはevidence　ともなり、ソーシャルワーク機能の一つである「社会資源開発」にも寄与したと考えられる。

３．神経難病患者への本格的介入：４つの事例を通して考える

１）１通の転院相談書から

南九州病院は当時の国立療養所の中では、最も早くから難病・呼吸器疾患患者を対象に在宅ケアを推進していた。一方、児童指導員としてのソーシャルワーカーはいたが、筋ジストロフィー病棟における業務や重症心身障害児や行動障害児に

表3-1　事例の概要

事例 性別	疾患名 発病時年齢	介入時年齢	援助期間年数	家族構成の概略	インテーク時 ADL・介護状況 病気の受け止め	地域の特性 M病院からの 距離など	本人病前生活史 発病、インテーク までの経緯	身体状況の変化 初期、中期、 後期・終末期	心理的状況 初期、中期、 後期・終末期	家族の状況・ 初期、中期 後期・終末期	生活課題 初期、中期 後期・終末期	医療の関わり 初期、中期 後期・終末期
A	筋萎縮性側索硬化症			発病・入院時は家族と離れ独身。その後生まれ故郷に帰り、父、母、弟夫婦と同居。	県外からの転院 自力歩行困難。 咀嚼・嚥下機能が少し低下。軽い言語障害あるもよく聞き取れた。 「やっかいな病気になったが病気と闘う」と話す。 特定疾患医療受給者証取得。 身体障害者手帳は未取得。	高齢化率28%。 小規模農業を中心とした農業地帯。 過疎高齢地がだ、三世代世帯も残っていた。 M病院から約40㌔。	様々な職業経験。 バブル崩壊と共に生活が困難に。。 県外の病院に入院していたが、MSW間の連携によりM病院へ転院となった。	初期 飲み込み困難 車イス移動可能	初期 やっかいな病気になったが病気と闘う	初期 主治医の告知にショック。	初期 入院中の外泊の度に低下する機能に戸惑いながらも特に生活上に変化はなし	初期 入院治療。 退院後は訪問看護による看護 月１回の外来診察
男性	46歳	49歳	2年					中期：寝返りが困難となりベッド中心の生活。 咀嚼・嚥下機能が極端に低下	中期 低下する機能に苛立ちをあらわにする。「気管切開はしない」と明言	中期 夜中も付添わ無ければならなくなり将来に対する不安増加。	中期 夜中は誰か起きていなければならなくなり介護中心の生活になった	中期 訪問看護の増加 近医による訪問診療開始
								後期（末期） 常時寝たきりの状態。 経管栄養。	後期（末期） 志への不安症状を示す。毎日駆けつけ励ます級友に感謝	後期・終末期 24時間介護、 コミュニケーション機能がなくなり苛立ち。	後期・終末期 すべて介護中心の生活となる	後期・終末期 訪問看護の増加 緊急入院
B	シャイ・ドレーガー症候群（現多系統萎縮症）			妻との二人暮らし。 三人の娘は県内に嫁ぐ。	半介助での歩行。 介護保険要介護度３認定。 主たる介護者：妻 「今まで病気一つしたことがないのになぜ」の戸惑いと「訓練を頑張る」意欲を示す。 訪問看護、訪問介護を受けていた。	旧開拓地の山村部。 二人に一人が65歳以上の超高齢地域。 M病院から約35㌔。 介護保険要介護認度４認定。	戦後一貫して運送業関連。 地域や仕事仲間からも全幅の信頼を得ていた	初期 介助による歩行可ふらつきが目立つ	初期 病気一つしたことがないと嘆く	初期 不安もあるがみんなで支える	初期 妻の生活は変わらず。 主介護者娘の生活に変化	初期 訪問看護 近医による訪問診療
男性	64歳	67歳	3年					中期 起立性疾患症状が顕著、歩行不能。 ベッド生活中心。	中期 周りにあたるようになった 娘が良くしてくれる	中期 本当にやっかいな病気になった、心配でならない。	中期 主介護者の長女の生活は介護中心となる。夫の支えが介護を続けさせた。	中期 近医による複数主治医。訪問看護の増。訪問ﾘﾊの導入
								終期・終末期 寝たきり全面介助 導尿開始	後期・終末期 生きていても仕方ない。何とかして	後期・終末期 娘に介護が集中し「辛い」を訴える	後期・終末期 入院、長女の生活は全て介護中心となる	後期・終末期 入院による医療
C	筋萎縮性側索硬化症			妻と娘・息子の４人暮らし。一戸建て住宅。	自力歩行可能。 両上肢挙上は困難。 言語は少し不明瞭だが意思疎通は十分に出来た。 特定疾患は申請していない。 公的サービスは全く受けていない	高齢化率28%の典型的過疎高齢地域。 社会福祉協議会による地域福祉活動の伝統があった。 M病院からは40K。	１級建築士として官庁関連の設計を手掛けたやり手。 周囲からの信頼も厚い親分肌の性格	初期 自力歩行、車運転可能。構音障害顕著	初期 やっかいな病気になったが最後まで闘う	初期 告知にショック。	初期 特に変化なし	初期 月１回の外来診察。訪問看護
男性	48歳	52歳	2年 進行中					中期 自力歩行不能 嚥下障害顕著	中期 苛立ちが募る 家族の励ましに感謝	中期 不安だがみんなが応援してくれ有り難い	中期 介護していた子供が進学し妻中心の介護となる	中期 外来診察継続 訪問看護の増
								現在全面介助 胃ろう造設	現在：気切はせず。 最後まで病と闘う	現在：身体機能低下、気管切開に不安	現在：介護中心の生活へ	現在：外来診察継続
D	筋萎縮性側索硬化症			農業の夫・三女と同居、すぐ近くに長女夫婦・次女も住んでいた。	歩行不能、右上肢のみ挙上可能。常時車イス生活。 ことばは少し聞き取りにくいが、会話は十分に成立していた。 特定疾患受給者証の重症認定。 介護保険による訪問看護、訪問介護	高齢化率30%、零細農家が大半であるが、米作を中心に専業農家もある。 ＪＡによる地域福祉活動の伝統がある。 M病院から約45K㌔。	青年時代スポーツ選手として活躍 夫と農業を営む傍らＪＡ活動のリーダーとして活躍。地域からの信頼が厚かった。	初期 すでに歩行不能、車イス生活、構音障害顕著	初期 医療機関に対する不信あり	初期 医療機関に対する不信	初期 すでに夫、娘による介護中心の生活	初期 月１回大学病院への受診 訪問看護
女性	40歳後半	54歳	2年					中期 全面介助、呼吸機能低下。表出言語困難。痩せ顕著	中期 M病院診察を期に「病気と闘う」	中期 専門医受診で本人納得に安堵。重病患者を家で看る事の戸惑い。	中期 夫の「仕事を辞め介護したい」に本人反発	中期 M病院診察 訪問看護の増
								終期・終末期 瞬き以外のｺﾐｭﾆｹｰｼｮﾝ手段消失	後期・終末期 家族皆が励ましてくれる	後期・終末期 最後まで家族で看る	後期・終末期 夫、娘共に全て介護中心の生活になる	後期・終末期 M病院への入院

表3-2　機能別ソーシャルワーク介入の過程

氏名	支援段階	臨床的機能	調整的機能	教育的機能 社会資源へのアクセス	開発促進的機能
A	初期 入院期	1) 週1回の定期的面接：都会で難病を告知され妻とも別れ不安だらけで帰省してきた気持の受け入れ（傾聴） 2) M病院入院中同疾病患者さんを紹介 3) 在宅療養に向けての不安に対し「地元での介護力が確保されつつある」事を伝える。 ・難病の公的医療負担制度の紹介	・所管難病担当保健所を訪問し、在宅療養に向け相互に連絡しあうことを確認 ・地元自治体福祉課を訪問し、在宅福祉サービスの実態を把握。近くA氏が退院し在宅療養する予定があることを伝える。 退院前調整会議の開催	1) 自治体関係者「重度難病患者をなぜ家に帰すか」の意見に対し、体験談や資料を通し地域で暮らすALS患者の様子を知らせた。 2) 地元福祉関係者を訪問し難病ケアについて講話した。	・地元の訪問看護ステーション・ヘルパーステーションを訪ね介護サービス能力のリサーチ
	中期 在宅療養 開始時期	1) 毎週訪問し本人の不安、家族の介護不安・戸惑いへの傾聴とアドバイス。介護やコミュニケーション確保に関し家族が文字カードの工夫など様々なな努力をしていることへの評価。 2) 家族に在宅ALS患者の手記を紹介	・月1回のケア会議の企画提案と定期的参加。 ・難病看護・介護は未経験な中で努力されている事への評価	・ケア会議と連動し難病関連学習会の開催：医師の講話、医療・福祉制度についての紹介 「難病支援検討会」での経過報告。	自治体福祉課に対し、難病先進地における福祉サービスの現状を知らせる。
	後期 終末期	1)「どうでもしてくれ」としぐさで話すA氏への傾聴。 2)「夜は一睡も眠れない」「しか周りの方が本当によくしてくれる」の家族の思いへの傾聴。	・保健所に関係者連絡調整会議の開催要請。 関係者が努力していることへの評価 ・ヘルパーや保健師によるフォーマルなサービス、旧知の励ましなどインフォーマルなサービスへの評価。	1) ケア会議・調整会議で、「この実践はまもなく始まる愛護保険制度への確かな経験になる」 2) A氏死亡後、家族の同意を得てSWはこれまでの支援過程をまとめ「難病支援検討会」や社会福祉士学会で発表した。	
B	初期	1) 週1回の面接：難病になったことへの戸惑いへの傾聴・共感的理解。 2) 訓練への意欲を示されたので同伴し励ます。 3)「パソコンも習いたい」と言われたので、足のみでパソコン操作している筋ジス患者サンを紹介し操作場面を見てもらう。「すごいな」の思いへの共感的理解。	1) 入院直前、保健所主催の調整会議に参加。 今回の入院目的を確認。退院後の継続的支援に向け関係機関に入院中の様子など連絡することを確認（すでに訪問看護・訪問介護など介護保険サービスを受けていた）。 2) SWはファックスにて関係者に歩行訓練などB氏の意欲振りを伝えた。	1) SWは会議で難病拠点病院としてのM病院の役割について報告。 今後検査入院だけでなくｼｮｰﾄｽﾃｲ的入院も可能なことを伝えた。	
	退院後 在宅療養 入退院を繰り返す	1) 保健師に同行訪問（2ヶ月1回）。予想以上の病気の進行に戸惑う本人・家族の不安傾聴。 2) 介護者特に病弱な妻に代わり主たる介護者の長女介護負担に対する不満への傾聴。 3) 入退院を繰り返すごとに移送にかかわる長女の夫の心境への共感的理解。 4) 外泊時、廉価で貸し出す福祉車の紹介	1) 予想以上の進行にサービス調整変更の必要性。SWはCM・保健師と協議し訪問リハなどサービス調整を提案。 2) 症例検討会を兼ねたサービス調整会議：地元主治医をは じめ関係者全員が参加。 ショートステイ的入院の検討	1) サービス調整会議にM病院の専門医が参加し疾病に関する講話。SWは難病と介護保険・医療保険の関連の講話。 2) CMは「難病支援検討会」に出席し支援展開報告、参加者よりアドバイスをもらった。	移送手段として「社会福祉協議会に安価で貸しくれるワゴン車がある」事を知らせ手続き方法知らせる。
	後期。終末期 最後の入院	1) 表出言語がほとんど聞き取れなくなり「早く死なせてくれ」としぐさで訴えるB氏の手をとり傾聴する。 2) 介護と家事の狭間で苦悩し「私たちなりにがんばった」と話す娘への傾聴。	1) CM・保健師と動向訪問。介護者と協議し「これ以上の自宅療養は困難」と判断し入院前最後の調整会議開催。 2) 入院後、CM/・保健師に定期的に経過報告。	1) 調整会議で、これまでの本人・家族の努力、支援（介護保険によるサービス、保健所のサポート、自治体のサポート、地元医師の協力）について参加者で評価・確認。	
C	初期	外来（月1回）毎に面接。常に妻が同伴。 1)「難病になり不安だ」の一方で「この病気と闘う」や、妻の「気丈夫な主人に私のほうが励まされている」ことばに支持的態度。 1) 身体障害者手帳取得、傷病手当金取得支援。	1) 介護保険申請、ケアマネジャー選定への支援。介護職X さんが選定され、外来受診に同行。連携して支援することを確認しサービス担当者会議の開催を要請した。 2) ２回目の外来診察同行を期に、M病院会議室にて第１	1) 介護保険へのアクセス：65歳未満だが介護保険によるサービスが可能なことを紹介。 2)「難病支援検討会・学習会」でサービス開始までを紹介。	
	中期	1) 月１回の外来面接：歩行機能低下、顕著になった構音障害でいらだつ気持を丁寧に傾聴。 2) その一方で「有名な○○会館は私が建築した」などのナラテイブな語りに共感的理解。 3) 妻の今後の介護不安に対し同じALS患者の手記を見せた。 1) 足だけの意思伝達装置でインターネットをしている筋ジス病棟入院患者Kさんを紹介。	1) おおむね３ヶ月毎に本院・家族・サービス事業者・保健 所・自治体福祉担当者を交えた調整会議実施。 2) 要介護度５となりケアマネジャーと連携し訪問看護の増 加などサービス調整。 3) 意思伝達装置への関心が高かったので福祉機器メーカー	1) 介護福祉士資格のケアマネジャーに「難病支援検検討会」での報告を求めた。同会で難病看護・介護経験者から具体的アドバイスがあった。	
	終期 （末期）	1)「意思伝達装置取得によりインターネットが自由に使え多くの仲間とメール交換し気持ちが変わった」発言にメールで激励した。 2)「気管切開は絶対にしない」の発言	1) サービス調整会議の継続：自宅でも開催した。	1) 呼吸困難になり家族の間で気管切開の是非が論議されていたので「難病支援検討会」で専門医による気管切開の選択に関する講話実施。	

対する発達外来などが中心で、神経内科病棟や外来患者を対象とした相談活動を行う仕組みはなかった。

その一方で、「南九州医療福祉研究会」の研究成果を元に、1996（平成８）年頃より、南九州病院では、これまでも行っていた神経難病在宅医療について、在宅医療部を再編成し本格的な在宅医療がスタートした。筆者は重症心身障害児･者病棟の児童指導員として、生活支援、家族との調整業務、また発達外来などを行ってきたが、1997（平成９）年７月、１通の転院依頼書がきっかけとなって、重心・筋ジス病棟業務をこなす傍らで、本格的に神経難病患者と関わることになった。ここでは、介護保険制度施行（2000年４月１日）を前後して展開された４つの事例を通し、ソーシャルワークの新たな機能と役割との関連で考える。

２）MSWが自身の実践を分析研究する意味

(1) 難病専門・拠点病院ソーシャルワーカーが支援した事例を検討し、過疎高齢地域における在宅神経難病の地域支援システム構築の到達点と課題を明らかにする。ソーシャルワーク実践の検討を通し、過疎高齢地域で神経難病の地域支援システムを構築していく上でのソーシャルワーカーの新たな役割・機能を明らかにする。

(2) 介護保険制度開始前と開始後のソーシャルワークを検証し、介護保険下の難病患者・家族に対するソーシャルワーク機能について明らかにする。

(3) 研究方法と分析の視点

(a) 難病専門・拠点病院のMSWが関わった援助事例をデータとして検証する理由

先行研究の結果、MSWが複数の難病患者・家族ソーシャルワークに継続的に関わり、ソーシャルワーク過程を比較研究したものはあまり見あたらなかった。特に難病という特定の疾患患者を対象とし、過疎高齢地域という限定された条件下でソーシャルワーカーによる事例研究はほとんど見られなかった。筆者が所属する国立療養所（2004年度から独立行政法人国立病院機構）南九州病院は、全国に先駆けて1970年代後半から重度難病患者の在宅支援を実施し成果を上げている。また県内における難病専門・拠点病院であると同時に全国の難病ケアネットワークモデル地域の専門・拠点病院として位置づけられている（前述）。　筆者は難病専門・拠点病院相談員として難病患者・家族ソーシャルワークに関わり、これまで研究の成果を研究班で発表してきた。したがってMSWによる事実を記述したデータは、一定の事例の典型性・代表性をもっていると判断し採用した[2)]。

採用した事例は、a)過疎高齢地域という特性、b)事例対象者が発病前はいずれも健康で、第一線で活躍していたという点で共通している。一方、４つの事例は介護保険制度という新たな社会保障制度の前後で展開されている。事例１は介護保険制度創設前で医療・保健・福祉の連携がほとんど機能せず、ケアマネジメントの考え方も一般化されていなかった状況下での支援展開という特徴がある。事例２，３，４はいずれも介護保険制度下でのソーシャルワークで、① ケアマネジャーと協力しつつ保健所が中心となって地域支援システムが形成された（事例２）、② 社会福祉協議会のケアマネジャーを中心に限りある地元社会資源を組み合わせて地域支援システムが形成された（事例３）、③ 難病医療確保が困難な地域の中で農山村地域を支える機能を持つ農業協同組合（JA）のケアマネジャーが医療確保に苦労し、難病拠点病院のソーシャルワーカーと頻繁に連絡を取り合い地域支援システム形成へ挑んだ（事例４）という点でそれぞれ特徴がある。

今日、社会保障制度全般にわたる見直しの論議の一つとして難病支援制度の見直し、10年目を迎えた介護保険制度の抜本的見直しが議論されている。また過疎高齢化に歯止めがかからない本県など過疎地域の多い自治体では限界集落が、また都会の団地でも高齢化が５割を超え、自治機能そのものがマヒ状態という現実がある一方、ノーマライゼーションの考えに基づく地域を基盤とした障害者・難病の地域支援システム構築が模索されている。そのような社会的背景を考えた時、４つの事例はいずれもこれまでの成果の記述していること、今後日本社会全体で克服すべき課題を多く内包しており詳細に検討すべきものと判断して採用した。

３）ソーシャルワーク過程の区分について

本研究ではソーシャルワーカーによるソーシャルワーク記録を元にし、ソーシャルワーク過程をまず時系列で初期、中期、後期（終末期）に分け、それぞれの時期の支援内容をソーシャルワーク機能別に分類化した。時期の分類は、４事例ともにインテーク時の病期が同一ではなかったので以下のように区分けした。(1) 初期：インテークから初回面接、もしくは検査入院時から在宅ケア開始に向けて関係機関との連絡が始まった時期、(2) 中期：限られた条件の中で在宅療養が開始され、また事例によっては短期的入院が行われ新たな課題が発見され、調整を行った時期、(3) 後期（終末期）：24時間全面介助で入退院を繰り返す、もしくは長期入院を余儀なくされる時期。

４）ソーシャルワークの機能分類について

まず先行研究[2)]を元に研究目的に照らし４つの機能（① 社会心理的、援助機能、② 連携・仲介・連絡調整機能、③ 研究・調査・教育機能、④ 改革・促進的機能）

との関連で分類し分析した。

【４つの事例紹介】（表3－3、表3－4参照）

事例１　在宅ケア基盤未整備地域における援助事例（介護保険制度創設以前のソーシャルワークの展開）

Ａ氏　男性、インテーク時年齢　40歳代後半、疾患名　ALS

【Ａ氏のプロフィール】

Ａ氏は学校卒業後関東地域にて様々な事業を展開していたが、1996年夏頃より汁をこぼすなどの筋力低下症状が現れた。専門病院にて診察の結果、ALSと診断され自宅療養の後関西地方の病院に入院した。Ａ氏の生活は、発病と前後し会社の倒産、家族との離別などにより大きく変わってきた。Ａ氏は入院先のMSWに対し「住み慣れた故郷で暮らしたいので転院先を探してくれ」と相談した。MSWは故郷の鹿児島県にある国立療養所南九州病院（当時）に転院依頼書を送付し著者と連絡を取り合った。その結果Ａ氏はいったん郷里に帰宅し南九州病院への入院となった。Ａ氏の実家Ｔ町は人口約５千人、高齢化率が30％を越える典型的な過疎高齢地域であり、Ａ氏宅は両親、農業を営む弟夫婦の三世代で構成されあり、南九州病院からは約40キロ、車で約45分の所にあった。

(1) 初期(入院から在宅に向けてのケアプラン作成まで)における　ソーシャルワーク

(a) A氏の状態、Ａ氏・家族を取り巻く状況

Ａ氏は身体面では入院当初すでに自力歩行は不能であったが、車イスによる自力移動は可能であった。Ａ氏は、球麻痺が先行するタイプ、で汁の飲み込みがうまくできないなど咀嚼・燕下機能が低下してきた。Ａ氏の発語は不明瞭だが会話は十分できた。初期面接でＡ氏は「やっかいな病気に罹ったが余り心配していない」と述べたが、入院直後にことばがほとんど話せなくなった。Ａ氏は寝たきりの状態となった同室のALS患者を見て「自分も近い将来あのようになるのか」と、不安をもらし、次第に看護師などスタッフに態度を荒立てるようになった。

家族は、当初「何の病気で田舎に帰ってきたのかよくわからない」と話したが、主治医の病状説明を聞いた後は「大変ショックだ。今から先どうなるのだろうか」など不安を漏らすようになった。Ａ氏は入院中ほぼ２週間おきに２泊ほど外泊していたが、外泊のたびに衰えていく心身状況を肌で感じた家族は、「ここ（家）で暮らす事などとても出来ない」と話した。医療スタッフは将来に備え、面会中の家族に対し吸引方法を教えた。

表3-3　介護保険前後におけるニーズとソーシャルワークの機能

介入		初期	中期	後期（終末期）
心理社会的援助機能	制度前	1)難病告知を受け不安 →面談（受容的）、 2)医療費、生活費につて 医療費の公的負担・手続き紹介（保健所）。 身体障害者福祉法による公的支援	1)進行に伴いＡＤＬ低下、意思を伝えられなくなった →文字盤・スイッチなど紹介、意思伝達装置入手手続き方法を伝える 2)全面介助になり介護がたいへん →身障福祉・難病患者生活支援事業によるヘルパーなど在宅支援サービス、医療保険における訪問看護導入	1)死への不安→傾聴、 2)「これまでやり尽くすことはした。何とかできないか」 →これまでの家族の努力をことばで支持
	制度後	1)告知を受けて不安だ→面接（重要的態度） 2)家族の不安→本人・家族合同面談 3)退院後の不安→介護保険制度の紹介	1)同じ難病の生活を知りたい →手記本やインターネットを通して同患者の闘病生活を伝える 2)家族の苛立ち「今の医療で何とかならないのか」→傾聴 3)生活が厳しくなった→あらゆる諸制度をうまく区組み合わせ、経済的不安の解消を図る	1)介護で疲弊している家族 →カウンセリング的面接、共感的理解
連携・仲介・連絡調整機能	制度前	1)住み慣れた田舎で暮らしたい →保健所と連絡を取り合い地元社会資源のリサーチ、自治体への協力依頼、保健所による難病支援関係者調整会議開催	1)ヘルパー・看護師が来るが家族だけでの介護は限界だ。 →ケア会議の定例化。保健所による難病支援関係者調整会議開催 2)ヘルパーなど関係者が「このようなサービスでよいのか」等の不安を訴える→ケア会議で本音を出してもらう	1)ヘルパー、看護師みんなよくしてくれるが家族介護は限界。入院はできないか →重症難病入院確保事業のネットワークを使い協力病院への依頼
	制度後	1)家族と一緒に暮らしたい →保健所に連絡。 介護保険サービスを受けている場合ケアマネジャーへの連絡、未利用者は同制度の紹介 2)退院後の継続サポート→退院前連絡調整会議企画。地域での役割を確認する。	1)進行に伴いケアプランの変更 →介護保険によるサービス担当者会議への出席。難病福祉制度（居宅支援事業）、難病と介護保険の関連など説明。 保健所主催難病支援関係者調整会議への継続的参加。 2)一時的家族介護困難時への対応→ショートステイ的入院の為のベッド確保。	1)在宅療養中患者については、絶えずケアマネジャーと連絡を取り合い、必要に応じベッド確保を行う。
教育・研修機能	制度前	1）福祉関係者から「なぜ重病人を退院させるのか」の疑問 →印刷物を通し重度難病患者も在宅療養が可能になりつつあることを説明、	1)家族、ケア担当者より「適切な難病介護について知りたい」 →専門病院看護師による看護・介護講習会実施	ほとんど対応しなかった
	制度簿	1）退院前の関係機関連絡調整会議を利用し、疾病・難病福祉制度に関する学習会企画・運営。 2）「難病事例検討会・学習会」で	1))関係者の介護への不安 →ケア会議を利用した地元での難病在宅ケア学習会開催を提案。 主治医と共に参加し、「難病と医療・介護・福祉」についての講話。 2)ケアマネジャーに「難病支援検討・学習会」での事例報告を求める	終末ケアの重要性を学習する ケアマネジャーをはじめ、支援者が「最後まで支援する」態度を貫く。 患者死後の「ブリーフケア（遺族支援）」についての知識を習得する。、
開発促進機能 註:介護保険制度創設前の在宅福祉はほとんど市町村措置事業	制度前	1)自治体関係者に対し「難病は疾患であるが同時に身体要害者であり在宅療養の為に福祉サービスが重要である」事を伝えサービス実施を交渉した。	1)在宅福祉サービスの増加を交渉。	ごく一部の市町村を除いて、末期患者に対する支援は、ほとんどなかった
	制度後	介護保険制度で退院から在宅移行は大きく改善されている	市町村実施の難病患者等日常生活用具給付事業の利用 例：意思伝達装置、パルスオキシメーター、ネブライザー、移動用リフト	在宅人工呼吸器使用特定疾患患者訪問看護治療研究事業による、訪問看護回数の拡大、

表3-4　事例の

事例 性別	疾患名	発病時 年齢	介入時 年齢	援助期 間年数	家族構成の 概略	インテーク時 ＡＤＬ・介護状況 病気の受け止め	地域の特性 M病院からの 距離など	本人病前生活史 発病、インテーク までの経緯
A 男性	筋萎縮性側索硬化症	４６歳	４９歳	２年	発病・入院時は家族と離れ独身。その後生まれ故郷に帰り、父、母、弟夫婦と同居。	県外からの転院 自力歩行困難。 咀嚼・嚥下機能が少し低下。軽い言語障害あるもよく聞き取れた。 「やっかいな病気になったが病気と闘う」と話す。 特定疾患医療受給者証取得。 身体障害者手帳は未取得。	高齢化率28%。 小規模農業を中心とした農業地帯。 過疎高齢地がだ、三世代世帯も残っていた。 M病院から約40ｷﾛ。	様々な職業経験。 バブル崩壊と共に生活が困難に。。 県外の病院に入院していたが、MSW間の連携によりM病院へ転院となった。
B 男性	シャイ・ドレーガー症候群（現多系統萎縮症）	６４歳	６７歳	３年	妻との二人暮らし。 三人の娘は県内に嫁ぐ。	半介助での歩行。 介護保険要介護度３認定。 主たる介護者：妻 「今まで病気一つしたことがないのになぜ」の戸惑いと「訓練を頑張る」意欲を示す。 訪問看護、訪問介護を受けていた。	旧開拓地の山村部。 二人に一人が65歳以上の超高齢地域。 M病院から約35ｷﾛ。 介護保険要介護認度４認定。	戦後一貫して運送業関連。 地域や仕事仲間からも全幅の信頼を得ていた
C 男性	筋萎縮性側索硬化症	４８歳	５２歳	２年 進行中	妻と娘・息子の４人暮らし。 一戸建て住宅。	自力歩行可能。 両上肢挙上は困難。 言語は少し不明瞭だが意思疎通は十分に出来た。 特定疾患は申請していない。 公的サービスは全く受けていない	高齢化率28%の典型的過疎高齢地域。 社会福祉協議会による地域福祉活動の伝統があった。 M病院からは40ｷﾛ。	１級建築士として官庁関連の設計を手掛けたやり手。 周囲からの信頼も厚い親分肌の性格
D 女性	筋萎縮性側索硬化症	４０歳 後半	５４歳	２年	農業の夫・三女と同居、すぐ近くに長女夫婦・次女も住んでいた。	歩行不能、右上肢のみ挙上可能。常時車イス生活。 ことばは少し聞き取りにくいが、会話は十分に成立していた。 特定疾患受給者証の重症認定。 介護保険による訪問看護、訪問介護	高齢化率30%、零細農家が大半であるが、米作を中心に専業農家もある。 ＪＡによる地域福祉活動の伝統がある。 M病院から約45ｷﾛ。	青年時代スポーツ選手として活躍 夫と農業を営む傍らＪＡ活動のリーダーとして活躍。地域からの信頼が厚かった。

概要

身体状況の変化 初期、中期、 後期・終末期	心理的状況 初期、中期、 後期・終末期	家族の状況・ 初期、中期 後期・終末期	生活課題 初期、中期 後期・終末期	医療の関わり 初期、中期 後期・終末期
初期 飲み込み困難 車イス移動可能	初期 やっかいな病 気になったが 病気と闘う	初期 主治医の告知 にｼｮｯｸ。	初期 入院中の外泊の度に低 下する機能に戸惑いな がらも特に生活上に変 化はなし	初期 入院治療。 退院後は訪問看 護による看護 月１回の外来診察
中期：寝返りが困 難となりベッド中 心の生活。 咀嚼・嚥下機能が 極端に低下	中期 低下する機能 に苛立ちをあらわ にする。「気管切開 はしない」と明言	中期 夜中も付添わ 無ければなら なくなり将来 に対する不安増加。	中期 夜中は誰か起きていな ければなランクなり介 護中心の生活になった	中期 訪問看護の増加 近医による訪問 診療開始
後期（末期） 常時寝たきりの状 態。 経管栄養。	後期（末期） 志への不安症状を示す。 毎日駆けつけ励ます 級友に感謝	後期・終末期 24時間介護、 コミュニケーション 機能がなくなり苛立ち。	後期・終末期 すべて介護中心の生活 となる	後期・終末期 訪問看護の増加 緊急入院
初期 介助による歩行可 ふらつきが目立つ	初期 病気一つした ことがないと嘆く	初期 不安もあるがみんなで 支える	初期 妻の生活は変わらず。 主介護者娘の生活に変化	初期 訪問看護 近医による訪問診療
中期 起立性疾患症状が 顕著、歩行不能。 ベッド生活中心。	中期 周りにあたる ようになった 娘が良くして くれる	中期 本当にやっか いな病気にな った、心配で ならない。	中期 主介護者の長女の生活 は介護中心となる。夫 の支えが介護を続けさ せた。	中期 近医による複数 主治医。訪問看 護の増。訪問ﾘﾊ の導入
終期・終末期 寝たきり全面介助 導尿開始	後期・終末期 生きていても仕方ない。 何とかして	後期・終末期 娘に介護が集中し 「辛い」を訴える	後期・終末期 入院、長女の生活は全 て介護中心となる	後期・終末期 入院による医療
初期 自力歩行、車運転 可能。構音障害顕著	初期 やっかいな病気に なったが最後まで闘う	初期 告知にショック。	初期 特に変化なし	初期 月１回の外来診 察。訪問看護
中期 自力歩行不能 嚥下障害顕著	中期 苛立ちが募る 家族の励まし に感謝	中期 不安だがみん なが応援して くれ有り難い	中期 介護していた子供が進 学し妻中心の介護とな る	中期 外来診察継続 訪問看護の増
現在全面介助 胃ろう造設	現在：気切はせず。 最後まで病と闘う	現在：身体機能低下、 気管切開に不安	現在：介護中心の生活へ	現在：外来診察継続
初期 すでに歩行不能、 車イス生活、構音 障害顕著	初期 医療機関に対 する不信あり	初期 医療機関に対 する不信	初期 すでに夫、娘による介 護中心の生活	初期 月１回大学病院 への受診 訪問看護
中期 全面介助、呼吸機 能低下。表出言語 困難。痩せ顕著	中期 M病院診察を 期に「病気と闘 う」	中期 専門医受診で本人 納得に安堵。重病患者 を家で看る事の戸惑い。	中期 夫の「仕事を辞め介護 したい」に本人反発	中期 M病院診察 訪問看護の増
終期・終末期 瞬き以外のｺﾐｭｰｹｰ ｼｮﾝ手段消失	後期・終末期 家族皆が励ま してくれる	後期・終末期 最後まで家族 で看る	後期・終末期 夫、娘共に全て介護中 心の生活になる	後期・終末期 M病院への入院

(b) ソーシャルワークの展開

著者はインテーク後、週１回の割合で面接し、難病となって帰郷しなければならなくなった生活の変化、進行していく病気に対する不安を傾聴した。著者はＡ氏の元気な時の働きぶりを話す機会を意図的に設けた。A氏は一貫して「出来るだけ早く家に帰りたい」意志をはっきりと述べた。「所持金はなくお金が不安だ」など経済的な不安に対し著者は特定疾患医療受給者証の再申請、身体障害者手帳の取得による車いすを入手、退院後特別障害者手当の受給など諸サービスの内容・取得方法について支援した。著者は面接を利用し、Ａ氏を同病院の進行性筋ジストロフィ病棟に案内し、寝たきりながらパソコンを操作している患者と接触する機会を持った。A氏は大変気に入り、「私も入院中に習ってみたい」と意欲を示した。

著者は難病専門・拠点病院の相談員としての機能を活かし、退院に向けての調整を行った。具体的には、所管保健所難病担当保健師を訪問し、在宅療養を希望し条件が整い次第退院したいというＡ氏の意思表示があること、そのため相互に連絡調整しあうことを申し入れた。難病担当保健師は「この保健所管内では初めての事例だが関係機関へ連絡する」と話した。

当時まだ介護保険制度は創設されておらず、在宅福祉サービスの所管は福祉事務所と市町村福祉課であったため、著者はＡ氏の出身地Ｔ町福祉課を訪ね退院後のＡ氏の在宅支援を申し入れた。これに対し地域福祉担当者は「そのような重病人をなぜ家に帰すのか」と激怒した。そこで筆者は、関係者への理解を広げるべく再度訪問し、重度難病患者が在宅で暮らしている現状など、当事者（在宅ALS患者）の手記や資料などで紹介した。数回の訪問をくりかえす中で担当者は「何とか手伝いしたい」と理解を示すようになった。

退院に向けての条件作りが見えてきた段階で、筆者は保健所に対し「退院前の保健・福祉サービス調整会議」の開催を求めた。その結果保健所主催による調整会議が開催され、町福祉課、訪問看護ステーション、町社会福祉協議会（ヘルパー派遣機関)、が参加した。参加者から「意義は理解するが不安だ」、「まずはやってみよう」など率直な意見が出された。そこで、筆者は参加者に対し、「改めて実務担当者による仮のケアプラン作成したい」と提案し、参加者の了承を得た。後日町役場会議室でヘルパー、訪問看護婦（当時)、町福祉担当者など実務者によるケア会議が開催された。筆者は、あらかじめ家族の同意を得た外泊中のケアプランを提示し、参加者は了解した。その後ケアプランに基づく試験的在宅サービスが、Ａ氏の外泊中に実施された。Ａ氏は約３ヶ月の入院を経て両親の住む家に帰った。

(2) 中期（在宅療養開始）におけるソーシャルワーク

(a) A氏・家族を取り巻く状況の変化

A氏は退院当初、室内では車イス移動で改善した洋式トイレが利用できたが、全身機能の低下で家族によるトイレ誘導が困難になり、ベッド横のポータブルトイレを使用するようになり、また寝返りも困難となった。年老いた両親をはじめ家族の介助が必要となったA氏は「残念で仕方がない」と自分を責めるようになった。表出言語困難になりいらいら状態が増えたが、その一方で文字盤やカードを使っていろいろとコミュニケーションの工夫をする家族、特に小学生の甥や姪の姿に涙を流し感謝していた。家族は退院早々、介護に対し大きな不安を持っていたが、ALS看護経験のあるヘルパーが派遣され、専門的アドバイスを受ける中で、「よい人が来てくれた」と安心感を示した。

A氏宅では、旧知が訪ね談話したり無償で住宅改築をしてくれるなど、田舎ならではのインフォーマルサービスが展開された。これに対しA氏は「みんなが支えてくれている。がんばらなければ」と話すようになった。その一方で夜間の吸引回数が激増し家族への負担が増大し、A氏の家族は介護中心の生活になった。地元主治医による月１回の訪問診療、訪問看護師による週２回の訪問看護が実施された。
町福祉課はA氏への支援を、間もなく始まる介護保険制度への準備・試行と位置づけ、退院当初からベッドやリクライニング式車イスの貸与、ヘルパーの派遣（週２回から３回へ）など積極的に関わった。

(b) ソーシャルワークの展開

筆者は、退院後も難病専門・拠点病院の機能を活かし、関わることになった。筆者は退院後、２週間に１回の頻度でA氏宅を訪ねA氏を中心とした家族の生活、ホームヘルパーや訪問看護師のサービスなどに関し情報収集した。特に毎日介護する両親、弟嫁から介護の苦労ぶり、変化する生活課題など詳しく聴いた。また筆者は自宅療養している他県のALS患者家族の手記などを紹介した。

筆者は訪問後介護サービス提供事業所を訪ねる機会を持った。スタッフからは初めての難病看護・介護にあたる苦労話しが次々に出され、ソーシャルワーカーは聴くことに努めた。筆者は保健所に対し状況の変化に応じた調整会議、町福祉課に対し実務担当者会議の開催をそれぞれ提案し、必要に応じ参加した。

筆者は、この事例は、① 過疎高齢地域におけるはじめてのALS患者の在宅支援であること、② 地元スタッフが困難な中で苦労しつつも工夫しながらケアにあたっている実態がある、③したがってみんなで検討する必要性のあるもの、と判断し「在宅難病支援検討・学習会」の定例会で、経過報告した。

(3) 末期（重篤状態から緊急入院、死亡）におけるソーシャルワーク

(a) A氏・家族を取り巻く状況の変化

A氏は24時間全面介助、常時吸引が必要となった。まばたき以外自力での身体の動きは全く出来なくなり、経口摂取も困難で経管栄養補給となった。しかし意識・意志ははっきりし、ひっきりなしに訪れる友人にまばたきで「みんなに感謝している」など意思表示した。家族は「もう来る所まで来た。家族として出来ることは全部やろう」と決め、夜中の吸引をはじめ付添の役割を分担しすべてA氏への介護中心の生活になった。

A氏は容態が急変し、確保された医療機関へ緊急入院したが、すぐに挿管状態になり、入院後3日目に死亡した。在宅機療養期間はちょうど半年だった。

(b) ソーシャルワークの展開

著者は家族が総力を挙げて介護し、またコミュニケーション確保に様々な工夫をしていることに共感的理解と支持を示した。同時に著者は支援関係者に対してケア会議と連動した調整会議を提案し、これまでの関係者の努力を相互確認した。さらに著者は南九州病院が担っている「在宅重症難病患者入院確保事業」の一つとして入院時主治医をはじめ関係者へ連絡し入院医療機関を確保したが、入院後３日目に死亡した。

著者はA氏死亡後、これまでの支援を総括・評価する目的で、町担当者に対して実務担当者会議の開催を求めた。同会議では、参加者より「こんな過疎高齢地域で何のケアマニュアルもない中で、よくぞここまで頑張った」の意見もあり、これまでの支援を相互評価した。

著者は初七日後A氏宅を訪れ、遺族ケアの一つとして家族面談を行った。父親は「みんな頑張ってくれた。息子は重病で家に帰ってきて最初は不憫に思ったが、多くの専門家や周りの方々がこんなにもよく世話してくれた。息子は本当に幸せ者だ」と笑顔で話した（表3-5-1、3-5-2、3-5-3）。

表3-5-1　A氏への支援過程

身体的状況 （客観的）	・自力歩行は困難。車イスによる自力移動は可能。 ・球麻痺が進行し、汁物の飲み込みが低下するなど咀嚼・嚥下機能低下。 ・発語は少し不明瞭だが、会話は十分に成立する。
心理的状況 （主観的）	・やっかいな病気になったようだが余り心配していない。 ・しかし寝たきりになっている同室のALS患者を見て少しショック。 ・いらいらがつのり時折看護師に暴言を吐くようになった。
家族の状況 (心理社会的)	・何の病気で帰ってきたのか分からないが、主治医の病状説明を聞いて大変ショック。 ・近い将来自宅療養の話が出たが、予想がつかない。
出現する新たな生活課題	・両親は病弱、家族は農業で生計を営んでいる。 ・外泊を重ねる毎に介護の必要性が増し、A氏への介護が中心課題となる。
医療の関わり	・PTによる歩行訓練、口腔訓練
社会保障制度の関わり	・特定疾患申請 ・身体障害者手帳取得

（２）機能別ソーシャルワーク支援過程

心理社会的機能	・難病となって帰郷したという生活上の変化や、進行していく病気に対する不安への傾聴。過去の履歴（元気な時の働きぶりなど）を十分に聴いた。 ・心配してくれる両親始め家族への想いへの傾聴。 ・A氏は球麻痺先行型のALSであり、発語が次第に不明瞭になってきたので、時間を掛かってもよいので自分のことばで話すことを促し、相づちを打った。 ・医療費への心配に対し、国が指定する難病については公費負担制度があることを伝え、その手続き方法を紹介した。 ・寝たきりであるがパソコンを使ってコミュニケーションを行っている同病院筋ジス病棟患者を訪ね、将来に備えてパソコン技術取得を提案した。A氏は大変気に入り、「是非入院中に練習してみたい」と話された。
連絡携調整機能	・所管の保健所難病担当保健師を訪ね相互に連絡調整していくことを申し入れた。 ・地元自治体福祉課を訪ね在宅障害者福祉サービスの現状を把握。 ・近い将来A氏が退院し地元で暮らす方向で検討していることを伝える。 ・退院の目途が立ったら、保健所を中心とした調整会議の開催を提案した。
教育的機能	・自治体関係者から「なぜ重病人を家に帰すのか。難病の人を入院させるのが病院の仕事ではないか」の反論あり。これに対し資料や書籍等を通し地域で暮らしているALS患者の現実を知らせた。 その一方で不安を持ちながらも「何とか手伝いできないのか」などの積極的意見に対しては共感的態度を貫いた。
代替え的機能	・難病の医療費を公費負担する「特定疾患治療受給者証」を取得していなかったので、本人の了解の元、家族とともに保健所を訪ね申請した。関係者の努力もあり間もなく受給者証を取得した。
開発促進的機能	・自治体関係者より、「高齢者については福祉サービスは実施しているが、障害者に対してはほとんど経験がない」の意見があったため、県内で実施されている自宅ALS患者さんへの福祉サービスの実態を知らせ、自治体としても努力して頂くことをお願いした。 ・ヘルパー・訪問看護ステーションを訪ね、A氏への支援を要請した。

表3-5-2

Ⅱ、中期（ケアプラン作成から在宅生活開始）における支援過程

（1）患者・家族を取り巻く状況

	具　体　的　内　容
身体的状況（客観的）	・退院当初は車イス移動により改善した洋式トイレが利用できたが、全身の機能低下に加え、家族によるトイレ誘導が困難になり、ベッド横のポータブルトイレを使用するようになった。 ・寝返りが出来なくなった
心理的状況（主観的）	・全面介助に伴い将来への不安と年老いた両親をはじめ身内に介助をしてもらうことことに「残念でしょうがない」と自分を責めるようになった。また言語機能の低下に伴い家族とのことばによるコミュニケーションが不可能になり、いらいらが募った。 ・その一方でカード利用やしぐさによるコミュニケーションへの工夫をする家族の対応に、またスロープを造ってくれた旧知の大工の努力に、涙を流し感謝の態度を示していた。 ・呼吸機能が低下したが、「気管切開はしない」と明言した。
家族の状況（心理社会的	・退院早々は不安もあったがALS看護経験のあるヘルパーが派遣されたことで「よい人が来てくれた」と安心感を示した。 ・A氏の旧知が訪ねてきて昔話をしたり、無償で住宅改善してくれる姿に、「周りの人々が支えてくれる」と近隣援助に感謝していた。 ・しかし全面介助に加え言語能力を閉ざされたことに、不安がより強くなってきた。
出現する新たな生活課題	・夜中に誰かが付き添わなければならなくなり、家族への心理的負担が増大した。また医療サイドからも予後に関し十分な説明が無かったこと と もあり、家族から「これから先どうなっていくのか不安でならない」
医療の関わり	・地元主治医による月１回の訪問診療。訪問看護師による週２回の訪問。
社会保障制度の関わり	・市町村の在宅身体障害者福祉事業によるベッドの貸与、社会福祉協議会によるホームヘルパー派遣（週２回→週３回へ）

（2）機能別ソーシャルワーク支援過程

	具　体　的　内　容
心理社会的機能	・自宅療養に伴うA氏の希望や不安への傾聴。 ・疾病の進行に伴う家族介護の質・量の変化を傾聴。介護やコミュニケーション等家族でいろいろと工夫されていることに対する評価。 ・ALS自宅介護体験の記載された手記などを紹介した（ピアカウンセリング応用）
連絡連携調整機能	・A氏・家族・支援者全てが初めての経験であり、保健所保健師をマネージメント役にして、A氏の心身の変化、家族介護の変化に応じて調整会議の開催を提案し、実施した。 ・ヘルパーステーションや訪問看護ステーションなどサービス提供機関（いわゆる実働部隊）を訪問し、試行錯誤しながらケアにあたっていることへの評価。 ・自治体福祉課を訪問し、自治体がホームヘルパー派遣を始めベッド貸与、住宅改修への補助など積極的に対応している事への評価。
教育的機能	・調整会議やケア会議を利用し学習会開催。 1)難病拠点病院の専門医によるALS疾患に関する説明。 2)ALS介護経験のある看護師による看護・介護のポイント学習。 3)MSWによる難病の医療・福祉制度紹介 4)実施が決定された介護保険制度と現在展開されているサービスとの関連。 ・気軽に訪ねてくれる旧知の態度への評価（インフォーマルサービス評価）
開発促進機能	・ヘルパーの増強、南九州病院に出向き、病棟での看護・看護の実態見学 ・特に東京の大学附属病院でALS看護経験のあるYさんに対しては、「経験があるからと言って、必要以上に責任感を持つ必要はない。あなたが培ったノウハウを必要に応じて他の訪問看護婦やヘルパーに助言をしていただくだけで充分」と助言。

表3- 5 -3

Ⅲ、終末期（入退院を繰り返し死亡）における支援過程
（１）患者・家族を取り巻く状況

	具　体　的　内　容
身体的状況 （客観的）	・24時間全面介助。自力での身体の動きは全く出来なくなった。 ・経口による食事確保が困難になり経管栄養補給となった。 ・呼吸機能が低下し、自力呼吸が困難となった。 ・まばたき以外のコミュニケーション表出ができなくなった。 ・体調が急変し緊急入院し挿管したが、入院二日後死亡した。
心理的状況 （主観的）	・全面介助となった事への自責の念も出されたが、その一方で旧知の来訪も途絶えることが無く、「こんなにみんなが大事にしてくれる。死ぬ
家族の状況 (心理社会的)	・みんな一生懸命に応援してくれる。もう来る所まで来た。家族として出来ることは全てやろう。
出現する新たな生活課題	・全てがA氏の介護を中心とした生活になった。
医療の関わり	・訪問診療、訪問看護。緊急に備えての地元医療機関での入院確保。
社会保障制度の関わり	

（２）機能別ソーシャルワーク支援過程

心理社会的機能	・周りのサポートによる闘病意欲（エンパワーメント）への共感的理解。 ・全面介助に伴う家族の心身負担、とりわけ夜間介助の苦労をしっかりと傾聴。 ・介護方法、コミュニケーション方法など様々な工夫をし、A氏とともにみんなで頑張ろうとする家族の姿勢に共感的理解と支援。 ・ソーシャルワーカーとして最期まで傍らでサポートすることを態度で示す。
連携調整機能	・ケア会議と連動した最終調整会議の開催。
教育的機能	・実務担当者会議への参加 社会資源の乏しい過疎高齢地域だが地域の総力を挙げ支援している事への評価。
代替え的機能	特になし
開発促進的機能	介護保険制度施行を直前にして、介護保険制度で使えるサービスを試行的に行ってみる。

事例２　在宅療養と短期入退院を繰り返す患者に対し保健所と連携した事例

B氏　男性　インテーク時60歳代後半　疾患名シャイ・ドレーガー症候群（現在は多系統萎縮症に分類されている）

【B氏のプロフィール】

B氏は運送会社運転手として生計を営み三人の娘を育て、子育て後は妻と二人で人里離れた山村部で暮らしていた（本院より約30km）。Ｂ氏は現役中病気一つしたことがなかったが、退職直後の60歳代中頃起立時にふらつきが見られるようになった。かかりつけ医の紹介で大学付属病院神経内科を紹介され シャイ・ドレーガー症候群（現在は多系統萎縮症に分類されている）と診断された。特定疾患の申請を機に保健所難病担当保健師がかかわることとなった。

保健師の報告によると、Ｂ氏は当初要介護度３でふらつきはあるが何とか歩行は可能で、近医に通院するとともに介護保険による週２回のホームヘルプ、ベッド貸与などのサービスを受けていたという。

難病担当保健師は、著者に対しＢ氏の情報提供とともに、「保健所とサービス担当者との連絡会を開催するので参加して欲しい」と依頼した。連絡会では妻・２人の娘も参加、協議の結果「本人の強い要望もあり南九州病院へ２週間程度の検査入院を試みる」ことが決まりＢ氏は同院へ入院した。

(1) 初期（検査入院から在宅へ）におけるソーシャルワーク

(a) Ｂ氏の状態、Ｂ氏を取り巻く家族の状態

入院当初、Ｂ氏は何とか自力歩行は出来るが介助なしでは不安定、表出言語はやや呂律が回らない程度で聞き取りに不自由はなかった。初回面接でＢ氏は「前の病院で難病と診断され、ここの専門の先生から改めて、今の病気と診断された。将来がみえなくなったが、訓練をすればよくなるのではないかと思う。訓練は一生懸命したい」と話した。家族は「改めて難病の一つだと言うことは分かったが、この先どのような状態になるのか」と不安、戸惑いを示した。その一方で妻や娘は、「訓練に意欲的、家では見られない表情だ。家族も訓練法を学んで帰ってから手伝いたい」、「２週間程度の検査入院だから、家族みんなで協力し合おう」と話し合った。

(b) ソーシャルワークの展開

初回面接でＢ氏は、難病に対する戸惑い、予後への不安を訴える一方で、「訓練すれば何とかなる」と話したため、著者は病気の受け止め、将来への不安など傾聴に努めた。またB氏は「将来介護が必要になり、病弱の妻や娘の世話になるのでは」

と介護への不安を訴えた。著者は傾聴するとともに退院後の介護・医療保険や福祉によるサービスについて説明した。

２回目の面接の時B氏は「この病院には寝たきりでパソコンを使って自分の気持ちを表している方がいると聞いたので会ってみたい」と話した。著者は同院筋ジストロフィー病棟患者に了承を求めた後、B氏を案内した。B氏は「感動した。私も是非使ってみたい」と感想を述べた。

著者は個別面接に合わせ家族面接を実施し、家族の戸惑いを傾聴するとともに、訓練などに頑張っているB氏の前向きな気持を代弁して家族に伝えた。著者は入院中、難病担当保健師にB氏の状態、家族の変化などを随時知らせた。退院の目途が立った段階で著者は難病担当保健師に「退院前調整会議」の招集を依頼し、実施された。約３週間の入院の後、B氏は退院した。

退院後のＢ氏への支援展開について、著者は保健所保健師に「在宅難病支援検討・学習会」での経過報告を求めた。保健師はこれまでの支援展開、今後の課題について報告した。

(2) 中期（在宅療養から短期入院の繰り返し）におけるソーシャルワーク

(a) B氏の状態、B氏を取り巻く家族の変化

退院後B氏は、ふらつきがひどくなり自力歩行は困難となった。表出言語力が低下し聞き取りにくくなり、また頻尿に伴い排尿に対する不安が高まってきた。退院当初は病院で習得した訓練方法で訓練も熱心であったが、急激な身体機能低下に意欲が低下し、「これから先一体どうなるかと思うと、夜眠れない」と強い不安を訴えるようになった。

主たる介護者の妻は「今までは何とかなると思っていたが、進行が早くて気持も身体もついて行けない」と不安を漏らした。娘は「予後は厳しいと主治医から説明を受けたが、こんなにも非情な病気とは知らなかった」と話した。三人の娘はそれぞれ家事と介護の両立の困難さを訴えた。サービスでは介護保険の訪問看護の回数増に加え、訪問リハビリが加わった。症状の変化や家族介護の状態に応じ、Ｂ氏は約２週間程度、南九州病院でのショートステイ的な入院を実施した。

(b) ソーシャルワークの展開

B氏はすでに退院したが、また主治医が引き続き当院医師であることにより、拠点病院の相談員という立場から著者は、退院後も保健所、介護保険事業所と連絡を取りながら、おおむね月１回程度、保健所保健師に同行訪問した。B氏は会うなり「何でこんな病気になったのか。俺が何か悪いことをしたのか」と語気を荒立て話し

た。著者はB氏の怒りを受け入れ、妻や娘の介護疲れについても傾聴した。

看護・介護スタッフからケアマネジャーを通し、「本当に難しい病気で、どう看護・介護してよいか分からない。専門的知識が欲しい」などの意見が出された。著者は主治医（南九州病院）、ケアマネジャー（看護師）、保健所保健師と協議し、保健所に地元関係者による症例検討を兼ねた難病学習会開催を提案した。数日後保健所と町福祉課共催で主治医、地元開業医師、介護保険サービス提供者、保健所、自治体保健福祉課のスタッフが参加、事例検討を兼ねた研修会が開催された。主治医は本疾患に関する最新情報をわかりやすく説明し、著者は「難病と在宅医療」についての情報、在宅を可能とする制度の改善など講話した。事例検討会では、「自分の造った家で暮らしたい」というB氏の意思を第一に尊重し、その一方で家族介護が困難になりつつある現状も踏まえながら、入院と在宅の双方を視野に入れながら支援していくことを確認した。

これまでの支援過程について、著者はケアマネジャーに対し「在宅難病支援検討・学習会」での支援経過報告を求めた。ケアマネジャーはこれまでの支援過程を詳細に報告し、「初めての難病担当で厳しい家族介護状況である。医療と密接な連携が必要」と訴えた。

(3) 終末期（入院から死亡）におけるソーシャルワーク

(a) B氏・家族の変化

B氏は寝返りが全く打てず、排尿も導尿など全面介助となった。構音障害も強まり、ほとんど聞き取れなくなった。「残念だ」と嘆く一方「本当に妻や娘は良くしてくれる」と精一杯の自己表現をした。B氏は特定疾患医療受給者証の重症認定になり介護保険ではなく医療保険による訪問看護が行われて訪問回数を増やすなどサービスが強化された。その一方妻と三人の娘は、介護の限界に近い状態となっていた。特に、交通手段をはじめ一番条件が悪いながらほぼ一日おきに介護にあたる長女は、ケアマネジャーに対し「もう家族介護は限界。家族も参ってしまう。早く入院させて欲しい」と訴えた。B氏は4回目の入院となった。

(b) ソーシャルワークの展開

著者はおおむね2ヶ月に1回の割合で保健師に同行訪問した。訪問時はB氏の変容する心理的不安、妻や娘への思いについて傾聴した。B氏はほとんど聞き取れないほどの声であった。著者は必死になって訴えようとするB氏の手を取り傾聴した。また介護にあたる家族、とりわけ長女の介護の時は、意識的に時間と場所を設定し、父への思いや自分の家族への思い、医療機関への不満や意見などを聞いた。

入院後、著者は定期的に病室を訪問しＢ氏の思いを聴いた。Ｂ氏は家での生活への思いは断ちがたく、「早く家に帰りたい」と涙声で訴えるようになった。後日、家族調整を兼ねた家族面談が実施されＢ氏も参加した。娘から「今までやることはやり尽くしてきた。これ以上家に帰って誰が世話するのか」など厳しい意見も出た。著者は引き続き付きそう娘に「これまで本当に一生懸命頑張られた。入院できるので無理なく付き添って欲しい」と話した。娘は「誰かが付いていなければならない。結局私になってしまう」と涙声で訴えた。Ｂ氏は今回が最期の入院となり約４ヶ月後、南九州病院にて死亡した。

事例３　社会福祉協議会ケアマネジャー（介護福祉士）と連携した事例

Ｃ氏　男性　インテーク時年齢　50歳代前半、疾患名　ALS、家族構成：妻、子供三人（うち二人は別居）

【C氏のプロフィール】

C氏は１級建築士として県内外で活躍していたが、1999年秋頃より上肢に脱力を覚えるようになった。翌2000年の春、専門医受診の結果ALSと診断された。当初病気の進行は緩やかで、月１回の割合で南九州病院に外来受診することとなった。Ｃ氏は次第に上肢挙上困難・構音障害出現など本疾患の主症状が顕著になってきた。症状の変化に伴い生活への不安も出てきた。主治医より「今後の医療費をはじめ生活全般について、C氏と家族から相談があったので応じて欲しい」と相談依頼があり、著者はC氏と関わることになった。すでに特定疾患医療受給者証は取得していたが身体障害者手帳は取得していなかった。

C氏の居住する町は高齢化率28％、かつては企業誘致が成功し若年労働者も多くいたが、社会構造の変化に伴い現在は近隣地域同様に典型的過疎高齢地域である（当院より約30km）。

(1) 初期（外来初期相談から介護保険へのアクセス）におけるソーシャルワーク

(a) C氏の状態、C氏・家族を取り巻く状況

初回相談時、Ｃ氏はかろうじてすり足による自力歩行が可能であった。構音障害はあるが十分に聞き取れた。Ｃ氏の家族は妻と三人の子供がいたがすでに二人は離れた生活をしていた。

(b) ソーシャルワークの展開

初回面接には妻も同席した。C氏は「2年前ALSと診断されたが進行が遅いので誤診かと思っていたがやはり専門医の言う通りになった」とやや不安げに話す一方で「僕はこの病気と闘う」と意志を示した。妻は「当初ALSを告げられた時はショックで嘆くことばかりだったが、夫の気丈夫な様子を見て逆に私が励まされている。三人の子供は皆父親を応援している。家族ぐるみで支えていきたい」と話した。

C氏より身体障害者手帳の取得、介護保険に関する相談があり、著者は申請方法など支援した。休職中の傷病手当金に関し、著者は当初国民健康保険被保険者だったため同制度の活用は出来ないと判断していたが、調査の結果保険者が同制度活用が可能な国民健康保険団体であることが分かり、手続き方法を支援した。当初、C氏は介護保険サービスについては受けられないと認識していたため、著者は介護保険での特定疾病を説明し、申請方法やサービス内容などについて支援した。C氏は申請後要介護度4と判明され、介護支援事業を兼ねている地元社会福祉協議会を訪ね、介護保険の申請など諸手続を取った。C氏はケアマネジャーに介護福祉士の資格を持つXさんを選び、介護保険よるサービスが展開されることになった。具体的には隔週1回の訪問看護、ベッドのレンタルなどであった。

介護保険によるサービス開始直後、ケアマネジャーはC氏の外来受診、著者の面接に同伴した。ケアマネジャーは著者に対し「初めて難病患者を担当する。ALSという難病中の難病であり、看護職でなく介護職であり自信はないが、関係機関と連携していきたいので指導して欲しい」と話した。著者は「サービス担当者会議や調整会議等が必要な場合があるので、早めに関係機関と連携して欲しい」など関係機関との連絡連携調整の必要性を助言した。

2002年11月、南九州病院にてケアマネジャー呼びかけによる第1回サービス担当者会議が開催された。同会議には本人・妻、難病担当保健所保健師、訪問看護ステーション管理者、町役場保健センター看護師・福祉担当者、介護保険事業所でもある社会福祉協議会、南九州病院在宅支援部看護師が参加し、介護保険のケアプランに基づくサービスの継続、医療の継続を確認した。著者は、今後情報提供やコーディネーター役としてケアマネジャーと連携を取り合うことをC氏夫妻に告げた。

(2) 中期（介護保険によるサービスの展開、進行する機能障害）におけるソーシャルワーク

(a) C氏の状態、C氏・家族の状況の変化

C氏は次第に病状特に上肢麻痺と球麻痺が進行し自力移動も不能となった。要介護度5となり妻の介護負担が増大した。訪問看護がこれまでの週1回が3回に加え

図3-1　Ｃ氏への支援体制と在宅難病支援検討・学習会の関連

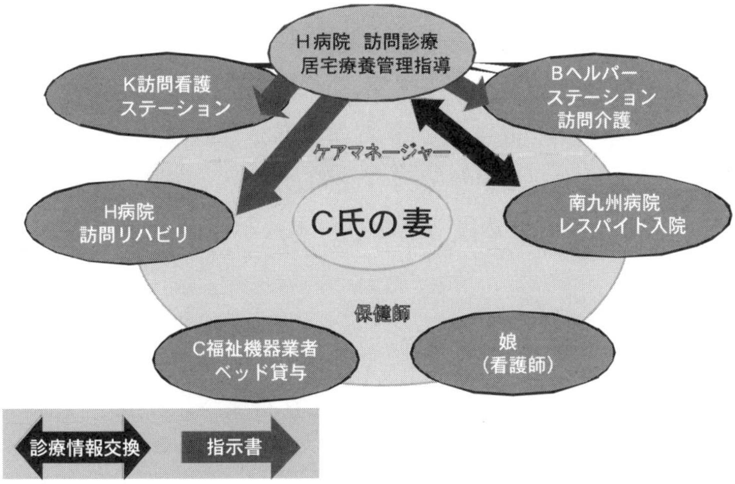

訪問リハビリの関係で追加され週２回となり、訪問介護も増加された。玄関の段差解消のスロープ、トイレ改修、ベッドの３モーターへの更新など、介護保険による物的サービスも増加した。その一方で夫婦ともに前向きな生活態度は変わらず、家族４人で国内旅行もした。

(b) ソーシャルワークの展開

著者は外来時、定期的にC氏・妻と面接を実施した。C氏は病状の進行に伴う歩行障害、構音障害によるコミュニケーション能力低下といらだち、咀嚼・嚥下障害により食べ物がおいしく食べられなくなったこと、など今の想いを話した。著者は障害受容の葛藤期である判断し丁寧に傾聴した。その一方で、家族旅行に行ったこと、「県内でも有名な○○会館は私が設計した」など元気な時の活躍ぶりを話すＣ氏の態度、妻の「夫はいつも前向き、私が元気をもらっている」とにこやかに話すことばに、著者は共感と支持を示した。著者はコミュニケーション手段の確保が必要であると判断し、福祉機器メーカーと連絡を取った。

C氏への支援展開について著者は、ケアマネジャーに対しＣ氏の了解の元で「在宅難病支援検討・学習会」での事例報告を求めた。ケアマネジャーは約一年にわたる支援展開を文書化し報告した後、「当初医療職でない者が難病のケアマネジメントをすることにためらいと後ろめたさを感じたが、南九州病院をはじめ全ての関係者が協力してくれ勉強になり、それがサービスの向上に繋がっている」とＣ氏との関わりの中で自分も成長したことを話した。

(3) 2004年時点でのソーシャルワーク

(a) C氏の状態、C氏・家族の状況の変化

日常生活は全て全介助となった。構音障害が進行しほとんど聞き取れなくなってきた。しかし「パソコンを習って多くの人と交流したい」と生活意欲は低下せず、意志伝達装置の取得に向け町福祉課、事業者と協議した結果、設置された。C氏ですぐに使用法を習得し、同じALSの全国の仲間との交流を楽しんだ。咀嚼・嚥下能力が低下し胃瘻の造設を検討する段階となり、本人承諾の上で手術が施行された。

(b) ソーシャルワークの展開

筆者は引き続き外来時求めに応じ面接を継続した。C氏はほとんどことばによる表出ができなくなったため妻が病気の進行に伴う将来への不安、子供の病気の受け止めなどについて話した。著者は傾聴した。

筆者はケアマネジャーに再度「難病支援検討会・学習会」での報告を求めた。ケアマネジャーは前回報告以降の支援について詳細に報告し、「関係者みんなが本当に良くやってくれる。しかし最近気管切開の是非が話しになり、本人も家族も迷っている。何かアドバイスが欲しい」とケアマネジャーとしての苦しい心境を打ち明けた。現在、自宅にてサービスが展開されている（図3-1）。

事例４　JAケアマネジャー（介護福祉士）と連携した事例

Dさん　女性　　インテーク時年齢　40歳代後半　疾患名　ALS

【Dさんのプロフィール】

Dさんは元来健康で、夫と農業を営む傍ら娘３人の子育て、実父母の介護、地域農業女性グループのリーダー役など公私ともに充実した日々を送っていた。娘たちは県外に住む一人を除き結婚し近辺に住んでいた。Dさんの住む町は農業など第一次産業が中心で、高齢化率30％、奥地の居住地域だけを見るとすでに50％を越える典型的な過疎高齢地域であった。著者の所属する病院からは約40キロ、車で１時間の所であった。

Dさんは1998年夏頃より上肢のしびれや麻痺が出現。専門医受診で膠原病の疑いがもたれたが診断は確定されていなかった。徐々に上下肢のしびれや麻痺が進行し、大学付属病院を受診の結果、ニューロパチーと診断され、入退院を繰り返した。2002年春、同病院にてALSと診断され、月１回の割合で外来受診することになった。同年５月特定疾患医療受給者証が交付されていた。

Dさんと筆者の関わりは地元保健所主催難病研修会における保健師からの一事例報告に始まる。助言者として出席した著者に対しDさんのケアマネジャーは「保健師の報告より実情は深刻なので、現状を知って欲しい」と話した。翌日ケアマネジ

図3-2　Dさんへの支援体制・JAがマネージメント

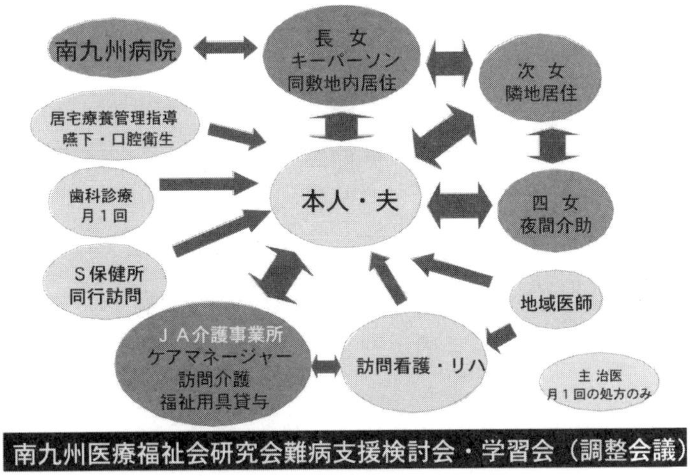

ャーは筆者に対しＤさんの現状、Ｄさんを取り巻く環境支援の経過、現在の課題とりわけ医療機関との関係など詳細にわたる情報をファックスで伝えた。筆者は拠点病院の相談事業と判断し、上司の許可を得てＤさんの事例に関わることとなった。

ケアマネジャーは地元JA生活課の介護支援事業所に所属し資格を取得したばかりで、Ｄさんへのマネージメントが実質最初の仕事だった。ケアマネジャーは筆者に対し「利用者がALSだと知った時、介護福祉士でケアマネジャーとしての経験はほとんどなく難病のケアマネジメントは不可能と思った。しかし地域の暮らしを支えるJAの役割に照らし引き受けた」と介護保険サービス実施までの経緯を話した。

(1) 初期におけるソーシャルワーク

(a) Ｄさんの状態、Ｄさん・家族の状態

Ｄさんは2002年春までは自力歩行が可能だったが、お盆過ぎから急激に病状が進行し、10月頃にはかろうじて右上肢だけが痛みを伴いながら動かせる以外両下肢全廃の状態だった。首の据わりが悪く、カラーを装着していた。11月より介護保険によるサービス（訪問介護週２回、訪問看護週２回、訪問リハビリ週１回）が行われた。ケアマネジャーによると、Ｄさんは毎月１回の割合で大学病院を受診していたが、「主治医が予後についてきちんと説明してくれない」と医師への不満を訴えていたという。家族は県外にいる一人を除き近くに住み、「みんなで支える」と決意し実行していた。

(b) ソーシャルワークの展開

ケアマネジャーより「本人・家族を交えたケア会議を実施したい」の相談があり、筆者は難病ケア会議の必要性や実施方法などアドバイスした。同時に著者は保健所

難病担当に対し「保健所の難病患者地域支援ネットワーク事業の一つとして保健所が調整会議を主催してほしい」と提案した。保健所は快諾し現地にて本院・家族を交えた第１回調整会議が行われた。同会議には保健所保健師、ケアマネジャー、かかりつけ医、訪問看護ステーション看護師、町役場保健師が参加した。筆者は調整役として参加した。Ｄさんは「こんな病気になってみんなに迷惑を掛けている」と涙ながらに話した。本人・夫は「大学病院でALSを診断されたが、もう一度難病専門の南九州病院で診察を受けたい」と話した。また夫は「主治医よりALSの告知を受けた時、将来人工呼吸器を着ける可能性を聞いたが、これから先いったいどうなるのか不安で仕方がない」と予後への不安、また医師への不満を訴えた。筆者はこれまでの在宅支援の経験を踏まえ「過疎高齢地域でも条件が整えば在宅療養が可能な時代になった」と実例を出して話した。娘からは「母と一緒に暮らしたいが、重度の難病で症状も顕著になり24時間の見守り・介護が必要になった。同じようなALSの人が家で暮らせるなど考えられない」と入院確保を訴えた。筆者は本人・家族の思い、医療機関への不満など傾聴した。筆者は南九州病院神経内科医にＤさんの受診希望を伝え、後日受診となった。

受診後、著者は家族面接を実施し、ケアマネジャーも同席した。Ｄさんは「専門医より再度ALSと診断され気持ちが吹っ切れた」と話した。夫は「本人は人工呼吸器を着けないと言っている。これから先どのような医療・介護サービスが可能か」など具体的な質問をした。筆者は主治医の指導のもと「主治医の判断で緊急時は南九州病院への入院が可能。呼吸器の選択はあくまでも本人だ」と説明した。同時に筆者はケアマネジャーに対し介護保険によるサービスの他、医療保険による訪問看護、保健所による指導助言、緊急に備え救急隊員との協議など、支援体制強化をアドバイスした。

(2) 中期におけるソーシャルワーク

(a) Ｄさんの状態、家族の変化

Ｍ病院受診後、Ｄさんは上肢挙上以外の身体機能障害や咀嚼嚥下障害、呼吸障害が進行し食事も低下してきた。しかし南九州病院で受診したことを契機にＤさんは「みんなが応援してくれる。弱音を吐くわけにはいかない」と以前より前向きな生活を送るようになった。夫をはじめ娘たちは、交互に介護を継続した。Ｄさんは夏口より大学病院への通院が困難になり、地元内科医師が訪問診療する事となった。

(b) ソーシャルワークの展開

ケアマネジャーより「身体機能・咀嚼嚥下・呼吸機能の低下に伴い、緊急事態も

予想されるので、関係者との連絡会議を持ちたい」旨の相談があった。筆者はこれまでの経験を活かしケアマネジャーに「地元消防署救急隊員も交えたケア会議の開催」を助言した。後日ケアマネジャーが所属する事業所呼びかけの「在宅ALS患者ケア会議」が開催された。会議には介護事業所関係者に加え消防署救急隊員も参加し「呼吸困難など緊急事態時はすぐに対応する」と明言、搬送先の医療機関はまず地元とし、事態によっては南九州病院とすることなど、協議された。これらの支援過程について著者は「在宅難病支援検討・学習会」の定例会で報告した。

(3) 終末期におけるソーシャルワーク

(a) Dさんの状態、家族の変化

秋口になりケアマネジャーは著者に「Dさん特に嚥下障害などにより口腔機能が著しく低下し、極端な体重減少で経管栄養よる摂取となった。夜間の体位交換が頻繁になり家族は交代でベッドの傍で介護するなど全面介助となった」などDさんの近況を生々しく報告した。

(b) ソーシャルワークの展開

筆者は、春以来約半年間Dさんに関する情報がなく順調に療養生活を送っていると判断していたため、情報収集・連絡不足を反省し、家族の同意を得てケアマネジャーに同行訪問した。訪問後、筆者はケアマネジャーと協議の結果、「本人も介護する家族も疲れ果てこれ以上の在宅療養は困難、入院を検討すべき時期に来ている」と判断し、当院神経内科医師に入院を相談した。

筆者はケアマネジャーに対し、「困難な中でケアマネジメントしているDさんへの支援展開を難病支援検討会で報告してほしい」と依頼した。ケアマネジャーは検討会に参加し支援の実態を図式で示し、「医療職でない者が難病患者のケアマネジメントを展開するには限界がある」と訴えた。これに対し南九州病院神経内科医師やALS訪問看護を行っている訪問看護ステーション看護師は「条件の厳しい過疎高齢地域でよく頑張った」、「医療職でなくても立派にマネージメントが出来ることを証明した事例だ」など、マネージメントを評価した。最後に神経内科医師は「在宅が限界に来ていると判断する。入院に向けベッド確保を検討する」と話した。

翌日、筆者は再度ケアマネジャーとDさん宅を訪問し、在宅難病支援検討・学習会でDさんの支援についてみんなで討議したこと、南九州病院へ入院が可能なことを話した。Dさんは涙を流し「ありがとう」と述べた。程なくDさんは当院へ入院し、筆者は直接関わることになった。入院直後の家族面接で夫や娘から「家族介護は限界に来ていた。入院させてもらって有り難い」などの意見が出された。主治医は気

管切開について再度Ｄさんに質問し、Ｄさんは「(気管切開は）絶対しない」と明確に意志表示した。

三度目の面接で娘より「母は正月を家で過ごしたいと言っているので、外泊させてほしい」旨の相談があったので、面接終了後、著者は主治医に進言した。主治医は、「一応退院扱いとし、いつでも再入院出来る体制をとる」と提案し、正月直前に退院することになった。退院後Dさんは比較的安定しお正月を迎えたが、容態が急変し近くの医療機関に入院後二日目に亡くなった。50代半ばであった。であった。

Dさんのケアマネジャー Y さんへのソーシャルワーク

事例４は他の事例と異なり、難病患者・家族への直接的援助よりも、ソーシャルワークの機能の一つである教育的機能、もしくはスーパーバイズ的機能によるケアマネジャーへのソーシャルワークであった。Ｙさんは介護福祉士の資格を取得したばかりで、しかも初めての難病患者支援ということもあり、難病拠点医療機関の相談員である筆者に対してケアマネジャーとしての不安や悩み、具体的対処法などを主にファックスを通し相談をしてきた。以下開催した関係者会議、ケアマネジャーYさんの相談と筆者の働き掛けを時系列で列挙する（ケアマネジャーはCMと略す）(表3-6-1,2,3)。

第４期：「難病支援検討会・学習会」を中心とした事例検討会、難病ネットワーク構築の模索

1997年（平成９）年より2006（平成18）年（第２・３期と重なる部分もある）まで

福永は重度神経難病患者が安心して生活するためには最低３つの要素が必要と述べている。ひとつは地元にソフト（かかりつけ医、看護師、ヘルパーなどの人材）ハード（緊急に対応してくれる機関）がいること、二つ目は関係機関の連携・地域完結型ネットワーク形成、そして三つ目が、継続的に支援する専門職への継続的研修である[1)]。

すでに述べたように、南九州病院は全国の国立医療機関では最も早く（昭和50年代後半）から、ALSなど神経難病患者を対象として在宅医療を始めており、1994（平成６）年には「国立療養所における在宅医療推進に関する研究班（研究責任者福永秀敏)」の事務局となって、全国の牽引車的役割を発揮した。介護保険法が制定された1997（平成９）年１月27日、加治木保健所と南九州病院共催による「難病支援検討会＆学習会（サービス調整会議)」が開催されることになった。院在宅医療チームとホームヘルプサービス事業所の間で「まもなく介護保険も始まるので、一緒

表3-6-1

年月日	開催した会議での参加者の意見。ケアマネジャーからの相談内容	ソーシャルワーカーとして相談への対応
H14/12/5	保健所主催の難病検討会で担当保健師がDさんの事例発表。直後CMは「事態は報告よりも深刻なので相談に乗って欲しい」とSWに直接相談してきた。	本人の状態・家族の支援体制について詳しく知りたいのでファックスでの連絡を求めた。翌日詳細な情報が送られてきた。 難病担当保健師へも送付を求めた。
H14/12/20	CM：ここ数日で痰が絡み首の据わりも悪くなるなど病状が悪化している。 連携のケア会議を開催したいので、招集者・進行などノウハウを教えて欲しい。。	難病担当保健師に「CMよりケア会議の提案あり」と連絡した。 CMにこれまでの事例を元にケアカンファレンス進行の進め方を伝え、年明け後会議開催を確認。
H15/1/7	CM：Dさんは何とか正月は越えた。 明日ケア会議を開催する。訪問看護師・ヘルパー等サービス担当者が参加するので来て欲しい。	「支援について上司より直接・間接的に関わることの了承を得ている。これまでの経験を活かし関係者に連携のノウハウを提示する」と伝えた。
H15/1/8	第１回ケアカンファレンス開催 Yさんはこれまでの支援過程を詳細に記述し資料として提出。	ケアカンファレンスに参加し家族の状態やサービスの実態が少し見えてきた。再度保健所主催の本人・家族参加の関係者連絡調整会議開催を依頼する。
H15/1/16	本人・家族を交えた調整会議 近医神経内科医師より疾患の説明 Dさん：首も痛く家族に迷惑掛けている。もう一度専門医に診てもらいたい。 夫：医師より病気の説明は受けたが予後については詳しく聞いていない。医師から人工呼吸器の話も出たが先が不安だ。 娘：母のような難病患者を助ける仕組みが見えてこない。何とかならないか。 CM：家族は専門医への受診を強く希望している。M病院への受診を繋げて欲しい。	・本人・家族とは初対面であった。まずは本人・家族の思い・不安、医療に対する不信や不満などについて傾聴した。 同じく過疎高齢地域で在宅療養している数名のALS患者さんの生活ぶりをことばで紹介した。 ・会議終了後、家族に日本ALS協会発行の「ALSケアブック」を紹介し一部手渡しした。 CMに対して傾聴の大切さをアドバイスした。
H15/1/17	早速対応して下さってありがとうございます。すぐにDさんを訪ね受診快諾を知らせた所大変喜んでおられた。	SWは神経内科医長にDさんが受診を強く希望されている伝えた。医師は快諾したのですぐにCMのに連絡。同時に昨日の会議開催に向け準備した努力を評価した。
H15/1/20	昨日訪問したが受診への期待と共に「他の病気ではないだろうか。同じ病気の人を見たことがない、自分が明日どうなるのは不安でならない」など不安症状を示されていた。 M病院ではカウンセリングは行ってないか。	「ALSに限らずどの難病でも進行に伴い不安症状はあるが、特にALSの場合多くは発症前元気な方が多く、それだけに容赦なく進行する病気に対し戸惑いがあるのは事実。本人・家族双方の不安や悩みを受け止めて欲しい」 M病院では臨床心理士がいる。
H15/1/28	Dさんは明後日の受診に期待を持っておられる。私も同行する。保険証等必要なものを知らせて欲しい。	保険証と特定疾患受給者証が必要。午前10時外来で待っています。
H15/1/30	Dさんは夫、娘と共に来院受診。 受診後、家族・CMを交えての面接。 Dさん：専門医からもALSを診断され気持が吹っ切れた。 夫：妻は人工呼吸器は着けないとはっきり言っている。これから先どのような医療・福祉サービスが可能なのか CM：今日の受診を期に医療を中心としたサービスに組み立て直しましょう。	・緊急時は本院への入院は可能です。 ・医師も説明したように人工呼吸器装着はあくまで本人の判断が一番であり家族ではない。本人の意志を無視し医療機関の判断で装着することはない。 ・困難な条件下でのケアではあるが、地域の叡智を絞って可能な最大限のサービスを展開していきましょう。ソーシャルワーカーとして現地でのケア会議参加を含め相談援助を継続します。

表3-6-2

15/1/30	Dさんは夫、娘と共に来院受診。 受診後、家族・CMを交えての面接。 Dさん：専門医からもALSを診断され気持が吹っ切れた。 夫：妻は人工呼吸器は着けないとはっきり言っている。これから先どのような医療・福祉サービスが可能なのか CM：今日の受診を期に医療を中心としたサービスに組み立て直しましょう。	・緊急時は本院への入院は可能です。 ・医師も説明したように人工呼吸器装着はあくまで本人の判断が一番であり家族ではない。本人の意志を無視し医療機関の判断で装着することはない。 ・困難な条件下でのケアではあるが、地域の叡智を絞って可能な最大限のサービスを展開していきましょう。ソーシャルワーカーとして現地でのケア会議参加を含め相談援助を継続する。
H15/2/3	先日の受診で少しほっとしておられま ・本日「ケアブック」に載っていたエコリフトが導入され本人は大変気に入っている。 ・地元での主治医確保に苦労している。M病院から近医への紹介状は出来ないか ・夫の「仕事を離れ介護に専念したい」の言動に本人も娘さん方も本意ではないようです。よい役割分担を追求したい。	・M病院での入院確保はいつでも出来るが主治となると余りに距離が長い。近医と連絡を取りたい。 ・夫の気持ちも分かるが妻の思いを中心にうまくコーデネートして下さい。 ・意志伝達装置は市町村事業で給付できるので早めに申請して下さい。
H15/2/10	・念願の主治医が決まりました。町内リハビリテーション病院の先生が引き打て下さいました。Dさんはリハビリも受けたいといっています。	・よかったですね。CMとして主治医とよく連絡を取って下さい。 ・リハに関しては同院のソーシャルワーカーとは日頃より連携している。連絡します。
H15/2/21	家族より急変時特に呼吸障害時の対応について不安が出されました。M病院では退院患者さんにどのように対処されていますか。吸引器は町が貸与することになった。先日訪問看護師が家族吸引指導した。	・いくつか経験例がある。保健所を中心に救急隊（消防署）、医療機関、訪問看護ステーションを交えたケア会議を招集して欲しい。 ・遭遇する課題に対地元社会資源を目一杯利用し、サービスを一つ一つ積み重ねてこう。
H15/2/28	すぐに関係者に連絡した所、緊急時対応のケア会議を快諾されました。 ３月４日現地にて開催します。	素早い対応ご苦労様でした。当日は私も参加します。
H15/3/4	Dさん所属事業所主催によるケア会議開催。参加者：地元消防署救急隊員、保健所保健師、訪問看護ステーション看護師、ヘルパーステーションヘルパー、CM、SW	救急隊員：初めての経験だが、人命を掬うのがわれわれの任務だ。 SW：M病院退院患者さんの中でこのようなケア会議を持った経験がある。 訪看看護師：家族全員が吸引出来るよう指導。
H15/3/17	難病支援検討会・学習会において、Dさんがこれまでの経過を報告。Dさん同様介護職でALS在宅患者のケアマネジャーCさんより「本人・家族の想いを大切に主治医や看護師とも相談しながら、介護職でないと出来ないケアマネージメントを展開して下さい」のアドバイスあり。」	・昨日の報告はとてもよかった。 ・介護福祉士でもALSを担当している人がいるので、遠慮なく相談してくれ。

その後Dさんからの相談はほとんど無く、順調な在宅療養を続けておられると判断していた。

表3-6-3

H15/10/2	突然の連絡だが、Dさんは四肢の麻痺が進み、栄養状態も著しく悪化している。 現在介護保険のサービス（訪問看護週４回、ヘルパー毎日1,2回、訪問リハ週２回）の他主治医による訪問診療（週１回）を行っている。本人はあくまで呼吸器は着けないという	・本人はもとより家族にとっても今が一番辛い時。これ以上家族に「がんばれ」とは言えない状態ではないか。 ・入院確保を含め上司に相談する。
H15/10/30	先日よりは本人・家族共に少し落ち着いているが、入院確保を早く検討頂きたい。	現状について近く開催の難病支援検討会・学習会で本人・家族の状態、ケアの状態など近況や、課題を報告して下さい。
H15/11/17	難病支援検討会・学習会で報告。夫は仕事を一時中断し介護に専念、三人の娘も24時間体制で介護している。気力だけでＤさんに向き合っている感じだ。介護事業所も介護保険サービス以外ＪＡの特性を活かし家族への生活支援をしている。保健所も深く関わっている。しかしこれ以上の在宅療養は無理だ。同時に医療職でない者がこれ以上マネージメントすることには限界がある。	参加したALS在宅療養支援経験の看護師や介護福祉士より「過疎高齢に加え主治医がなかなか決まらないなど厳しい条件下、よくこれまで対応された。医療職でなくても難病患者をマネージメント出来ることを立証した、と評価した。同席のM病院神経内科医師より「とりあえずショートステイ的に入院しケアの再構築を検討しましょう」の発言あり。
H15/11/18	昨日はありがとうございました。早速朝訪問し入院のことをお話した所とても喜んでいま	分かりました。先生にお話しします。
H15/12/1	入院前にいろいろ聞きたいことがあるとさん・家族の方が言っています。来て下さらないでしょうか。	すぐに伺います。
H15/12/3	SWはCMとDさん宅訪問。 Dさん：みんな本当に一生懸命してくれて有り難い。夫：毎晩一時間毎に起こす。本人は気管切開しないと断言。どうしたらよいか分からない。娘：母は家がよいという入院し介護の組み立て治しをした	入院確保については医師や神経内科病棟師長にも話しし、準備は出来ています。
H15/12/8	入院。 本人・家族：入院してほっとしている。	すぐに病室を訪れた。 CMも交えた中で本人・族 に対し「今回は緊急避難的入院であり、時間を
H15/12/19	本人・家族とスッタフの合同面接 夫は、病院の設備やスッタフの対応に不満を漏らす。娘は「もうここまで来た。なるしかならないのでみんなで頑張る」と在宅療養の方向を示唆した。 CM：地元の先生は対応できると言う。	医師：少し落ち着いているので、お正月はお家で過ごされたらどうでしょう。気管切開はあくまで本人の選択です。 SW：呼吸障害などの緊急事態時は地元医療機関などで対応できますか
H12/12/29	Dさん退院	
H16/1/6	お正月は比較的落ち着いていて、楽しいお正月だったようです。いざという時地元の先生が入院を引き受けて下さる事になりました。	近医での入院が確保されよかったですね。
H16/1/15	本人の希望で地元医療機関に明日入院される	わかりました。
H16/1/19	Dさんは入院した翌日の 17日、ご家族の見 守る中で亡くなられました。最後まで気	本当にご苦労様でした。 この経験は、将来きっと役に立つと思います。 今後も難病支援をよろしく。
H16/1/20	SWはCMとともに訪問し墓前に向かう	訪問後事業所事務所にてSWはCMと懇談。 「本人・家族はもちろんだがあなたを中心とした地元の皆さんはよくぞここまでケアを組み立てた。過疎高齢地域であるが介護保険をはじめとした公的支援だけでなく近隣によるインフォーマルなサービスを実によく組織した。
ＳＷはこれまでの経過をまとめ、難病支援検討会や厚生労働省研究班で実践の成果を発表した。		

に勉強会ができないか」の意見が交わされた矢先のことで、神経内科医師を中心に準備が進められた。難病関連をトータルに討議・学習するシステムは日本ではまだ確立されていなかった年、1990年代、全国的にも珍しく画期的企画であった。筆者は「会」の企画立案、運営、実践へのフィードバックなど、全てに関わってきた。

「在宅難病支援検討・学習会」は当初、南九州病院を退院した難病患者に関わる医師、看護師、訪問看護ステーションスタッフを対象とし、主に難病基礎疾患・関連疾患の理解を目的にスタートし、難病リハビリ、難病看護、難病医療福祉制度、難病に関係する諸課題の学習の場となった。介護保険制度制定以降、在宅難病患者が増加し、それに伴い医療・福祉・介護職等多職種が難病支援に関わる中で、支援者から「具体的支援方法を学びたい」などの要望が寄せられた。運営委員会ではこの要望を、①　事例から学ぶ研修の場、②　同じような悩みを持つスタッフが事例を共有することで今後の連携に繋がる機会となる、と位置づけ、これまでの講義方式を修正し、事例を元に参加者で討議し事例から学ぶ双方向の研修会方式をとることにした。事例提供は、過疎高齢地域で難病の地域支援システム構築にあたっている担当者に筆者が要請する形式をとった。この会は2006（平成18）年春まで計50回開催された。参加者数、検討された事例数等を別表に掲げた。当初看護職、MSW、ケアマネジャーからの事例提供がほとんどであったが、「難病に対する知識がない中での援助は不安、自分の実践を検証して欲しい」と事例提供を申告する介護職も生まれるようになった。提供された事例は参加者が検討し支援課題考える方式をとっている。会終了前のミーテングで事例提供者から「不安を持ちながらケアにあたっていたが、専門的知識を得てケアの向上に繋がる」という意見もあった。上述の４つの事例もすべてこの会で事例検討された。事例検討は教育・研修の場、実践に繋がる場、連携の場としての役割を果たすことが実証された。

筆者は、南九州医療福祉研究会事務局員とともに、事例提供者への相談、案内、資料作り、当日の運営、などほとんどを任せられ実践した。当初は、当時始良地域内において在宅支援を行っていた「さざんか園」や「やすらぎの里」、保健所による実践報告、また医師による疾患についての学習会が行われた。まだ介護保険が施行されない時代だったので、市町村ごと・支援事業所ごとの温度差が大きく、十分な議論とはならなかった。

介護保険がスタートした2000（平成12）年を境に、介護保険と難病支援の関連が、主要な討議となった。当時より指摘があったように、介護保険制度はすでに２年半前に成立したにもかかわらず、その内容の詳細が余り国民に知らされず、介護保険に期待を持った多くの患者・家族、支援スタッフにも戸惑いがあった。2000年１月12日に行われた「第19回検討・学習会」では、前年秋から試行的に行われている地

表3-7　難病患者支援検討会・学習会の歴史

50回開催された本会の概要をまとめてみました。

回数	報告者、討議された内容、講義内容など
第１回 H9/1/27 ３５名	1）事例検討１：M・Mさん、60歳、女性、ALS 報告：笠井（主治医、南九州H）、西川（訪看ｽﾃｰｼｮﾝ姶良） 堂園（HH、さざんか園）、松山（やすらぎの里巡回ﾍﾙﾌﾊﾟｰ） 2）事例検討２：M・N氏、73歳、男性、パーキンソン病 報告：福永（主治医、南九州H）、原口（南九州H在宅部）松山やすらぎの里） 3）事例検討3：K･S君、16歳、男性、小児慢性疾患 報告：四俣（主治医、南九州H）、松久保（加治木保健所） 4）討議　事務局の確認：南九州Hと加治木保健所が担当。
第　２回 H9/3/17 ２５名	1）事例検討１：K･Mさん、78歳、女性、ALS、姶良町 報告：吉留（主治医、南九州H）、上野（姶良町保健婦）、田中（在宅支援C看護婦） 2）事例検討２：M･Mさんの経過。報告：前回と同様 2）学習会「在宅酸素療法の現状」（平、南九州H外来婦長）
第３回 H9/5/19 ３７名	1）事例検討１：T･Hさん、50歳、女性、筋緊張性ジストロフィー、加治木町 報告：笠井（主治医、南九州H）、久保（MSW、同） 事例検討２：M・Mさん（継続）、報告：上野（姶良町保健婦） 事例検討３　S・Aさん、69歳、姶良町、慢性関節リウマチ。報告：上野 2）学習会：「「姶良町の福祉政策の現状、介護保険制度の課題」米倉（姶良町福祉課）
第４回 H9/7/14 ３５名	1）事例検討１：T･Hさん、50歳、女性、筋緊張性ジストロフィー（継続） 報告：笠井（主治医、南九州H）、久保（MSW、同） 2）学習会：「在宅患者のMRSA感染対策について」講師：脇本Dr（南九州H）
第５回 H9/9/22 ３５名	1）事例検討１：M・M氏、82歳、パーキンソン病、姶良町 報告：福永（主治医、南九州副院長） 2）学習会：「じょくそうのケア」　南九州病院在宅ケア部
第６回 H9/11/17 ３０名	1）事例検討１：M・Mさん（継続）、報告：福永、黒岩（さざんか園） 2）学習会：「訪問リハビリについて」　講師：羽島（PT、南九州H） 3）話題提供：「教育現場での医療的ケア」福永
第７回 H10/1/19 ３５名	1）事例検討１：M・Mさん（継続）。　報告：笠井 事例２：N・K氏、74歳、ALS、国分市。報告：南九州H在宅医療部 2）学習会：「アメリカでの在宅医療事情」　講師：新平（南九州H看護士） 「実務担当者からみた神経難病（紙面報告）」福永
第８回 H10/3/23 ３０名	1）事例検討１：Ｉ・K氏、48歳、ＡＬＳ　報告：久保 県外からの入院、在宅に向けてのケアマネージメント 事例検討２：N・K氏（継続）　報告：保健所、笠井 事例検討３：M・Mさん（継続）報告：さざんか園、笠井 2）学習会：「在宅人工呼吸器管理」　講師：的場（南九州H、臨床工学技士）
第９回 H10/5/18 ３０名	1）事例検討１：Ｉ・K氏、ＡＬＳ（継続）　報告：久保 事例検討２：M・Mさん（継続）報告：さざんか園、笠井 2）学習会：「介護保険と福祉住宅について」　講師：神野、（富士住宅産業） 学習会途中にNHKで同社の取り組みが放映される。 「職種間の連携と業務範囲（紙面報告）」福永
第１０回 H10/7/27 ２５名	1）事例検討１：M・Mさん（継続）スピーキングバブル導入　報告：笠井 事例検討２：Ｉ・K氏、ＡＬＳ（継続）　報告：久保 事例検討３：Ｉ・H氏、74歳、ﾊﾟｰｷﾝｿﾝ病、蒲生町　報告：新山（主治医、南九州H） 2）学習会：「在宅における薬の取り扱いについて」 講師：松本先生（南九州H薬剤科長）

第１１回 H10/9/21 ３０名	1)事例検討１:M・Mさん、スピーキングバブル導入後のｺﾐｭﾆｹｰｼｮﾝ確保、報告：笠井 事例検討２：Ｉ・H氏（継続）報告：新山 2)学習会：「在宅患者さんの栄養管理について」講師：早田（南九州栄養管理室長） 「地域ケアガイドライン作成に向けて」　講師：福永院長
第１２回 H10/11/24 ３５名	1)事例検討１：Ｓ・Ｉ氏、52歳、ﾊﾟｰｷﾝｿﾝ病　報告：宇都（主治医、南九州H） 講義：パーキンソン病治療中の症状変動（Wearnig・off、On・off現象） 2)学習会：「ターミナル期の心理的ケア」　講師：今村（南九州H、臨床心理士） 「地域ケアガイドライン作成に向けて・第２報」　講師：福永院長
第１３回 H11/1/18 ２５名	1)事例検討１：Ａ・Ａさん、80歳、ﾊﾟｰｷﾝｿﾝ病　　報告：宇都 講義：ﾊﾟｰｷﾝｿﾝ病と嚥下障害 2)学習会：「神経難病患者の地域在宅ケアシステム構築について」　報告：笠井 厚生省特定疾患に関するＱＯＬ研究班（10年12月、東京）発表 3)フリーデスカッション：初めて企画。意見出ず。
第１４回 H11/3/23 １５名	1)事例検討１：Ｂ氏、55歳、進行性核上性麻痺(パーキソニズムを伴なう関連疾患) 報告：宇都 2)学習会：「痴呆について」　講師：宇都 「過疎高齢化地域におけるケアマネージメント」　講師：久保 厚生省特定疾患に関するＱＯＬ研究班（10年12月、東京）発表 「ホームヘルパーの就労改善の改善（紙面報告）」　福永院長 3)フリーデスカッション：特に意見出ず。
第１５回 H11/5/21	事務局の不手際で実施されず。 運営委員を始め数名で今後の運営のあり方（方法、内容など）について討議
第１６回 H11/7/9 １５名	1)事例検討１：Ｃさん、79歳、ﾊﾟｰｷﾝｿﾝ病。　　報告：宇都 講義：事例に関連し「起立性低血圧について」　講師：宇都 2)本会の運営に関する検討・今後の方向性に関する討論 いわゆる講義型（一方方向）から主体的参加型（双方向）の会に、事務局機能の強化、などが出された。
H11/8/26	第16回でのあり方討論を受け、運営委員会議 本会の基本に立ち返り、事例検討と学習会の二本立てを崩さない。事務局体制の確認：久保が窓口となり、事務局員（上薗、恵島、黒岩、福元）が任務分担する。 関係者への事例提供を早めに行い、事前配布を心がける。
第１７回 H11/9/20 ４３名	1)事例検討１：「介護疲れの家族を支援する」報告：上薗妙子（姶良郡医師会訪看ｽﾃｰｼｮﾝ)。※南九州病院以外からの始めての単独レポート。 2)学習会：「在宅ケア中の突発症状について②：便秘」　講師：宇都 「介護保険施行直前における課題：介護保険施設入所者の取り扱い」 講師：久保。特に特別養護老人ホーム入所中の方の経過措置にいて 3)フリー討論：8月26日の運営員会の報告討論：症例を出し合い本会継続を確認
H11/10/28	第２回事務局会議：１７回参加者（４３名）の評価。 次回の事例提供者の確認
第１８回 H11/11/22 ４２名	1)事例検討１：「神経難病患者の在宅におけるターミナルケア」黒岩（さざんか園） 事例検討２：「在宅難病患者Ｙさんの介護保険下でのサービス提供について」 報告：上野（姶良町地域保健課保健婦） 2)学習会：「介護保険と難病・特定疾患との関連」　報告：恵島（加治木保健所） 3)情報提供：「厚生省高齢難病介護ガイドライン研究班の中間報告」　久保 第２回事務局会議の報告
H11/12/20	第３回事務局会議：１８回の評価。事例提供者が実に細かい資料を提出した。 次回の事例提供者を確認
第１９回	1)事例検討１：「Ｙさんの入院から退院・在宅への援助（継続）」

H12/1/31 ４０名	報告：上野、黒岩、池田（さざんか園） 2)学習会：「介護保険と難病（第２報）」　報告：恵島、久保 「地域ケアガイドライン作成のための研究会」の難波先生の論文紹介 3)フリー討論：介護保険を直前に、各介護事業所で起きている事など出し合った
第２０回 H12/4/17 ~~３~~５名 4	事務局の怠慢で３月実施されず・ 1)事例検討１：「介護保険が始まって。在宅神経難病患者さん支援を通して訪問看護ステーションから見えてきたもの」　報告：上薗 2)学習会：「介護保険と障害者施策の関係について」　、「介護保険制度から見た特定疾患等の公費負担について（第３報、図表での解説）」報告：恵島
第２１回 H12/6/19 ４０名	1)事例検討１：「要介護度４のミトコンドリア脳筋症Ｄさんへの援助を通して」 報告：医療機関より南九州 H 在宅部。介護サービス事業所より姶良郡医師会訪看 STN 事例検討２：「在宅 ALS 患者Ｍ・Ｍさんの費用について」黒岩（さざんか園） 2)学習会：「難病と介護保険（第４報）。在宅ＡＬＳと慢性リューマチとの負担の相違について（図表を用いて）」　報告：恵島
第２２回 H12/9/25 ３５名	1)事例報告１：「在宅難病を支える。二人の在宅 ALS 患者の事例から」 報告：西久保照子（鹿児島中央看護ステーション管理者）五反田 Dr（主治医） 2)学習会：「介護保険２号被保険者の神経難病関連について」報告：宇都 「保健医療福祉ネットワークとプライバシー（紙面報告）」久保 「社会福祉法について、福祉サービス第三者評価基準について」久保 3)話題提供：「来年度厚生省概算要求にみる難病支援政策について」、「鹿児島県内における身体障害者療護施設の ALS 患者の受け入れの実態について」報告：久保 4)フリー討論：介護保険が始まり約半年経った時点での各事業所での話題など。
第２３回 H13/1/29 ３５名	1)事例検討１：「在宅Ｄ型ジストロフィー児（14 歳）への支援」報告：宇都（主治医） 事例検討２：「当院入院から身体障害者療護施設へ入所したＴ氏への支援」久保 事例検討３：「在宅をためらったＡＬＳ患者の家族への支援」報告：久保 2)情報提供：「重症難病医療ネットワーク連絡協議会と相談コーデネート事業」 厚生省科学研究班研究事業（1 月 12 日東京にて研究発表）久保 3)特別講演：「鹿児島県重症難病医療ネットワークの現状と課題」福永院長
第２４回 H13/3/26 ４５名	1)事例検討１：「保健所保健婦としての ALS 患者への支援のあり方、ジレンマ」 報告：今村（加治木保健所保健婦） 事例提供２：ALS 患者・家族からの事例提供：Ｍ氏（川内市在住）ご本人、妻、娘さんから ALS　と診断されるまでの経緯を表にして提出発表した。 2)学習会：「高齢者の機能評価について」　報告：児玉知子（南九州 H 神経内科） 3)情報提供：「鹿児島県難病連の医療相談について」　久保 「県重症難病患者医療ネットワーク研修会（3 月 6 日、南九州 H 研修棟）について」　久保、今村 ※今回より会場を国立南九州病院研修棟に固定。マトメを行い不参加者には送付。
第２５回 H13/5/28 ４５名	1)事例検討１：「K 氏のケアマネージメント経過報告」 報告：今村（加治木保健所）、上薗（訪看 STN）、山口（南九州 H 在宅部） 事例検討２：「妻（ALS 患者）のこれまでの経過について」 報告：K 氏（鹿児島市在住」）が妻の入院から在宅そして身体障害者療護施設入所までの経緯を報告。 事例検討３：「うつ病を伴なった ALS 患者への支援（紙面報告）」 報告：加治朋子（加世田保健所） 2)学習会：「パーキンソン病について」　講師：中江めぐみ（南九州 H 神経内科） 3)意見交流：前回事例提供してくださったＭ氏の家族より経過報告 4)情報提供：意思伝達装置について：久保 本の紹介：「ＡＬＳケアブック」（日本ＡＬＳ協会発行）　久保
第２６回 H13/7/16 ６５名	1)事例検討１：「ｼｬｲ・ﾄﾞﾚｰｼﾞｬｰ症候群患者への支援。役場保健婦・社協・ｹｱﾏﾈｰｼﾞｬｰとの連携」　報告：姥瑞代（伊集院保健所） 事例検討２：「うつ病を伴なった ALS 患者への支援」前回未報告分 報告：梅北真里（加世田保健所）

	事例報告３：「都会で ALS を発症後生まれ故郷で生活を始めた K さんのケアマネージメント」 報告：上薗、坂口（姶良郡医師会訪看 STN） 事例報告４：「念願の北海道旅行を終えて」3 月に報告された M 氏の家族より 2) 情報提供：「保健所保健婦研修会（鹿児島県難病医療ネットワーク協議会主催）」 6 月 29 日。南九州病院研修棟。県内全保健所から難病担当参加。 講義２コマと３つの事例が検討された
第２７回 H13/9/17 ５４名	1) 事例検討１：「ｼｬｲ･ﾄﾞﾚｰｼﾞｬｰ症候群患者への支援。役場保健婦・社協･ｹｱﾏﾈｰｼﾞｬｰとの連携（第２報）」　報告：姥、水流（あいせい園ｹｱﾏﾈｰｼﾞｬｰ） 事例検討２：「生まれ故郷で生活を始めた ALS・K 氏へのｹｱﾏﾈｰｼﾞﾒﾝﾄ(第３報)」 ｹｱﾌﾟﾗﾝに基づくｻｰﾋﾞｽ展開　報告：上薗、坂口、南九州 H 在宅部 2) 学習会：「ｼｬｲ･ﾄﾞﾚｰｼﾞｬｰ症候群とは」講師：園田至人（南九州 H 神経内科医長） 講話：「最近の難病医療事情」講師：福永院長 3) 情報提供 ・ALS 患者家族交流会（10 月下旬予定）開催に向けて：今村、 ・南九州病院における難病相談の経過：久保
H13/10/20 PM1:30～ 4:00	ＡＬＳ患者と家族の学習・交流会：南九州病院デイケアホール 県内、県外（宮崎、熊本）から１２０名参加 【内容】講話１：「ALS 患者が長期療養をするために」福永院長 講話２：「ALS 患者の医療･福祉」久保 意見交流：参加されたほとんどの家族より意見が出された。また人工呼吸器を装着している ALS 患者さんよりﾊﾟｿｺﾝ入力による意見あり。 10 月 27 日の南日本新聞で会の様子が写真入で報道された.
第２８回 H13/11/19 ６０名	1) 事例検討１：「ｼｬｲ･ﾄﾞﾚｰｼﾞｬｰ症候群患者への支援（第３報）」報告：姥、久保 2) 特別講演：「アメリカ留学を終えて」笠井武史先生（垂水中央病院神経内科） 笠井先生は本研究会立ち上げの中心になった方。 3) 情報提供・意見交流 「ALS 患者･家族交流会を実施して」報告：今村 参加者より「内容が専門的になりすぎ初心者が参加しにくい」の意見あり
第２９回 H14/1/28 ５２名	1) 事例検討１：「ALS・D さんの在宅支援から入院確保そして再びの在宅ケアを目指して」　報告：藤野（加治木町中央在宅介護 C）今村 事例検討２：「医療職でないｹｱﾏﾈｰｼﾞｬｰが在宅 ALS 患者をどこまで支援出来るか」 報告：内木場さん（鹿児島市社協ｹｱﾏﾈｰｼﾞｬｰ） 2) 情報提供 ・「西日本難病医療ネットワーク連絡会・11 月 30 日（紙面報告）」福岡（事務局） ・「特定疾患対策の地域支援ネットワークの構築に関する研究班」H14/1/11 東京：久保 ・「厚生労働省長寿医療共同研究班、重度難病患者の施設ケアから在宅ケアへの支援。介護保険下における重度神経難病患者に対する国立医療機関の役割、H14/1/17、大阪（研究発表、紙面報告）」久保 ・ビデオ紹介・試写：「ひろがる ALS 患者の世界、人工呼吸器装着患者の外出・旅行」日本 ALS 協会作成。 ・資料紹介「介護保険実施に伴なう在宅 ALS 療養実態調査報告」 日本 ALS 協会機関誌 JALSA52 号より 3) 記念行事に関する提案：事務局
H14/2/5	「びゅーがわ便り」創刊号送付 本検討会に参加できなかった保健所の難病担当保健婦に対して、当日の要旨と情報提供を目的に「びゅーがわ便り」として発送する事になった。
第３０回 H14/3/19 ４３名	1) 事例検討１：「保健所保健婦による在宅 ALS 患者さんへの支援、３年間の実践」 報告：姥、福吉、竹脇、宇田（伊集院保健所） 事例検討２：「生まれ故郷で生活を始めた ALS・K 氏へのｹｱﾏﾈｰｼﾞﾒﾝﾄ(第４報)」 報告：上薗、坂口、今村 2) 特別講話：「最近の難病事情」　講師：福永院長 3) 協議：「記念講演とシンポジウムについて」 5 月 25 日開催、講師は近藤清彦先生など確認。

	4)情報提供 「鹿児島県重症難病医療ネットワーク研修会(3月8日南九州H研修棟)」について
H14/4/9	「びゅーがわ便り」２号送付 記念講演会・シンポの連絡、宮城県の難病対策について（久保）他
H 5/5/31	「記念講演とシンポジウム」開催　　病院大会議室　　　183名参加 1）基調報告「30回のあゆみ、成果と課題」事務局 2)事例報告「Ａさん、Ｂさんの事例より」 報告　武田（伊集院保健所保健師） 上薗（始良郡医師会訪問看護ステーション室長） 3)記念講演「ＡＬＳケアから学んだこと」 講師　近藤清彦先生（兵庫県　公立八鹿病院神経内科部長） 4)閉会のあいさつ・まとめ 福永秀敏先生（南九州病院院長）
第３１回 H14/7/29 ３５名	1)事例検討１：「パーキンソン患者Ｋさんの在宅支援を開始して。半年間の経過」 報告：樋口（吉田温泉病院介護支援事業所ケアマネージャー） 事例報告２：「本院を退院し在宅療養を開始した二人のALS患者への支援」 報告：松田（隼人保健所）、さざんか園スタッフ、久保（南九州病院） 2)特別講話 「高齢者･障害者の在宅支援・住宅事業者の立場から」 講師：桑島秀一氏（松下電工エイジフィリー介護チェーン店長、１級建築士、増改築相談員） 最近の住宅改善事情について専門の立場から詳しく紹介して頂いた。 3)報告事項：「第3回在宅ALS患者家族会」6月29日（土）本院研修棟 今回は食事をテーマに、家族で工夫している事など出し合った。 本院栄養指導室長・木下さんも参加され専門的アドバイスを実施。
第３２回 H14/9/30 ４０名	1)事例検討：「気管切開後在宅療養を再開したＢさんへの支援」 報告：松田（隼人保健所）、始良郡医師会訪問看護ステーション、本院在宅部 2）特別講話：「パーキンソン病について」 講師：福永秀敏先生（南九州病院院長） 院長先生をはじめ神経内科の先生方が書かれた「パーキンソン病がわかる本」を基に、パーキンソン病医療の最新情報をお話頂きました。
第３３回 H14/11/18 ４３名	1)事例検討１：「気管切開後在宅療養を再開したＢさんへの支援　第２報」 報告：松田（隼人保健所）、始良郡医師会訪問看護ステーション、本院在宅部 事例報告２：「パーキンソン病Ｃさんの入院から在宅への支援」 報告：在宅介護支援センターさざんか園、南九州病院在宅医療部 2)学習会：「神経疾患の多面的評価　ALS患者さんの円滑な在宅医療について」 講師：児玉友子先生（本院神経内科）
第３４回 H15/1/27 ３５名	1)事例検討１：「在宅ALS患者Ｋさんへの支援展開（継続第６報）」 報告：始良郡医師会訪問看護ステーション、本院在宅医療部 事例検討２：「パーキンソン病Ｃさんの入院から在宅への支援」 報告：在宅介護支援センターさざんか園、南九州病院在宅医療部 2)研究会発表報告会 ・「重度難病患者のＱＯＬ向上に関する研究班」 2002年12月20日、東京 発表１「難病患者への保健所の支援に関する考察」今村（加治木保健所） 発表２「ALS患者のQOL向上　トイレ排泄の検討」上薗（始良郡医師会訪看） ・「重度難病患者支援ネットワーク研究班（木村班）」2002年12月18日、東京 発表「在宅難病支援検討会・学習会の成果と課題、8年のあゆみ」久保 3)情報交換・意見交流 ・「訪問介護員の医療行為に関する新聞報道、最近情勢、日本ALS協会の見解など ・宮之城保健所管内において在宅ALS患者の支援始まる
第３５回 H15/3/17	1)事例検討１：「ALS患者Ａさんへの支援を開始して」 報告：内千代子（横川町社協ケアマネジャー）

２５名	事例検討２：「Ｆ町 ALS 患者Ｂさんへの支援（継続報告）」 報告：姶良郡医師会訪問看護ステーション 事例検討３：「パーキンソン病Ｃさんへの相談活動を通して」 報告：久保（事務局） 2)学習会 「新しく始まる支援費支給制度・全身性障害者介護人派遣制度と難病の関連」 報告：久保（事務局）
第３６回 H15/4/25 １３０名	特別公開講座 演題「神経疾患の在宅医療の経験から」 講師：難波玲子先生（国立療養所南岡山病院神経内科医長） 難波先生は岡山大学医学部を卒業後、国立岡山療養所（当時）医局に入局され、以降一貫して神経難病の治療研究にあたってこられた方です。 今回地元で開業されるのを機に鹿児島旅行の合間を縫って講演していただきました。 ※　これまで本会は加治木保健所と南九州病院の共催事業として行ってきましたが、今年度より本院・南九州医療福祉研究会の事業となりました。
第３７回 H15/7/28 ３０名	1)事例検討１：「進行性核上性麻痺（ＰＳＰ）患者さんへの支援」 報告：本田陽子（加治木温泉病院看護師長） 関連コメント：「ＰＳＰについて」本院園田神経内科医長 2)特別報告「新しい事業を始めて」 報告：黒岩尚文（小規模多機能ホーム「よいやんせ」施設長） 元さざんか園園長で、本会の中心メンバーでもあった黒岩さんより、同ホームの紹介、役割・機能、夢など語ってもらいました。 3)学習会 「厚生労働省の新たな難病対策ついて」 講師：今村恵（加治木保健所） 特定疾患治療研究事業の見直し、認定基準の見直しに関する情報提供
第３８回 H15/11/17 ２５名	1)事例検討１：「生活障害に視点を置いた内因性難病患者の保健福祉サービスのあり方」 報告：福田みゆき（伊集院保健所）。日本公衆衛生学会で発表した研究成果を元に、ＩＣＦとの関連で事例提供。 事例検討２：「過疎高齢地域における ALS 患者・家族への支援　福祉職のケアマネジャーの悩みから考えること」 報告：園田利枝（さつま農業協同組合介護支援事業所　介護福祉士） 2)学習会 「厚生労働省の新たな難病対策ついて（続編）」今村恵（加治木保健所） 3)報告 ①第 50 回国立病院療養所総合医学会特別シンポジウム：10/30 ～ 11/1 札幌 福永院長が座長、久保がシンポジスとして本会の成果と課題を報告。 ②第５回全国難病医療ネットワーク研修会 11/14　東京、福岡事務局員参加
第３９回 H16/2/7 ~~５６~~名 86	例会・特別講演会 1)基調報告「本会の活動の到達点と課題」　　報告：事務局 2)特別講演 演題「保健医療福祉統合の課題」 講師：前田信雄先生（鹿児島国際大学大学院福祉社会学研究科教授）
第４０回 H16/3/22 ３５名	1)事例検討１：「過疎高齢地で在宅 ALS 患者・家族を支援して」 報告：園田利枝（さつま農業協同組合介護支援事業所　介護福祉士） 事例検討２：「パーキンソン患者Ｃさんの支援（継続）」 報告　樋口（吉田温泉病院介護支援事業所） 2)学習会　事例検討の進め方　講師：久保（事務局） 3)報告 ①「小規模多機能施設よいやんせを開設して」報告：黒岩尚文 ②鹿児島県重症難病医療ネットワーク研修会　３月５日 ③日本 ALS 協会鹿児島県支部設立総会　３月 14 日、鹿児島大学医学部鶴陵会館
第４１回 H16/5/17 １５名	1)事例検討１：「プリオン病患者の在宅支援を通して」 報告：坂口恵（姶良郡医師会訪問看護ステーション） 2)情報提供　日本 ALS 協会会報より ①郵便による代筆投票、②神経難病と吸引行為
第４２回	1)事例検討１：「ALS 患者Ａさんへの支援を開始して（継続）」

H16/7/26 ２０名	報告：内千代子（横川町社協ケアマネジャー） 2) 学習会　「福祉住環境コーディネーターの仕事」 講師：吉村学氏（福祉住環境　オフィス代表、住環境コーディーター２級） 3) 報告 ①平成 16 年度徳之島地区難病医療相談・講演会 7 月 18,19 日　園田医長、久保 ②県内難病患者・家族団体の動向
第４３回 H16/9/27 １８名	1) 事例検討１：「後縦靱帯骨化症（OPLL）Ａさんの一時的退院を実現して」 報告：坂口恵（姶良郡医師会訪問看護ステーション） 事例報告２：「虎キチＫさんの近況報告」 報告：姶良郡医師会訪問看護ステーション、木脇さん（ALS、本院入院患者） 2) 特別報告　「ＡＬＳの母を看病して」 徳永功一さん（頴娃町在住） 気管切開、人工呼吸器装着の母親を、24 時間看ている方の報告。
第４４回 H17/5/31 ２８名	1) 事例検討１：「コミュニケーションが看護に与える影響　キーワード：ALS・在宅療養生活・伝の心」 報告：馬場妙子（姶良郡医師会訪問看護ステーション） 2) 講話とデモンストレーション：様々な意思伝達装置について 講師：末吉さん（吉徳福祉機器）、植村安浩（本院主任児童指導員） 「伝の心」「レッツ・チャット」のデモ、様々なスイッチを紹介。 3) 協議：今年度の本研修会の進め方について ・従来通り事例検討と学習会を併行して行う。 ・学習内容は「難病入門講座」形式で企画立案する。 ・次回の事例報告者を決める：次回（7 月 25 日）はさざんか園が担当。

域の実情について、保健所保健師が中心となって、絵図を用いて説明する場面もあった。３月の20回検討会では、保健師より「障害保健福祉主幹課長会議資料」を基に、「介護保険と障害者背策の関係」、「介護保険と難病の関連」などについて分厚い資料を元に説明があったが、大半の参加者にとっては消化不良だった。

しかし、数ヶ月過ぎた検討会では、少しずつ、「難病と介護保険」の関連が浸透し、介護保険を利用した在宅ALS患者さんの事例も発表されるようになった。筆者は、運営全般にわたる一方で、自身が関わっている事例についても、毎回報告し、参加者からの意見をいただいた。「検討・学習会」は、当初姶良郡（当時）の事業所等に案内を差し上げ、進めていたが、次第に話題が広がり、鹿児島市内（約20キロ）だけでなく、県内各地からの参加、事例提供が行われるようになった。また介護保険に絡んで福祉販売・貸与事業所、住宅関連業者、栄養関連業者、など多彩な分野の責任者がこられ、ホットなニュースを提供してくださった。2002年５月25日「難病支援検討会・学習会30回記念行事」と銘打って、近藤清彦先生（兵庫県・公立八鹿病院神経内科部長　当時）を招いて、講演会を実施した。県内各地から約160名が参加し会場は立ち見であふれた（この件に関しては「難病と在宅ケア」編集部の提案で同誌 2002年９月号・VOL.8.NO.6で詳しく報じられた）。

2006年春、「検討会・学習会」は、川嶋　望・南九州医療福祉研究会会長、実質的な責任者であった福永秀敏院長と、筆者を含む事務局の議論の結果「一定の役割は果たした」の結論に至り、2006年7月29日、これまで支えてくれた方々のシンポジストになっていただき、「10年間の歩みを振り返り、成果や課題を確認しよう」と題し

第45回 H17/8/1 35名 Dr Ns 介 SW 他 計	1)　事例検討 ①　要介護度1と介護度5の母と同居する統合失調症A氏への支援　報告：さざんか園 ②　難病ケアの特徴をふまえた在宅支援用アセスメント票検討　報告：南九州病院久保 ③　認知症の母とMyD親子を支えるソーシャルワークの展開　報告：久保裕男（南九州Hp） 2)　講話 ①「脊髄小脳変性症について」　講師：園田至人（南九州病院神経内科） ②「難病を取り巻く最近の話題から：ALSの吸引問題等」　講師：福永秀敏（南九州病院院長） 3)　協議：今後の本会の進め方について：事前に事例報告者を決め、負担軽減を図る 4)　話題提供：日本ALS協会鹿児島支部総会：6月5日　南九州病院デイケアホール 障害者自立支援法成立と難病の関連：事務局（久保）
第46回 H17/9/29 37名	1)　事例検討 ①「小規模多機能ホームの目指すもの3事例紹介」柳川ケイ子（小規模多機能ホーム　コスモス） ⅰ)帰宅願望のたる利用者、ⅱ)うつ状態で入所し軽快した利用者、ⅲ）事実を確認しあった例 2)　講話　「Parkinson関連3疾患について」講師：内田裕一（南九州病院神経内科医師） 3)　情報提供　①8/22出水保健所主催「ALS家族交流会」阿久根市保健C　8家族、里中、久保 ②9/21志布志保健所主催「第1回難病療養相談会」11家族、関係職3人、久保
第47回 H17/11/28 40名	1)　事例検討 ①「ターミナルケアに取り組んで」報告：柳川ケイ子（小規模多機能Hコスモス施設長） ②「難病在宅医療を開始して」報告：宮田輝美、横峯知子（国立指宿病院Ns） 2)　講話：「障害者自立支援法、改正介護保険法、医療制度構造改革試案と難病」久保裕男（事務局） 3)　話題提供 ①10/18,19湯浅研究班　離島難病患者実態調査で徳之島訪問：園田（神経内科）久保（連携室） ②石黒・矢口・渡辺コンサート　11/2南九州病院、11/3鹿児島大学医学部鶴稜会館
第48回 H18/1/23 24名	1)　事例検討 ①「家族サポートボランテア活動を立ち上げて」報告：霧島市横川支所社協 ②「難病支援の困難性」報告：姶良郡医師会訪問STN 『本人がどう生きたいのか、家族がどう支えたいのか』を知り前向きに支える。 2)　研究発表報告「厚生労働省特定疾患の地域医療体制に関する研究班（糸山班）」18/1/7,8　東京 ①「神経内科合同カンファレンスとチーム医療」吉原4病棟師長、他 ②「地域医療連携室創設と神経難病患者退院援助に関する研究」久保裕男（地域医療連携室） 3)　講話　「障害者自立支援法、改正介護保険法と難病（続）」久保裕男（地域医療連携室） 4)　話題提供　「新ＡＬＳブック」完成。川島書店、2500円＋税
第49回 H18/3/20 26名	1)事例検討 ①「家族サポートボランテア活動を立ち上げて（第2回目）」報告：霧島市横川支所社協 2)講話　「パーキンソン病とリハビリ」　講師：吉村三穂（当院リハビリ士長）若松茂樹（PT） 3)報告、話題提供 ①「長崎医療C主催第11回在宅ケア学習会」2/9　川棚市同院　久保参加 ②「鹿児島県重症難病医療NW研修会」3/2　105名参加 ③出水保健所主催講演会　1/10　講演「ALS研究最前線」福永院長
第50回 H18/7/29 55名	1)　基調報告　「50回の歩み」久保裕男（事務局、地域医療連携室） 2)　事例検討　「長期入院から在宅療養を始めたA（OPLL）さんへの支援」永田（隼人温泉CM） 3)　ミニシンポ　「10年間の歩みを振り返り成果や課題を確認する」司会　今村恵(県健康増進課) シンポジスト：黒岩尚文（小規模多機能ホームよいやんせ所長）、池田秀之（さざんか園CM） 福元法子（保健所保健師）、内千代子（霧島市社協横川支所CM）坂口（姶良郡医師会訪問STN）、上薗妙子（同所長）、柳川ケイ子（グループホームコスモス） 4)ミニ講話と最後のあいさつ「事例検討を継続すること大切さ　現場から学ぶ姿勢」福永院長

てシンポジウムを開催した。7名のシンポジストの大半は、準備段階から全面的に協力してくださった方、特にその中でも介護福祉士でありながら「検討会・学習会」での数回にわたる事例報告を通し、猛勉強を重ね、今で鹿児島県内のケアマネ団体の重要ポストに籍を置いている内千代子さんの「会」に対する想いに、全員から大きな拍手が送られた。筆者は「在宅難病支援検討・学習会」の成果を研究誌に発表した。「在宅難病支援検討・学習会」に見られるような教育研修の企画・運営はソーシャルワーカーが持つべき機能の一つであると考える。50回の歩みを述べたが、以下参加者、検討された事例、学習内容などについて列記する。

【難病支援検討会・学習会の成果とMSWの課題】

1．当初、トップダウン式で始まった「検討・学習会」であったが、当院の在宅医療の拡大、介護保険制度導入という歴史的変動期で、多くの難病支援者が積極的に参加し事例発表を通し、自分の実践検証の場になった。参加者から意見・批判を受ける中で、難病専門職としての力量を高めていった（教育的機能）。

2．難病医療専門・拠点病院であるMSWが一貫して企画・案内・進行、また実践の成果をまとめたり、学会等に発表したことは、ソーシャルワーク機能の範囲を広げ、あらたな課題を作り出したという点で、後輩への問題提起となったと考える。

3．これを契機に、現在、地域医療連携室に配属されている筆者は、医師・看護師と連携し、様々な市民講座、出前講座、疾患別講座を企画・実践している。このような地域に開かれた企画を立案し、実施することもソーシャルワーカーの機能の一つである。

【引用・参考文献】

1）福永秀敏: 難病と生きる, 春苑堂書店, 1999

2）高橋信行: 量的研究法と質的研究法の対立と和解, ソーシャルワーク研究,Vol.27.No4　相川書房,　2002

3）南 彩子: 医療におけるソーシャルワークの展開, p33-48, 相川書房,　2001

第４章　地域医療連携室創設とMSW

１．大転換を迎えた医療政策　在院日数短縮と地域医療連携

2000（平成12）年の介護保険法施行、翌2001（平成13）年頃を皮切りとして、保健・医療・福祉・介護の連携が大きな課題となってきた。南九州病院は、前述したようにすでに介護保険制度施行前より、在宅サービス関係者との事例検討会·学習会などを通し「地域連携」については多くの経験があり、さして違和感はなかった。2001年の第四次医療法改正では、病床区分の明確化、即ち「その他」を急性期と慢性期に分けたこと、それと連動し退院指導計画の作成と実施180日超長期入院のホテルコストの特定療養費化、など急性期と慢性期の差別化が政策上前面に打ち出されるようになった。

これに連動するように翌2002（平成14）年11月、「医療ソーシャルワークの業務指針」が14年ぶりに見直された[1)]。以前の「業務基準」でも地域との連携はうたわれていたものの、業務の中心は入院・外来患者に対するソーシャルワークが柱になっていた。今回の改訂では、まず「１．趣旨」の中で、介護保険制度の施行を受け連携の必要性が述べられ、２.「業務の範囲」ではこれまでの「退院（社会復帰）援助」が「退院援助」、「社会復帰援助」それぞれ独自の業務として示された。特に退院援助では「①地域における在宅ケア諸サービスについての情報を整備し、関係機関、関係職種との連携の下に、退院·退所する患者の生活及び療養の場の確保について話し合いを行うとともに（以下略）。退院·退所後においても引き続き必要な医療を受け、地域の中で生活することができるよう、患者の多様なニーズを把握し、転院のための医療機関、退院·退所後の介護保険施設、社会福祉施設等利用可能な地域の社会資の選択を援助する(以下)略」。さらに「３．業務の方法」では「(4)他の保健医療スタッフ及び地域の関係機関との連携」の中で、従来の文言に「④医療ソーシャルワーカーは、地域の社会資源の接点として、後半で多様なネットワークを構築し、地域の関係機関、関係職種、患者の家族、友人、患者会、家族会等と十分な連携·協

力を図ること。ニーズに基づいたケア計画に沿って、さまざまなサービスを一体的·総合的に提供できる支援方法として、近年、ケアマネジメントの手法が広く普及しているが、高齢者や精神障害者、難病患者等が、できる限り地域や家庭において自立した生活が送れるよう（以下略）」など、ソーシャルワークの機能の一つとしての「連携機能」が強調されているという特徴がある。また同年の診療報酬改定では、本体、全体が初のマイナス改定となる中で、「退院指導」の面については、「退院指導計画作成」が義務化され加算がついた。2003（平成15）年には介護報酬の改定が行われ、医療機関との連携が大きく打ち出された。2005（平成17）年には「医療制度構造改革大綱」がまとまり、本格的医療保障制度改定が始まった。

これらの医療情勢を受け、各医療機関では、雨後の竹の子のように「地域医療連携室」若しくは「医療連携室」が設立され、多くのMSWもそこに配置されることになった。

また日本病院機能評価機構が実施している「病院機能評価」でも2004年度から開始されたVer 5版では、「地域との連携」が重点項目のひとつになってきた。

筆者は、それまで、児童指導員として重症心身障害病棟、筋ジストロフィ病棟での業務を主としていたが、2005年４月より創設したばかりの「地域医療連携室」に一人配置の専従職MSWとなった。

2006（平成18）年の第５次医療法改正と診療報酬改定は、地域連携関連とのかかわりでは画期的な改定であった。コンセプトはズバリ「医療計画と連動する医療連携体制の構築、４疾患５事業の推進」。「地域医療連携」が診療報酬上でも高く評価されるようになった。また翌2007（平成19）年には「がん対策基本法」も成立。南九州病院では、これを機に地域医療連携室はこれまでのMSW１名、医療事務職１名の２名体制からがん専門看護師２名を加え４名態勢となった。配置された看護師の一名（非常勤）は文字通りがん専門職として相談支援を行ったが、もう一人の看護師は、がん相談のほか、地域医療連携の役割も担うことになった。

さらに2008（平成20）年の診療報酬改定を受け、翌2009（平成21）年にはMSW２名（一人は非常勤）が増員され６名体制となった。これを機に、筆者はこれまで片手間で行ってきた難病ソーシャルワークをもう一度再構築する機会を得た。地域医療連携室での主な業務は、情報提供書（紹介状）を通し近隣医療機関との連絡連携・調整業務、また当院は神経内科、呼吸器科を標榜しているため介護保険との関連が強く、介護関連事業所との連携業務も業務のひとつであった。その他入院·外来患者の相談応需、退院調整であった。またこれまでの経験が評価され、MSWとして神経内科病棟を担当することとなり、本格的に神経難病患者とのソーシャルワーク実践に機会を得た（表4-1）。

表4-1　当院における地域医療連携室の組織構造

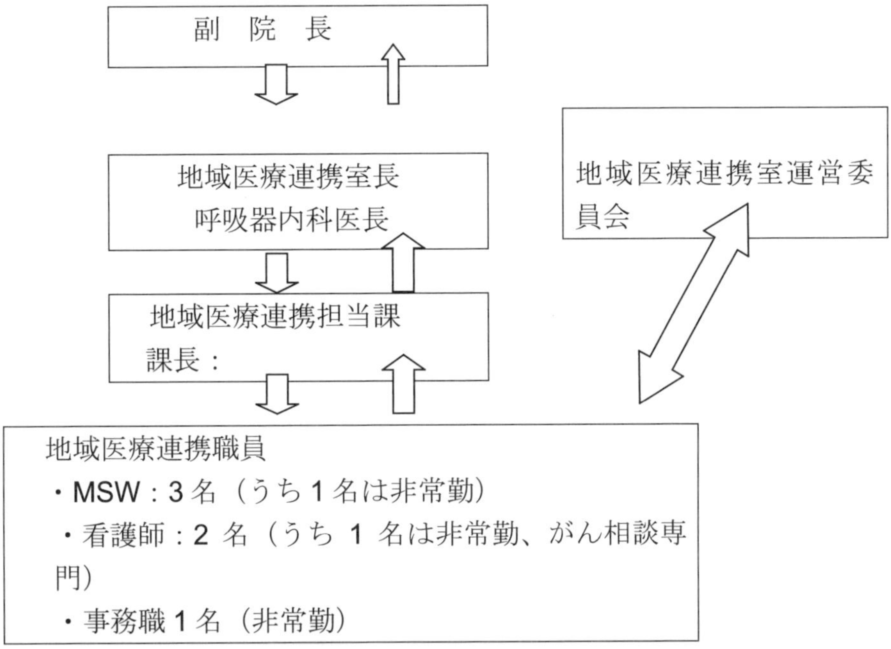

【連携室内連携・院内連携の方策】

１．スタッフ会議（6名）：毎月第一月曜日（30分）

２．地域医療連携室運営委員会：毎月第3月曜日（30分）

1) メンバー：連携室職員、副看護部長、病棟師長（外来、神経内科、他）、
　　療育指導室長

2) 協議事項　：連携室からの実務報告（紹介率、逆紹介率、病院訪問等）。
　　連携室主催の企画についての協議
　　例：パーキンソン病教室、出前講座、症例検討会などの進捗状況について

2．神経内科病棟におけるソーシャルワーク

当院は1973（昭和48）年に進行性筋萎縮症、いわゆる「筋ジス病棟」開設を契機に、神経筋難病治療への取り組みを開始し、同時に神経系難病患者を対象に入院による治療を行ってきた。昭和50年代からは全国に先駆けて、在宅神経難病患者の往診（訪問診療）も行うようになった。

表4-2　地域医療連携室の任務分掌

平成22年度

相談援助業務	担当者
○ 経済的問題の解決、調整業務 （生活保護、高額医療費の対応など） ○ 患者との面談受付、相談処理 ○ 療養中の心理理解、社会的問題の解決へ向けての調整支援 ○ 退院援助（退院後の支援含む） ○ 患者、家族環境、社会的背景の把握 ○ 関連部門、職種、機関等との交渉	MSW／Ns

がん相談支援センター	担当者
○ 医療相談・よろず相談（来院・電話対応） ○ 相談内容、対応集計・分析 ○ 緩和ケア外来受診受付 ○ 緩和ケア、2・4病棟カンファレンス参加 ○ 研修会企画・開催：看護部・管理課との連携 ○ 情報発信・情報提供 ○ 地域がん医療連携協議会参加 ○ 退院調整：在宅各機関との連携 ○ 緩和ケアチーム会議参加 ○ セカンドオピニオン受付 ○ 緩和ケア運営委員会参加 ○ 広報活動：医療機関訪問、地域行事参加、パンフレット配布 ○ 緩和ケア棟空床状況の情報発信	Ns／がんNs

地域医療連携業務	担当者
○ 紹介患者情報管理：医事との連携	事務・MSW
○ 受入れ調整業務 外部からの患者情報問合せ対応（医師・連携室）	事務・MSW
○ 業務統計（紹介元・逆紹介一覧表等）	事務・MSW
○ 地域連携パス作成 がんも含めて緩和ケア棟、2・4棟と連携	Ns
○ 医療機関の施設訪問 紹介実績が多い医療機関、新設医療機関	全員
○ 症例検討会の開催 年5回を継続	Ns/MSW
○ 連携室運営会議の開催 毎月1回定例化	MSW2名
○ 連携室連絡協議会の開催 概ね2回開催-事務局を運営する	MSW2名

	担当者
重症心身障害児の待機受付窓口	MSW
小児発達外来患者のカンファレンス参加（不定期）	Ns
サービス担当者会議指示意見書	事務
訪問リハビリの指示書受付	事務
外来担当医表の作成・発送-変更時	事務2名
広報誌発送（年2回）	全員
カウンセリング（毎週金曜）窓口調整業務 外来クラーク業務（午前中のみ） 小児科・放射線科のタックシール作成 外来返書確認 院外向け研修案内発送-当日受付	事務
アンケート集計 難病ネットワーク準備（年2回）-名簿作成、案内発送、資料	MSW2名

	担当者
年報委員会	MSW
緩和ケア運営委員会	Ns/MSW
クリティカルパス委員会	Ns/MSW
広報委員会	MSW
緩和ケアチーム	Ns/MSW
連携室運営委員会	全員
がん診療拠点病院運営委員会	Ns/MSW
外来委員会	MSW・事務

地域活動	
地域医療機関へのアンケート実施・分析 地域健康祭りへの参加（始良、加治木、霧島市） 地域医療連携室報「南九だより」の発行 当該業務に関する地域への広報・周知（医療機関・患者）概ね1回／4ヶ月 院内行事への参加 夏祭り、院内病院祭りへの参加・企画	

2010年5月1日現在の神経内科病棟（4病棟、50床）の入院患者は神経難病系（ALS　常時10名前後、うち人工呼吸器装着者6名、パーキンソン病、脊髄小脳変性症、多系統萎縮症、重症筋無力症、）が約9割を占め、その他DM（糖尿病）の患者も数名入院している。

当病棟は療養型ではなく7対1の急性期型を採用している。当然のことながら、在院日数短縮、そのための退院支援は大きな課題である。当時は医師や看護師にも、余り退院支援の概念に乏しく、平均在院日数カウント対象外の重度神経難病患者を除いても平均在院日数が100日を越えることも少なくなかった。

MSWは、まずこの現状分析と、克服課題を検討した。分析の結果まず分かったことのひとつに、医師も含めスタッフの間に「患者の入院目的が十分に意識化されていない」ことだった。もとより、患者の入院時は、医師が患者診察後、入院目的を患者·家族に伝えカルテにも記載する。ところが、スタッフは日々の業務に忙殺され、「退院」への関心が薄れ、果ては「家族が引き取らないから」などと、家族の責任に帰す者もいた。

そこで、いくつかの先行研究·実践を参考にして、病棟スタッフと協議の上、「一人ひとりの患者さんの状態把握、看護·リハビリの現状、家族の考え方、退院に向けての方向性などの情報共有」を目的に医師・看護師長の提案で「合同カンファレンス」を実施するこことした。

【合同カンファレンス】

① 目的：多職種が、最新情報を提供することで、療養生活の現状と課題、退院に向けての課題などを共有し、今後の実践に生かす。

② 開催期日：毎週木曜日午後１時～１時30分　その後院長回診

③ 参加者：神経内科医師全員、病棟師長、受け持ち看護師、リハビリ科
管理栄養士、薬剤師、地域医療連携室（MSW, 看護師）

④ 協議内容・方法
各職種から現状報告、治療・看護・患者指導状況を報告後、今後の治療計画、
退院に向けての課題などを確認する。

⑤ カンファレンスで協議した事項については、受け持ち看護師が中心になって、スタッフへの徹底、後家族への報告を行う。

当院の神経内科病棟は急性期病棟であるが、さまざまな理由で数カ月、事例によっては年をまたぐ入院患者もいる。そこで、地域医療連携室では受持ち看護師と協議し、月１回、合同カンファレンス時に長期療養患者の長期化の原因・背景に関するデータを提出している（表4-3）。

カンファレンスと同時並行で、地域医療連携室と看護師が協働で、入院から退院に向けてのフローチャートを検討し、作成した（表4-4）。

次に、筆者は、患者・家族への具体的介入の前提として、介入表を作成した。

表4-3　退院支援に向けての課題

表4-3退院支援に向けての課題

神経内科合同カンファレンス：退院支援に向けての課題と具体的方策　平成21年12月月10日第14回）

患者氏名	疾患名	KP	入院目的	退院を困難にさせている要因、背景	退院に向けての具体的課題と介入の進捗状況
A氏　男性 55歳 K市 入：11/7	PD：重症 介：1 CM：T居宅Mさん 主治医：A先生	姉夫婦	病変に伴う調整入院	山奥に一人住まい（近くに姉夫婦） 長男が家族改修した（6畳間） 夏の外泊中は自宅で過ごした 介1で療養型は無理だが、K病院は感触良い	先日姉夫婦と協議 どんなに考えても在宅は無理 R病院側はいつでも入院応諾できる
Bさん　女性 69歳 A市 入：20/12/11	PD（重症） 介：1 CM:Z病院、Sさん 主治医：B先生	長男 （無職）	内服薬調整のため	在宅中はデイサービス2回/W 家族の支援が得られない。 本人・家族はずっと入院できると信じている CMとは頻繁に連絡中	息子に期限を切って判断してもらう（すでに話している） ケアマネジャー（Sさん）と協議し、在宅を勧める
Cさん　女性 68歳 K町 入：6／3	PD（一般） 介：要支援2 CM：地域包括Sさん 主治医：A先生	長男	精査、療養場所検討のため	家族の協力がない。 地域包括と連絡を取っているが、家族との調整がつかず、数ヶ月そのままの状態。 息子は同居を拒否しているわけではない	息子と面談後、時期を設定して、判断をゆだねる。
Dさん　女性 77歳 T町 入：12・16	PD（一般） 介：要介護度3 CM：K病院居宅S氏 主治医：D先生	長男のみ	リハビリ	家族介護力は期待できない 介護保険の要介護度　要支援1から要介護度3へ 当面療養型、若しくは老人保健施設 M温泉Hp連携室H師町とは協議中	K温泉病院と協議を続ける（息子は了承しているが、金銭面 （両親とも入院となると、双方とも特定疾患ではなく、また後期高齢者 医療制度は世帯合算や、4ヶ月目からの減額がなく、慎重に対応する
Eさん 72歳 A市 入：3/2	PD（　重症） 介：未申請 CM：未定 主治医：C先生	夫 息子も同居	内服コントロール、リハビリ	介護保険申請済み 本人・夫ともに在宅療養を望んでいる。	症状が安定しめどが立ち次第、ケアマネジャーを選び在宅支援。
F氏　男性 42歳 I市 入：11・18	ALS, 介：3 CM::K病院居宅Mさ 主治医：C先生	妻、 実母同敷地内 子：小6、小2 居宅連絡先	経過観察	自宅療養していた。かかりつけ医療機関は浩然会Hp 主治医は大重先生 本来外来のみであったが、緊急入院となる 3日に妻、実母、主治医、師長、MSWによる面接実施	本人は帰りたがっており、また地元も支援態勢を整備中 主治医（WDr）：訪問診療も可、訪問看護も積極的 主たる介護者である妻とよい関係を作る（第1回目は済み） 病院は連携室を窓口に、保健所P保健師、CMYさんと連携をとる
G氏　男性 83歳 K市 入：3/10	PDsyn 介：5 CM：Y苑Kさん 主治医：D先生	妻	特養「Y苑」に入所していた PEG造設	特にない	特養への再申請（霧島は3ヶ所）を早急に行う
Hさん　女性 77歳 K町 入：21・8・16	うつ、脱水 介：1 CM：Yさん 主治医：E先生	KP：次女（介護職	状態軽減	娘（介護職）と同居。デイケア利用（M内科） 娘：最近微熱が心配。 家に帰ると一人になり危険だ お正月はつれて帰る。	娘と協議継続

表4-4　神経難病患者の入院から療養・退院支援、退院後支援フローチャート

目的：入院早期より病棟と地域医療連携室が連携し退院調整について関係機関との調整を図り、本人・家族が安心し在宅療養もしくは転院・転所できるよう調整する

病棟初期カンファレンスで退院調整困難と判断された事例：MSWによる本人・家族との初期面接

初期合同カンファレンスで各スタッフよりセスメント、ケアプランを提示。
地域医療連携室MSWは患者・家族の意向を踏まえ「初期医療福祉アセスメント」を提示。

地域医療連携室は初期のケアプラン（療養、退院計画）に基づき、患者・家族の同意を取り関係機関との連絡調整を行い、その結果（経過）を病棟に報告する

退院困難事例については再度合同カンファレンスで「退院前医療福祉アセスメント」を提示し療養の場を確認。事例によっては患者承諾の上で介護保険事業所、転院先スタッフも参加

患者・家族を交えた退院前調整会議
参加者：本人・家族、主治医、担当看護師、連携室（MSW、看護師）、介護保険関係者（ケアマネジャー、訪問看護・ヘルパースタッフ、福祉用具事業所）、保健所保健師

在宅への退院後、当院主治医による訪問診療に合わせ、ケアマネジャーと連携し、担当者会議への同席。必要時、レスパイト的入院の調整を行う。

3．アセスメントシートの限界性とあらたなシートの開発

上記のアセスメントシートは、ソーシャルワーク展開の一つであるインテーク→アセスメント→ケアプラン→介入→評価→モニタリング、という一連のソーシャルワーク過程に必ずしも沿ったものでなく、厚生労働省が示している「業務基準」を基に、いわば「問題探し」の感が拭えなかった（表4-5、4-6）。

悩んでいるときに、１冊の本にめぐり合った。それが渡部律子著『高齢者援助における相談面接の理論と実際　医歯薬出版社　1999』[2)]であった。1999年といえば、まだ介護保険も始まっておらず、「ケースマネージメント」とか「ケアマネージメント」などの論争？　が行われた時代だった。筆者がこの本を手に入れたのが、出版後ちょうど10年が経過していたが、その新鮮さ、とりわけ冒頭の「なぜ私は援助職を選んだのか？」、「面接技術は学習できる」、さらに「アセスメント：要援護者がおかれている状況の総合的な理解」など、まさに「目から鱗」の内容であった。筆者

神経難病患者の退院調整

表4-5　医療」福祉アセスメント（退院前）

独立行政法人国立病院機構南九州病院地域医療連携室

患者氏名　○○様　　年齢74歳、　　記入期日　H18年1月10日　　記録者　久保MSW

入院年月日：H17年11月28日

入院目的　：診断確定、次の療養の場確保準備のため

入院中の社会的心理、家族アセスメント	サマリー（他機関への申し送り事項）
1．心理・社会的状況 ①入院を通して本人・家族・介護者の変化 ②入院（受診）後の患者家族の思いの変化 ・入院前（10/31）娘より外来相談あり。 介護保険利用方法など 在宅療養するも、夫婦、父と娘の諍いが続き 入院に至った。 ・キエ様は入院当初は精神的に落ち着かず、食事も不十分だったが、次第に病棟生活に慣れ食欲もわいてきている。 ・毎日娘が付き添い、食事介助や身辺世話をしている。 ・娘とは入院初期、中期に2回面接（詳細別紙）。 自分自身も網膜色素変成症、」C型肝炎で入院経験もあり体力に自信はない。 入院後食欲がわくなど母の改善を喜んでいる。 3人での在宅療養も考えたが、父の暴言、暴力が強く、不可能だ。入院、施設入所を強く望む。 2．経済・制度的状況：諸手続きなどの進捗 3．介護保険関連 ・入院前に介護保険は申請し認定も降りてきた。 ・特定疾病の手続きも行っている。 4．医療上の留意点：入院中での新たな課題 医療情報提供書参照 5．看護、介護士の留意点：入院後新たな課題 詳細は看護サマリー参照 ・自力で離床されるため、安全対策の一つとしてベッド横にブザーの鳴るマットを敷いている。 6．その他実施したこと。 いずれの面接にもBさんも同伴した。 ①弟の忠氏（大阪在住）と面接：12月9日 ・日帰りで姉を見舞いに来た。義兄（キエ様の夫）の性格はよく知っている。 ・家に帰ったらすべて八重子の負担になる。施設入所を強く希望する。 ②弟の勇氏（X市在住）と面接 ・家族3人で暮らすのは無理、危険だ。 ・ここの病院に長く入院できないのはわかっているので、他の施設・病院を探して欲しい。 7．関係機関とのアクセス ・ケアマネージャーとの連絡 ・K病院地域医療連携室への相談 8．医療福祉アセスメント 9．退院後予想される課題	1．心理・社会的状況 ①入院を通して本人・家族・介護者の変化 ②入院（受診）後の患者家族の思いの変化 入院当初は、不安定状態が続いたが、娘の看病の努力もあり、食欲が増し、病棟生活にも慣れてきた。特に娘との病院散歩は楽しみにしておられる。 1．今後の両療養の場について ①在宅療養は不可能に近いので、ケアマネージャーと連絡を取り入院・入所施設を探す。 ②家族面談で、夫が金銭面にうるさくほとんど負担はしない事が分かったので、特定疾病医療制度が利用できる医療機関への入院が、妥当である。 ③具体的に、K病院地域医療連携室との連携し、転院を相談する。 ④○○様はALSの診断を受けており、早晩四肢まひや嚥下障害も考えられ、再度本院での治療が必要な場合も考えられるので、転院後も入院先と連携をもつ。 2．今後予想される問題 ①親子の生活について ・○○様が入院すると、BさんとCさんの二人暮らしになる。 ・介護保険サービスをはじめ、金銭関連でのトラブルが起こることが懸念される。 ・Bさん自身も持病を持っている。 ・繁男さんとよく話し合い、介護保険による繁男さんへのサービス（家事援助など）を、検討したらどうか。 3．諸手続きについて ・特定疾病医療受給者証の指定医療機関について申請段階では南九州病院のみとなっていますが、転院した時点で追加が可能（1ヶ月間は遡及できる）なので、家族に追加の指導をしてください。

表4-6　重症難病患者ソーシャルアセスメントシート
（入院直後から退院の目途がつくまで）

課題	アセスメント（課題抽出・入院前の状況含む）	援助目標・内容	援助者・機関
病気への不安・受容度	1)医師の告知後、予後については理解しているつもりだったが、次々に現れる機能障害、特に咀嚼・嚥下、発声障害に不安が募る。 2)家族に迷惑をかけ申し訳ないという思いで一杯。3)家族も」医師の説明より進行が早い」と、戸惑いを示している。 4)娘：他の家族も同じような戸惑いを感じるのか	1)現在の需要程度、今後の療養不安について、徹底的に傾聴する機会を作る 2)今後の生活設計、闘病生活について、本人・家族と一緒になって考える場を意識的に作る。 3)在宅療養をしているＡＬＳ患者の生活を紹介する（インターネットを駆使している人、手記を書いている人、など）	主治医 MSW 在宅患者 看護師
身体状況	1)咀嚼・嚥下能力低下による痩せが顕著になった。食欲も低下している。 2)水分補給が困難になった 3)呼吸状態：昼間にウトウトするようになりなど、安静時でも呼吸困難になった。 →随意筋毎の障害の程度・進行具合のアセス	1)主治医、難病専門医療機関との指導の下 疾患の理解、予後と対応する看護を学ぶ。 2)訪問リハビリ等の追加を検討する。 注：ソーシャルワーカーは医療職ではなく医療行為は禁止されているが、利用者・援助者双方の行動観察をしっかり行う。	主治医 看護師 PT・OT ST MSW
コミュニケーション、心理的支援の課題	1)ことばを通して気持ちを伝えることが難しくなり話すこと自体が億劫になっている。 2)家族もことばがきき取れずｲﾗｲﾗ感が募っている 3)患者・家族双方のストレス上昇が予想される	ことばによるコミュニケーションだけでなく、しぐさ、サイン、文字盤、意思伝達装置などを使いストレングスを引き出す。楽しかったことなどを引き出す。ナラティヴな会話。	ST、MSW 業者
経済的課題	医療費：現在一般認定で一部負担あり 手当類については、ほとんど取得せず	疾患が重症化したら重症認定申請 身体障害者手帳入手。特別障害者手当の申請。 障害基礎（厚生）年金の検討 医療関連費控除の検討	MSW 保健師 自治体との交渉
介護者・家族の環境 介護者自身の生活課題	・告知後不安がつのり、今後の介護生活に不安を持っている ・二人の娘も交代で介護に当たるが、双方子育てで忙しく、悩みながらの毎日である。 ・夫は介護休暇を使って介護に専念するというが、妻は「生活困難になる」と反対している。 ・近くにいる祖父母は、実娘の介護ができなく申し訳なく思っている。	・進行に伴い変化する家族関係の悩みを把握し調整を図る。 ・同じく在宅療養しているＡＬＳ患者さんの生活ぶりの紹介 ・夫が休職しなくても介護が介護できる体制を作る（レスパイト的入院・ｼｮｰﾄｽﾃｲなど） ・介護保険以外のサービス確保	MSW 看護師 ケアマネ
難病在宅療養を支える社会資源提供の課題	介護保険によるサービス：訪問看護、通所リハ 保健所保健師訪問指導 難病居宅支援事業の日常生活用具給付を利用したいが、自治体は財政難を理由に実現せず。	介護度がアップしたら、訪問看護回数増やす（介護保険ではなく医療保険で実施） 日常生活用具給付のため自治体と交渉 緊急時の対応を考える：救急隊、消防署、	MSW 保健所 自治体との交渉
医療、療養の場の確保	主治医による訪問診療(月１回) 主治医の医療機関では、ＡＬＳ入院の経験がない 初期は介護保険によるｼｮｰﾄｽﾃｲを利用していたが 進行に伴い受け入れが不可能になった	レスパイト可能な医療機関の確保 訪問回数を増やす：人工呼吸器装着になったら「在宅人呼吸器使用特定疾患患者訪問看護治療研究事業」の利用の検討	主治医 看護師 MSW CM
関係機関の連携	在宅支援者との協議が不十分である	介護支援連携指導の実施（入院中） 退院前調整会議実施 退院後も保健所が関わることを確認する	MSW CM
人工呼吸器装着時の課題	現在は自呼吸可能であるが、人口呼吸器（ＮＩＰＰＶ）装着の可能性がある 本人・家族への説明が不十分	医師の説明（呼吸器装着のメリットデメリット） 本人・家族の意向について、十分抜把握する。	医師 看護師 MSW

「人工呼吸器を装着しているＡＬＳ療養者の訪問看護ガイドライン」を基に久保作成

表4-7　渡部版難病アセスメント

票２　難病患者アセスメントモデル（渡部律子の考え方を基本に作成）　これは患者さんには了解をとりつつ、匿名性を保つため一部修正したものである。				
	生年月日　（　58　）歳	疾患名（　ALS　）	ADL：要介護度（　3　）	キーパーソン：娘
Cさん、女性	介入時期：診断確定後、混乱、将来への不安期	入院期間（　6　）ケ月目	身体障害区分：1種3級	入院目的：精査、在宅療養準備
	渡部律子の考え	難病患者アセスメントの例	記入欄	導かれた課題、介入方法
A：利用者は何を問題と考えているのか	（１）何がクライエントの問題なのか	1)病気を告知されたことに関する心理的問題　2）療養上の問題（経済的な事など）　3）家族関係　4）その他	自分も医療関係の仕事をしていたので、今病気が現在の医学では解決しない事は分かっている。家族がだんだん離れていくような気がして心配だ	本人との定期的的面接 家族、特に夫との面接
	（２）この問題はクライエントが日常生活を営むのにどれほど障害になっているのか	難病に罹ったことによる生活上の問題点	特定疾患で医療費は心配ないが、こんな病気になるとは思いもせず、蓄えには無頓着だった	身体障害者手帳の更新 障害厚生年金の申請
B：問題の特徴は何か（本人が問題と思っている事、支援者の思っている事双方	（３）問題の具体的な説明：問題の起こる頻度、問題が起こる場所、時	現在問題と思っていることを具体的に「ことば」化する	将来への不安、自分の死後の家族の事など、自分の思いを思いっきり話したい時もあるが、話しても仕方がないと思うと、非常に疲れる	過去（結婚、出産、子供を育てながら看護師として働いた時など）の中で、楽しかったことを話してもらう
	（４）この問題に対するクライエントの考え、感情及び行動は何か	自分の気持ち（感情）を「ことば」化する		
	（５）なぜクライエントは援助を受けようと思ったのか？進んで受けようと思っているのか	他人に援助を求めることへの不安、ためらい、期待を話してもらう	自分の気持ちはだれにも分かってもらえないと思う反面、何か良いことはないか、誰かと話したい。特に現役時代は仕事一筋で、夫にも息子、娘にも迷惑をかけ、済まなく思っているので話ししたいが、ためらいが先に出る。	ALS協会など患者・当事者団体の紹介 今月末、当院にて行われる県ALS協会総会への参加を促す
	（６）問題が起こるのに関係した人や出来事、それらの人間や出来事は問題をより悪くしているか、あるいはよくしているか？　ストレッサーの存在	難病を告知され、進行していく中で他人とのかかわりにどのような変化が起こったのか		
C：問題解決の可能性（本人や家族の問題への対処力、問題解決に必要な人や資源の存在	（７）この問題解決のために解決方法あるいは計画がすでに考えられたりとられたりしたか	どのように解決したいと思っているのか	今は考えられない	家族面接を通して、家族が持つ力を引き出す
	（８）これまでだれが、どんなシステムがこの問題に関与しているか？	これまで誰かから援助を受けたことがあるのか	入院直後、家族面談で「みんなで支えていこう」と話しあったのに、結局サポートできるのは娘だけになった。	娘との会話
	（９）クライエントの持つ技術、長所、強さは何か	自分の長所は何か、ことばではなしてもらう	「自分に長所なんてない」と話す一方で、仕事の話になると「やるだけの事はやった。後輩も育てた」と明るく話す。	看護師として働いていたころの事を話してもらう
	（１０）この問題はどのような発達段階や人生周期に起こっているのか			
D：問題の整理	(11) クライエントのどの様なニーズや欲求が満たされないためこの問題は起こっているのか	満たされていないことを整理し、その原因（背景）は何なのか「ことば」化する	今はなかなか整理がつかない。時間がかかる。	同上
E：解決法	(12) この問題を解決するために使える本人の持っている力、それ以外の人的･物的資源	今自分が持っている人的・物的資源でできることは何か	今はまだ車いす生活も十分できるので、母の実家に帰り一緒に過ごしたい。母も「一日でも長く一緒に暮らしたい」というが。	試験的外泊を試み、課題を明確にする その後念願の母
	（１３）どのような外部の資源を必要としているか（フォーマルな資源、インフォーマルな資源	どのようなサービス（資源）があれば生活への目途が立つのか	自宅は農村地ではあるが、介護保険の供給体制は十分ある。現在ALSを支援している訪問看護ステーションも近くにある。	訪問看護ステーションの紹介

出典：渡部律子著「高齢者援助における相談面接の理論と実際」医師薬出版社　1999年

は、渡部の理論、方法、方策を「難病版」に置き換えられないだろうかと考え、試行錯誤の上、作成してみた。

採用の理由は、渡部理論が「援助関係」をしっかりと押さえたうえで、ソーシャルサポートの機能分類を行い（６分類)、それらのサポートを提供するために必要な技術を明示していることである。アセスメントに関しては構造化を試み、それぞれの要素と、おのおのの要素に必要な技術を図表化していることである。

これらを基に、16項目のアセスメントを提示している。筆者はこの中から、神経難病患者に必要な項目を抽出し、独自の票を作成した（表4-7)。また始まったばかりであるが、患者・家族への面接、介入を通し、「難病アセスメント新渡部版」を作成中である。

【引用・参考文献】

１)「新指針」の普及に向け（社）日本社会事業協会は以下のパンフを作成
「医療機関における社会福祉援助活動を促進するために～医療ソーシャルワーカーを配置するにあたっての手引き～」（社）日本社会事業協会.2006年７月
２）渡部律子：高齢者援助における相談面接の理論と実際,医歯薬出版1999

第５章　新たな時代の流れと重症難病患者MSWの課題

１．飛躍的に向上した医療機器等による延命とソーシャルワークの課題

従来、MSWの間でも、また医療･看護者の間からも「医療依存度が低い時は、介護やソーシャルワーク中心、医療依存度が高くなれば、医療中心になってMSWの出番は激減する」ことが暗黙に了解されていた。しかし近年「QOL」の考え方が浸透し、その具体化が実践される中で、末期状態でもソーシャルワークが必要な時代になった。特にALSの場合、感覚神経は最後まで残される。知的能力も低下するどころか、研ぎ澄まされたような「empowerment」が引き出される。「自分の気持ちを訴えたい。だが“ことば”としては出てこない」。しかしこのような状態の彼らの手助け、即ちコミュニケーションを可能にしたひとつにパソコンの入力装置（スイッチ）の飛躍的開発がある。わずかに動く手指、場合によっては脳波を利用しての入力が可能になり、一度失った「ことば」を再現できるようになったのである。パソコンには音声装置もついており、「書き言葉」を「はなしことば」に換えることもできる。

筆者は、患者が入院してきたら、できるだけ早めに自宅を訪れ、初回面接を行っている。ASLは球麻痺型、上肢型、下肢型、全身型などがある。同時進行の場合もあるが、球麻痺先行型は、発声能力が早くより極端に低下し、コミュニケーションに大きな支障をきたす。自分の思いを表出できない苛立ち、他人不振、自己嫌悪などが怒涛のように患者に迫ってくる。最初はアクリルの文字盤を使って、目と目を合わせての拾い文字を通しようやく「単語」に行きつくが、中々うまくいかない。しかし中には、「天才的」といっても過言でないような親子の方もいる(母がASLで娘との会話)。娘が五十音を「あ」から順に横に読む。その間１秒もかからない。母はその列にきたら、瞬きをして列を指定、その直後今度は指定した列（例：た行）を上から読んでいく。１秒もかからないうちに「つ」の文字が拾える。わずか数秒のうちに「つめたい、服をもう一枚」を語る。

筆者はことばとして表出できる人、文字盤で可能な人、パソコンで「話せる人」

を問わず、まずは傾聴することからはじめる。最初はお互いにためらい等もあって、うまくコミュニケーションが取れないが、だんだん慣れてくると、「口話法」での会話も可能になる。パソコンが出来る患者とは入院·外来を問わずメールのやり取り（現在30人ほど）も行っている。

2．コミュニケーションアプローチ

ソーシャルワーカーはコミュニケーションアプローチの方法として、基本的にはC.Rogersの「client centered approach 」の理論を基盤として対応しているが、半構造化面接から構造化面接への展開も行っている。ここ数年は、M.Whiteらの「narrative approach」を応用している。

「社会構造理論」に基づくnarrative アプローチは、自分が問題と思っていることを、いったん切り離し（外在化）、「問題を抱えた私」を問題にするのではなく、「問題を問題にする」という考え方である。ALS患者を問わず、がんの患者面接にでもあることだが、患者は「何か悪いことをしたので、このような病気になった。私自身が問題（病気）を作ってしまった」と自己嫌悪に陥る者も少なくない。そのような中にあって、患者が「問題」と思っていることを一旦「外す」ことで、自分を語る。「問題＝肩の荷」が降りた患者は、「私」を話し始める。そして自分のこれまで歩んできた人生の「物語」を作っていく。

Nnarrativeの考え方は、小森や木原らによって20世紀末に日本に紹介されたばかりで、基本的な考え方やアプローチ方法が確立されておらず、「ナラティヴ＝語り、若しくは物語」ということばだけが独り歩きしている感がある。大半の難病患者はいわゆる中途障害者である。疫学的エビデンスはまだ研究されていないが、少なくともこれまで筆者がお会いしたALS患者の大半（８割以上）は、発症するまでは、人生に対し前向き・aggressiveな方であった。またALS患者の中には、子育て真最中という女性もいる。それだけに、「かたる」ということがいかに重要であるか、実践を通して学んだ。今後の研究・実践の課題である。

3．地域医療連携創設とMSWの役割

１）保健・医療・介護・福祉のスクランブル連携

先にも触れたように、保健医療福祉をめぐる情勢は、平成の時代に入り、めまぐ

るしい経過をたどることとなった。まず1993（平成5）年の第2次医療法改正では療養型病床群の制度化とともに「居宅における医療」が明文化され、それを受け老人保健法改正で「老人訪問看護制度」が施行された。これは、7年度に始まった「介護保険制度」の言わば露払い的制度であった。1999（平成11）年の第3次医療法改正は、介護保険制度施行を目前に、診療報酬面で看護料の平均在院日数要件厳格化、長期入院患者に対する看護料大幅低減化、など、在宅施行の政策が前面に出されることとなった。

2年後の2001（平成13）年、第4次医療法改正が行われ、病床区分の「その他の病床」を一般と療養病床に区分した。翌2002（平成14）年の診療報酬改定では、180日超の長期入院のホテルコストを特定療養とした（平成18年度より選定療養へと名称変更）。同時に、退院促進に向け「退院指導」関連に加算がつけられるようになった。2006（平成18）年の診療報酬改定で「在宅療養支援診療科」が新設され、診療所におけるいわゆる「看取り」が制度化した。また慢性期入院患者分類を導入し、医療必要度の高い患者の入院料を引き上げた（巻末の年表参照）。さらに前年度(2005年)、突然厚生労働省が「介護型療養病床を2011年度末までに廃止」を打ち出したため、現場は大混乱となった。その一方でこの年は、医療機関同士の地域連携という点で、画期的な年でもあった。即ち、熊本県を中心に実施されていた医療機関同士の「大腿骨頚部骨折」について地域連携パスが、はじめて診療報酬加算として認められたのである。その後地域連携パスは、脳卒中など疾患対象が増え、医療機関同士の連携が重要課題となってきた。これを前後して、各医療機関には「雨後の竹の子」のように、地域医療連携室が誕生した（もっともすでに情勢を察知して、大規模病院、済生会病院、日赤などを中心に2000年頃より地域医療連携室は設立されていた)。

地域医療連携室の当初の目的のひとつに、紹介率・逆紹介率加算との関連もあった。即ちある医療機関からの情報提供書（紹介状）による紹介患者に対しては、紹介する側、紹介を受ける側双方に加算がついた（医療機関同士の場合220点、その他介護老人保健施設との連携では230点など）。しかしこの制度は、次の診療報酬改定では廃止された。2007（平成19）年第5次医療法改正で地域医療連携の政策がいっそう強まった。即ち医療計画と連動する医療連携体制の構築、4疾病（がん、脳卒中、急性心筋梗塞、糖尿病）5事業（小児救急医療、周産期医療、救急医療、災害時医療、へき地・離島医療）ごとの連携体制の構築と数値目標の設定が行われることとなった。2008（平成20）年には「後期高齢者医療制度」がスタートした。また診療報酬の改定で、退院支援へ評価・加算が増大し、歴史上初めて社会福祉士も都道府県への登録により、退院加算が請求できるようになった（注：それまでは「社会福祉士ら」であり業務独占ではなかった）。なお2009（平成21）年の介護保険法改正で、初めて「退院前加算」が認められた。また前後するが2006（平成18）年成立した「がん対策基本法」に基づき翌2007年に「がん対策推進基本計画」を閣議決定した。これに関連し「がん診療連携拠点病院の整備の関する指針」を打ち立てたが、翌2008年に見直しを行ない現在に至っている。ここでも地域連携が前面に打ち出されている。

このような流れを整理すると、まさに「連携」がキーワードになっている。また連携も単に医療機関同士の連携だけではなく、保健・医療・介護関連分野間の連携の重要性を端的に表したものといえる（当院における連携室の組織図、業務規定を掲載する）。

MSWにとっても、このような流れは、業務の見直しのチャンスとなった。これは単に社会福祉士の資格のあるMSWが診療報酬請求できるようになった、と言うだけにとどまらず、医療機関にソーシャルワーカーが必要であること、もしくは期待されつつあるということである。しかし、MSWの第一義的業務が退院指導であることには、いささか疑問も残るところである。「社会福祉士及び介護福祉士法」で示されているように、医療ソーシャルワーカー（社会福祉士）の役割、それに付随する業務は、「相談援助」または「関係機関との調整」である。機関に属する以上、時として利用者と機関の経営方針との狭間に立つこともあるが、基本的には利用者本位のソーシャルワークが求められる。

2）事例を通して考える

(1) H氏　男　30歳代後半　ALS（夜間のみNIPPV装着）

住所：当院より約70キロの距離。

家族：妻、子ども３人（中１女、小５男、小２女）。近くにH氏の両親住む（健康）

① 事例の概要：本人30歳後半

H氏は建設現場で働いていたが、数年前より球麻痺症状に伴う表出言語が困難に、やがて全身に倦怠感、歩行困難、挙上困難となって、近医を受診するも、病名つかず。その後P大学医学部付属病院にて「ALS」の診断を受ける。まだ30歳後半ということで、H氏も家族も余り心配していなかったようであったが、「嚥下機能」の低下、下肢の低下が著しくなり、近医の紹介で南九州病院を受診することとなった。当日は外来受診のみということであったが、体調不良にて、取り合えず入院する事となった。約３週間後、体調が回復したこともあり、本人・家族の意向を聴いた上で、主治医の指示を受けて退院に向けての支援プログラムを作成した。退院支援プログラム作成に必要なアセスメントは旧表（第４章表4-6）を使って実施した。家族（H氏の母）や妻にも来院を願い、退院後の生活に関し、協議した。面接後、妻の表情が少し暗かったので、再度妻だけを呼んで、面会を行った。

SW：先ほどの面接で、言い足らないことがあったのではないでしょうか。ご遠慮なく言ってください。

妻：特にありません。夫は実母にとっては自分のむすこの事なので、介護も手伝ってくれます。私は子どももいるし、また主人がこのような病気になったので、何らかの収入を求めて早朝から近くの店で働いています。子どもの学校に行く仕度や朝食も母が面倒見てくれ感謝しています。しかし、双方の間にどこか心の隙間を感じます。それに、自分の性格かもしれませんが、他人に相談することが苦手で、全て自分で抱え込んでしまいます。

SW：ケアマネジャーさんやＩ保健所の難病担当保健師さん、また地元の主治医の先生にもご相談されたらどうでしょうか？

妻：頭の中では分かっていますが、切り出せないのです。

SW：お母様も一生懸命だと思います。誰か真ん中に入ってくださる人がいるといいのですが。保健所のYさんは、経験も豊富です。何も遠慮はいりません。

その後、訪問看護ステーションK主任からも「何とか家族調整を」との相談があり、筆者は、妻の気持ちを何とかスタッフに伝えようと、面接の結果を主治医、ケアマネジャー、訪問看護ステーション主任に手紙を書いた。退院を３日後に控え、当院にて退院前担当者会議を開催した。70kmも離れた地から地元主治医、ケアマネジャー、訪問看護師らが来られ、母親、妻も交えて、また病院側からは当院主治医、病棟師長、受け持ち看護師、臨床工学技士、地域医療連携室（MSW、看護師）、さらに呼吸器関連事業者も参加して退院前調整会議がもたれた。

開会冒頭に当院主治医は「厳しい環境下だが、まだNIPPVで当面は大丈夫です。Hさんは、子供さんの成長を心から願っている。また難病協力医療機関でもない病院の先生が引き受けてくださったことに感謝します」と謝辞を述べた。それに対し地元主治医も「きわめて脆弱な社会資源ではあるが、緊急入院も含め、全スタッフで支援していく」と述べた。その後、職種間同士で申し送りが行われ、年末退院が決まった。

筆者は、退院後、ほぼ２日おきに、ケアマネジャーや訪問看護ステーション主任に電話にて、事情を把握した。年末には、保健所保健師と同行訪問し、特に妻の思いを傾聴した。

【この事例から学んだこと】

ALSの中でも若年性での発症、子育て真っ最中、また妻の周りに気軽に相談できる人が余り居ない、夫との実母ともどこかに気持ちのズレがある、など厳しい環境下で生活が始まり、今日に至っている。

この事例の場合、まず家族を、特に主たる介護者である妻をどのように支援するかが第一の課題である。その一方で、家族全員を一つのシステムと考え、そのシステムを支援することが求められるのではないだろうか。子どもは、語りこそしないが、いずれも心の中に「病気ではあるが、自分の大切な父」という自負を持っているはずである。また妻も、夫を看病しながらも「大切なわが子を立派に成長させたい」という思いがある（面接時でもはっきりと言っていた）。

これまで、筆者はこのような事例には何回か遭遇した。父親の難病発症を機に、家族がそれぞれの役割を果たし互いに励ましあい、結果として亡くなった後でも「私たちなりによくやったと思う。お父さんも幸せだったのでは」という家族がある反面、最初は「家族全員で、お母さんの面倒を見よう」と宣言した家族構成員も、母の病気の進行に伴い、「子どもの世話や家事」などを理由に、櫛の歯が抜けるように、一人去り二人去り、結局残ったのは、脳卒中後遺症が残る要介護度２の夫と、近くに住む末娘夫婦という事例もあった。どちらにも言い分はあるだろう。テレビやマスコミで取り上げられるこの種の事例は、言わば「成功組」が大半である。しかし、当事者にしてみれば、藁をも掴む思いで、日々を暮らしている事実もある。

この事例より、家族を一つのシステムと考え、「暖かく見守り、時として傾聴し、声を掛け、励ます」事の重要性を学んだ。

(2) 事例２

Kさん：女性　50歳代後半　ALS　　家族構成　長男、長女(いずれも県外在住)
住所：病院から約30キロ離れた典型的山村地帯

関西方面で暮らしていたKさん。仕事熱心でまた子育てにも一生懸命であったが、50歳を過ぎた頃から、呼吸が苦しくなり、嚥下能力も低下。専門医でALSと診断された。夫を早くに亡くし、子育ても終わり、これから自分の人生を楽しもうと思った矢先の出来事。聡明なKさんは、自分の病気の予後を知り、療養の場について悩んだ結果、20歳近く年の離れた姉が住む生まれ故郷に帰ることを決意。当面、南九州病院に転院して、療養体制の目処が立つまで、入院することとなった。

入院して数週間後、退院の話になった。厳しい環境下、主治医も「自宅での長期療養は困難かな」と話された。病院の呼びかけで、姉、実の弟夫妻、長男、長女も帰鹿・来院し、今後の療養について協議することとなった。実の弟は「大変なことになったが、長姉にがんばってもらうしかない。幸い私の集落は昔から互いに助け合う気持ちがまだみんなに残っている」と、ことばを詰まらせ話した。実姉も「あんな田舎で、どうやって暮らせるのか」と戸惑いを隠せない。傍で聞いていたKさん、涙を流し「すまない」の表情を見せた。しかし、訪問看護を引き受けたGさんの一言が、空気を変えた。「Kさん宅は、確かに限界集落といわれるほどの山村ではあるが、山村にある医療機関であり、私どもはこれまで数名のALS患者さんの支援も行ってきた。院長も『やれるだけのことはしましょう』と言ってくださった。みんなでがんばりましょう」。Kさんに笑顔が見えた。その一方で、今後母の傍に居（お）れない事情のある長男、長女はうつむき加減だった。実際に介護をする実姉も「私も間もなく後期高齢者の仲間入り。自分の体調を整えるのがやっと」。再び、なんといえない暗雲が立ち込めた。実のところ、筆者自身も「お母さんは家で暮らしたいといわれる。みんなで力を出してがんばりましょう」と言いつつも、心なしか不見識な発言ではなかったかと、自問した。最終的に、姉宅で療養することを決めた。

退院直後、筆者は、支援者であるケアマネジャーのNさん、訪問看護ステーション責任者のDさんに、「よろしく」と電話であいさつした。それに対しDさんは「院長も自分から主治医になると名乗り出られた。カニューレ交換で先週は２泊入院していただいた。今後もレスパイト的入院を継続するので、心配要りません」の力強いことばがあった。

注：これら一連の家族支援は当院４病棟看護師（代表　野口真理）らの企画立案である。

以下の資料は、著担当病棟である神経内科病棟の看護師長、野口看護師の了解を得ている。

第29回南九州病院症例検討会

2010年5月26日　南九州病院大会議室

在宅移行困難なALS患者・家族に対する退院に向けた支援

～高齢介護者への教育的アプローチとチーム医療～

独立行政法人国立病院機構南九州病院
４病棟（神経内科）

○野口　真理　山口　玲奈　中村　道代　的場　浩二

看護師のアセスメントと看護計画

〈入院後の経過〉

入院当初は介助にて食事摂取行っていたが、流涎やむせ込みがあり、誤嚥のリスクが高いため4月13日に経鼻胃管チューブを挿入し注入食開始となり安定した栄養状態を確保するため4月21日胃瘻造設術施行する。

4月27日、気道確保目的にて気管切開術施行する。

		H22 年4/6	4月12 日	4月20 日	4月30 日	5月12 日
検査データ	AST	273	32	32	25	24
	ALT	597	124	47	26	26
	LDH	230	163	147	150	121
	γ-GT	179	107	81	52	43
	CRP	0.07			1.63	
	WBC	39	40	50	65	70
	%VC	42.9				

問題点

1．主介護者が高齢である。
2．短期間での技術指導必要
3．社会資源に対する知識不足

介入

短期間での技術習得

在宅移行への体制整備

結果１－①．家族への吸引指導

○技術習得経過表

	5/3	5/4
達成目標	吸引の目的と根拠や必要物品について見学し指導を受けることで理解できる。	指導を受けながら一連の操作を実践することができる。
指導内容	・必要物品 ・吸引の手順と操作 ・パンフレット提供	・カニューレを用いて構造を説明 指導日程表に沿って指導
家族の反応・問題点など	娘「気管のところは傷ってイメージがあって怖い。」 姉「私にできるか不安です。」	姉・娘「カニューレを見て少し恐怖心がなくなりました。」 姉・娘「清潔と不潔が間違えそうで不安。印をつけたら間違えないのでは」

１０日間の指導後

5/12
手順通りに安全に吸引が実践できる。
娘「吸引するのでみててもらえますか？」と積極的な言動あり。 一連の流れを確実に習得し実施できるようになった。

結果１－②　注入・胃瘻管理指導

	5/3	5/7	5/12
達成目標	胃瘻部周囲のスキンケアと、注入の一連の流れについて見学し指導を受けることで理解することができる。	注入の一連の流れを一緒に実施することができる。 皮膚の観察ができる。	注入・PEG管理について根拠を理解でき、実施できる。
指導内容	・必要物品 ・注入の手順と操作 ・パンフレット提供	・胃瘻部周囲のスキンケア ・注入トラブルと対処法 ※栄養セットとチューブの接続を外す際に引っ張ってしまうことがあった。	
家族の反応・問題点など	姉・娘「1時間くらいかけたらいいんですね。」 パンフレットと照らし合わせながら質問され、積極的であった。	姉・娘「抜けないように気をつけないといけないんですね。」 指導後はチューブを引っ張ることなく挿入部に気をつけることが出来ていた。	娘「じゃあ、やってみます。」 見守りのもと一連の流れを実施。胃瘻部消毒からこより交換まで実施できるようになった。

１０日間の指導

指導用パンフレット

《吸引指導》

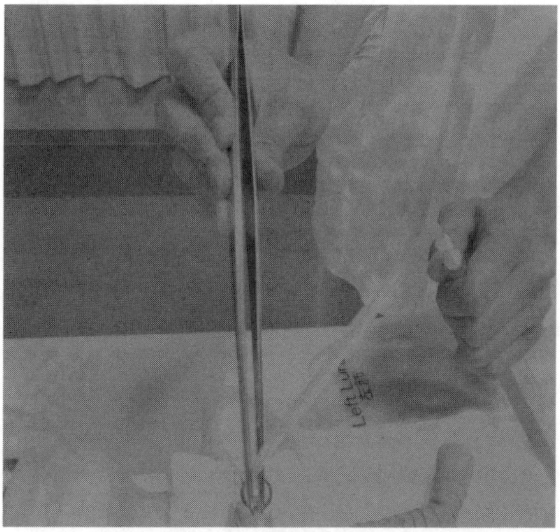

⑤吸引する。
カテーテル先端から約10ｃｍの所を
セッシで持ち、気管カニューレにカテーテルを挿入する。
　気管粘膜を傷つけないために、注意しながら10ｃｍ以上挿入しない。
　吸引中は呼吸が出来ないため、10～15秒以内で行うことが望ましい。
　※　痰が多く、一回では吸引しきれない時は２～３回、もしくはＳＰＯ₂が改善〔９５％以上〕するまで呼吸させ、再度吸引する。

《注入・胃瘻管理指導》

＜物品の準備＞
1、誤嚥・窒息に備え、吸引が出来るように吸引器を準備しておく。
2、注入する経管栄養剤の分量をはかり、人肌程度（約37度）に温めておく。
3、温めた経管栄養剤（　　　　　）をイリゲーターに入れる。

結果２ 退院へ向けての調整

	4/22	4/28	5/3	5/7	5/12
地域医療連携室	・病棟定例カンファレンス 今後の方針について各職種（医師、師長、看護師、地域連携室、リハビリなど）で検討し、在宅移行へ方針決定。 5/13 退院決定	退院前調整会議についてケアマネージャーに連絡。	長男、長女、姉、兄に福祉用具や在宅サービス（ヘルパーなど）利用についての情報提供。	「伝の心」取得の件で福祉機器販売店と調整。	退院前調整会議
病棟（医師、看護師、他部門）					
他機関				5/10 「伝の心」到着予定	
患者 家族	姉「ひとりでは心細いし、うまく介護ができるだろうか。実際にどのようなことをすればよいのだろうか。」		長男・長女「今は母のために何をすることが1番なのか考えている。 姉「ベッドなど介護に必要なものは揃えてもらえるということで安心しました。	吸引器手続きのため市役所へ。	

表

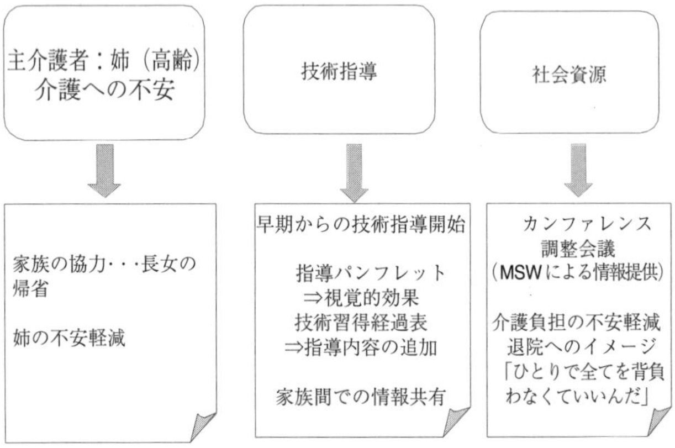

まとめ

1．入院早期から、退院支援ニーズに着目し、患者・家族・医療チームが退院後の生活イメージを共有していくことが短期間でのスムーズな在宅移行へとつながる。

2．地域連携室と連携し必要とされる社会資源について家族に対し具体的な情報提供を行うことで退院後の生活をイメージしやすく不安の緩和につながる。

3．家族への退院指導においてチーム全体での情報共有、問題点の明確化を行っていくことが重要である。

今後の課題・・・看護師による退院調整は技術指導や精神的ケアなど入院期間中のサポートだけでなく、患者・家族の退院後の生活を視野に入れた関わりを行っていく必要があった。

このように、家族、在宅での支援スタッフと十分な連携をとりつつ「退院前調整会議」を開催した。以下はその報告書である。前述したが、2010年の診療報酬改定で、在宅を前提とした退院前の調整会議について、「介護支援連携指導料　300点」の加算が認められた。これは、退院支援への評価の一つであり、今後も継続して実施したい。

図5-1　退院前患者・家族担当者会議
（写真向かって右端が著者）

3．退院支援はMSWの大きな業務の一つ

人は誰でも、病に伏し入院した時、「治療に専念し出来るだけ早く社会復帰を」と思うだろう。しかし難病患者は、これまで述べたように、未だ決定的な治療法がないばかりか、進行する、という大きな「荷物」を背負いながら生きていかなければならない。本人はもとより、家族は、見えぬ明日に身体的にも精神的にも、また社会的にも疲弊してしまう現実がある。また在宅療養が本格化する中、「私の受け持ちのBさん、いくら在宅移行といっても、受け皿がなければどうしようもないじゃないか」。患者本位を第一にこれまで難病看護に当たってきたA看護師の嘆きにも似たことばに、また過疎高齢化が進み高齢化率が60％を超える「限界集落」が当院から車30分程度のところに数多くある現実の中で、事は簡単にはいかない。「介護保険で住宅改修しようと思ったが、戦前に建てられた私の家をどのように改造せよというのか」のことばに、声が詰まることもしばしばである。

当院の神経内科病棟は療養型ではなく急性期型である。当然、在院日数の短縮は、スタッフにとっても欠かせない課題である。そこで筆者は長期入院されている患者

表5-1　Kさんの退院前調整会議

4病棟患者様退院前担当者会議（介護支援連携指導）報告書　　　司会進行；久保（連携室）

期日　平成22年5月12日午後3時～4時30分
対象者　K様　昭和27年5月1日生まれ（58歳）家族構成；実姉と同居、
　　　　　　　　長男（東北）長女（四国）、
　　住所　S市
疾患；ALS、要介護度5、身体障害者手帳1級（両上肢；1級、両下肢；2級）
参加者確認
患者側；長女、実姉
病院；主治医（主治医、病棟師長、担当看護師、PT、地域医療連携室）
地域スタッフ；ケアマネジャーNさん、訪問看護STNYさん、Rさん、OTKさん

1．参加者紹介
2．主治医より
　・人工呼吸器；今のところ本人は装着しない選択をしているが、装着することになると、当院での入院生活となるが、本人・家族をはじめそれなりの覚悟が必要。
　・今回の退院は、サポーテイセラピーの一環で、帰ることによって自分の気持ちをリセットする意味がある。厳しい事例だが、皆さん方の協力をお願いした。
　緊急時は、当院が対応する。
3．これまでの経過；看護師、連携室（別紙）
4．協議

職種	所属	氏名	支援内容・回数
家族支援		姉、長女	生活全般、吸引、栄養補給、など
ケアマネジャー	L居宅	Nさん	全般的マネージメント
主治医	LHp院長	M先生	カニューレ交換等
訪問看護 （医療保険）	訪問看護・訪問リハ L病院	Yさん Rさん	週2回予定
訪問リハビリ(同)	同上	Wさん	週1回予定
福祉用具	S市社協		ベッド等の練達、住宅改造
伝の心	Y機器	S氏	メインテナンス
S保健所	難病担当保健師	Mさん	日常の生活相談全般
緊急入院機関	L病院、南九州病院		PEG交換術
福祉課	S市	Hさん	身障による在宅福祉サービス
訪問診療（交渉中）	Wｸﾘﾆｯｸ	F先生	
ｲﾝﾌｫｰﾏﾙ支援	ALS協会	里中	ALSに関する全般的情報提供

5．その他検討事項
　① 吸引機；本日午後2時到着、業者が長女に説明。
　② 最初の訪問看護指示書について‘当院、次回からはL病院
　③ 訪問看護師；姉の介護休暇のため介護保険で通所サービス、ショートステイも考える。
　　レスパイト的に南九州病院での一時的入院もお願いしたい。
6. 緊急時の対応；南九州病院へ救急搬送。　　　　　　　　以上

の分析を始めた。その結果を毎週開催する合同カンファレンスに提示した（第４章の表4-4参照）。その結果、前述のような受け皿が全くない患者もいたが、スタッフ自身、受け持ち患者のゴールを見失い、時に流されていた実態も判明した。

退院調整に関し、2008年度診療報酬改定で「後期高齢者退院指導加算」がついた。これまでも、退院時協働指導加算などは存在したが、2010年の診療報酬改定では、退院指導に大幅な加算がつくこととなった。まず入院中の患者に対して、患者の同意を得て医師又は医師の指示を受けた看護師、社会福祉士が介護支援専門員と共同して、患者の心身状態を踏まえ導入がふさわしい介護サービスや退院後利用可能な介護サービス等について説明、指導を行った場合、当該入院中、介護支援連携指導料として２回（１回300点）に限り算定できる事となった。

さらに、入院中の保険医療機関の保険医が、当該患者の退院後の在宅療養を担う保険医療機関の保険医、若しくは看護師等、保険医である歯科医師若しくはその指示を受けた歯科衛生士、保険薬局の保険薬剤師、訪問看護ステーションの看護師等（准看護師は除く）又は居宅介護支援事業者の介護支援専門員（ケアマネジャー）のうち、３者以上と共同して指導を行った場合、所定点数（本院の場合300点）に2,000点を加算できる事となった（１回のみ）。

地域医療連携室では、この改正を早くより注目し、入院中期には、医師の指示の下、患者の退院の意思を確認した後、ケアマネジャーはじめ関係者と連絡を取り合い、退院前調整会議を開催し、保険請求している。この会議の企画開催は地域医療連携室に委ねられ、主にMSWが関係者への連絡、当日の運営、会議終了後、経過をまとめ、１式はカルテにはさみ、もう１式は医事課に提出している。もちろん、2008年度から始まった「退院指導加算」（当院は100点）も漏れなく、請求している。このように、在院日数の短縮は、病院にとってはある意味で死活問題にもなりかねない。せっかく７対１看護を取得しても、在院日数の長期化が続けば、直接診療報酬に跳ね返る。さりとて、当院のような過疎地域、若しくは限界集落を医療圏とする医療機関にとって、退院支援は困難を極める。そこで、筆者は長期入院患者の何が退院、転院を阻害しているのか、独自の表を作って検討してみた（表4-4）。

４．MSW（社会福祉士）と研修

単なる保険点数請求だけのためのMSWなら、実務をこなすだけであり、MSWは、居なくても十分である。MSWは、あくまでもソーシャルワーカーであり、働く（機能し、役割を担う）機関·部署が医療機関であり、対象者が主として病人・障害者、そして彼らの周りの人々(ミクロ：家族、メゾ：地域社会、マクロ：社会システム）だけのことである。私見であるが、「日本社会福祉士協会50年史」を俯瞰するに、われわれの先輩は余りに「医療分野のソーシャルワークは、他の部門とは違う」という一種の排他主義の一面も持ち合わせていたのではないだろうか。支援対象者が、病人であろうが、路上生活者であろうが、受刑者であろうが、貧困階層の人であろうが、その人に内在している力（empowerment や strength）を信じ、彼らとともに悩み、対象者の権利擁護のためには、時には権力とも交渉し戦うことも辞さない専門職こそが現場に根付いたソーシャルワーカー（社会福祉士）である。その上に立って、それぞれの領域におけるspecific（より専門的）な研鑽を積むことが、重要である。

幸い、日本社会福祉士会は、2008年度から「専門社会福祉認定制度」の議論を始め、2010年度か2年間掛け制度構築の具体的検討を行うことを決めたが、画期的なことであり、諸手を挙げて賛成する。医療機関に働くものなら誰でも感じると思うが、医師をはじめ、ほとんどの専門職が「生涯認定制度」を設け、技術の向上を図っている。６年前のことだった。地域医療連携室が主体となって、はじめて地域の開業医、コメデカルを対象とした「症例検討会」を開催したが、開業医の最初の質問が「その会は生涯認定制度の認めるポイントが取れるのか」であった。勿論、当症例検討会は医師会と十分に協議した上での企画であり、ポイントの対象となった。看護部門の認定制度については、ここ数年の間で飛躍的に前進して「○○認定看護師」が大幅に増えている。

そのためには、単なる「研修会参加型」だけでは前進はない。やはり、拙くても良いので、またどんな小さな研修会、事例検討会であれ、自分が実践してきたこと、研究してきたことを発表し、会員からの批判を浴びることを恐れては、社会福祉士個人も、また日本社会福祉士会全体の前進はありえないだろう。

水俣病研究・実践のパイオニア的存在の原田正純は言う。「私は研究室で、試験管を振ったり顕微鏡を見る暇があったら、まず現場（水俣）に出向いて、患者さんの生の声を聞く、出来るだけ多くの声を聞いて、それをエビデンスにする。そのエビデンスを社会に提示することが生涯の仕事であった。現場こそ、そしてそこに住む患者こそ最高の専門家だ。」(NHKテレビ九州地域特集「水俣病と生きる－医師としての50年－」2010年６月放映）また別の著書で原田は、水俣病を検証するため、水俣で最も発症率が高かったある集落と、地域性（海岸端)、人口、高齢化率、医療機関の数がほぼ同数の地域（鹿児島県の離島の一集落）での現地調査を丹念に行い、その結果、明らかな差異を見つけ出し、水俣病の根拠を世に発表している。

5．自己研鑽と「難病対策基本法」の早期制定、実施を

これまで、難病ソーシャルワークについて、筆者自身の体験をもとに記述した。読者はすぐに見抜けるであろう。「少しも学問的ではないではないか。先行研究の批判的検討は？、どのような仮説を立てて実施したのか。単なる実践の羅列ではないか」。私は残念ながら、その方に、今のところ返すことばを持ち合わせていない（雑学の範囲を超えていない）。

しかし、他の分野に比べ、難病に関しては、医学的研究、看護研究、厚生労働省研究班による研究はあるものの、難病ソーシャルワークの先行研究、実践が極めて少なく（私の研究不足かもしれない）、いわば白紙に絵を書くような20年間の実践であった。

冒頭に述べたように「難病」ということばは、ある特定の病気を説明しているのではなく、いわば「社会的用語」である。「難病」ということばの裏に潜んでいる、言い知れぬ課題を見抜き、患者・家族とともに悩み、これらを患者・家族の問題だけにすることなく社会の力（諸法律やそれに基づく諸施策）で、解決することが今最も求められている。

長年難病患者・家族とお付き合いさせていただいて一番感じたのは「包括的支援策」が欠落していることである。「制度オタク」的ソーシャルワーカーには申し訳ないが、難病ほどいくつもの制度・施策とぶつかるものがあるだろうか。「特定疾患申請は保健所、介護保険は市役所や居宅支援事業所、若年難病患者は身体障害者福祉法、障害者自立支援法に基づくサービスで窓口は市役所障害福祉課、傷病手当金や年金等は年金機構。訪問看護は介護保険と医療保険、市販の生命保険には絶対に入れない」。そのほかにも、難病になったがゆえに、数々の試練が患者·家族を襲う。最も恐れるのは「死」。ある患者は「自分の力で自殺することも出来ない」と訴えた。他の疾患もそうだが、難病はいつ、誰に発症するか、一部の遺伝による難病は別として、全ての人が遭遇する機会を持っている。前段でも述べたが、難病中の難病といわれるALS患者の過去の生活を見たとき、やや主観的·経験主義的かもしれないが、８割以上が普通の人より元気だったことである(国体選手、ヨットで日本一周した人、鹿児島県でも最高建築物の一つである県医師会の設計をした人、地元婦人会長として指導に当たった人、などなど)。

そこで、最後に「難病対策基本法」の早期制定を提案し、幕とする。同法では難

病患者·家族への支援を一本化（私案では保健所）し、包括的支援を行う。この本が、そのための世論作りの一助となれば、これ以上ない幸せである。

補　記

第３章１．「僕も学びたい、私も働きたい」の中で「社会復帰グループ」のことに触れた。昭和50年代後半の実践であったが、30の年月を経ても、未だに新鮮味があると判断し、紙面に登場させた。

【引用・参考文献】

1）後藤清恵: 難病患者ホームヘルパー養成研修テキスト改訂第８版 , p50-52, 社会保険出版社

第Ⅱ部

医療ソーシャルワーカーの
歴史的検証

第６章　医療保障制度の歴史的検証

１．保健・医療をめぐる戦後から今日までの流れ

１）敗戦直後から昭和の時代まで

(1) 復興と医療保障

侵略戦争であった太平洋戦争は、侵略された側は勿論のこと、侵略した日本国（正式には大日本帝国）にも取り返しのつかないほどの被害をもたらした。廃墟と化した敗戦国にまず必要なものは食料、宿泊、医療であった。1945年の終戦直後、進駐軍（GHQ）は９月22日、「公衆衛生対策に対する件」を提言、政府は年末GHQの指導をもとに、「生活困窮者緊急生活援護要綱」を閣議決定し、宿泊、医療、給食の確保政策を進めた。翌1946年11月、日本国憲法が制定された（翌22年施行）。前後するが２月GHQによる「社会救済に関する覚書」が出され、それに基づき10月「旧生活保護法」が成立。これにより明治以来施行されていた恤救規則（じゅきゅうきそく: 1874年制定)、また生活困窮者に対する社会的支援の根拠法「救護法」（1929年制定、施行は1932年)、「医療保護法」及び「戦時災害保護法」は廃止された。翌1947年、ウイリアム·ワンデルを団長とする調査団が来日、翌1848年７月「社会保障制度への勧告（いわゆるワンデル勧告書)」が出され、前年制定された「児童福法」、1949年「身体障害者福祉法」制定で、いわゆる福祉３法が制定された。

保健医療分野では1947年、GHQによる「結核対策強化に関する勧告」、「旧保健所法」（1937年制定）が全面的に改正され「新·保健所法」が成立、同法第2条6項に医療社会事業が始めて記載された。同年「健康保険法改正」、翌1948年は「優生保護法」「性病予防法」「医師法」「医療法」「保健婦助産婦看護婦法（保助看法)」など保健医療分野に関する法律が次々に制定された。また同年、ワンデルが「社会保障制度審議会」の設置を勧告、翌1949年設置され50年に「社会保障制度に関する勧告」[1)]がなされた。同勧告はその後、憲法とともにわが国の社会保障充実の根拠となった。[川上　1965　497-499]

(2) 「亡国病」とも言われた結核への対策

1950年代に入り、保健医療をめぐる状況は少し落ち着いたが、結核は猛威を奮い、政府は1951年「新・結核予防法」制定し患者の拡大阻止に全力を尽くしたが、1953年に厚生省（当時）の実態調査「133万人の要入院患者あり」報告、また同年実施した医療扶助実態調査によると、新たに医療扶助を受けた者のうち 32.5%が結核患者であることが判明し、国策としての感染拡大阻止・医療の充実が求められるようになった。1954(昭和29)年、身体障害者福祉法一部改正により更正医療、育成医療制度が一般化した。1957(昭和32)年厚生省内に国民皆保険推進本部が設置され、1959(昭和34)年「新・国民健康保険法」施行、「国民年金法」制定、２年後の1961(昭和36)年、国民健康保険が全市町村で実施され、国民皆保険が達成された。その後わが国は高度経済成長に伴い保健医療分野で次々に改革が行われた。

1966(昭和41)年には国民健康保険７割給付が完全実施、1969(昭和44)年東京都は「老人医療の無料化」を開始した。1972（昭和47)年人工透析が更正医療の給付対象となる。1958（昭和33）年に日本神経学会で「スモン」がはじめて発表されたのを機に次々に難病が社会的問題となり厚生省はその対応を迫られた。その結果、1972(昭和47)年厚生省は「難病対策要綱」を発表し国として対策を推進することを明らかにした（詳細は第１章)。1973(昭和48)年、「健保家族給付７割、健保家族·国保に高額療養費制度創設など」医療保険制度が大幅に改正され、「福祉元年」と呼ばれた。

1983（昭和58)年老人保健法施行、老人医療費一部負担導入、1986年老人保健施設が創設された。翌1987（昭和62）年に、「社会福祉士及び介護福祉士法」が制定され、ここにわが国における福祉分野の国家資格化が実現した。その一方で「医療福祉士法」成立の動きも盛んになり、「医療ソーシャルワーカーの業務指針」が通知されることとなった。

２）平成の時代

(1)　ゴールドプラン策定と在宅医療の本格的開始

1989（平成元）年を前後して、わが国は保健医療分野で大きなターニングポイントを迎える事となった。まず、来るべき高齢社会を見通し政府は「高齢者保健福祉推進十カ年戦略」（ゴールドプラン）を策定し、ホームヘルパー10万人確保をはじめ数値目標を立てた。翌1990（平成２）年、計画を市町村主体で実施すべく「福祉関係八法の改正」、市町村への権限一元化、在宅福祉サービスの推進、自治体における老人保健福祉計画の策定を義務付けた。1992（平成４）年、第２次医療法が改正され、医療提供の場所が「居宅において」と在宅医療推進が本格化し、老人訪問看護制度が創設された。また特定機能病院、療養型病床群創設など医療施設の機能分化が始まった。1994（平成６）年には、高齢者社会福祉ビジョン懇談会が「21世紀福祉ビジョン」を報告した。これらの政策報告書の中核となる理念に保健・医療·福祉の連携があげられ、1997（平成9）年の介護保険法可決成立（2000年4月施行）につながった。

(2) 介護保険制度のスタート

介護保険制度は、ホームヘルプサービスに代表される福祉系サービスと訪問看護など医療系サービスの統合、また保健と予防を重視した制度であった。しかし同制度は当初の計画より利用者が大幅に増加したため、2005（平成17）年、「明るく活力ある超高齢化社会の実現、地域密着型サービスの定着」を基本に、特に保健・医療と連携した予防に重点を置く制度へと改定された。2006（平成8）年には、24時間型ホームヘルプ事業が開始された。

医療制度面では、1997（平成９）年、健康保険法の改定により被用者保険本人負担割合が１割から２割、薬剤一部負担制導入、第３次医療法改正による地域医療支援病院の創設、有床診療所への療養型病床群設置（介護保険への対応）などが行われた。また同年で特筆すべきこととして診療報酬改定で、全体で戦後初のマイナス改定となったことである。

これらと連動し、看護料の平均在院日数用件の厳格化、一般病棟での180日超入院している高齢者の看護料大幅引き下げなどが行われた。

2000（平成12）年は、前述の介護保険制度発足と連動し、療養型病床群は介護保険と医療保険が並存することとなった。翌2001（平成13）年には第４次医療法が改正され、「その他病床」が一般と療養型に区分された（一般、療養型、精神、感染症）。2002（平成14）年の診療報酬は全体として初のマイナス改定となった。また180日超入院のホテルコストを特定療養費化した。被用者保険本人負担は２割から３割に引き上げられた。

2005（平成17）年、厚労省の「医療制度構造改革」試案発表を受け、政府は「医療制度改革大綱」をまとめ、翌2006年から、大綱に基づく本格的医療制度改革が始まった。即ち、2004年度診療報酬マイナス改定に引き続き、今回もマイナス改訂する一方で、「在宅療養支援診療所」の新設、入院基本料に7対1の区分導入、疾患別リハビリ日数に上限設定、前年度決定した介護療養型病床廃止を受けて老健施設や特定施設への転換支援策の決定、療養型病床に区分設定、などが矢継ぎ早に実施された（療養型病床群についてすでに廃止は決定されているが、いまだ実行されていない）。少子·高齢社会が本格的に進み経済状態が低迷、結果として保険料納入率低下の中で、保健・医療サービスを始め社会保障制度全般に対し「負担と給付」の課題が本格的の論議されるようになった。

2006（平成18）年には、① 医療費適正化の総合的推進（医療機関の機能分化·連携の推進)、② 新たな高齢者医療制度の創設（2008年4月実施)、③ 都道府県単位を軸とした保険者の再編統合(政管健保から都道府県協会健保へ：2009年度より)などを盛り込んだ「健康保険法等の一部を改正する法律」が成立した。また次年度（2007）の第五次医療法改定に基づき各都道府県に対し2008年より4疾病（脳卒中、がん、急性心筋梗塞、糖尿病）5事業（小児救急医療、周産期医療、救急医療、災害医療、僻地医療の充実）について数値目標を設定することを求めた。また同年度より後期高齢者医療制度がスタートした。

2009（平成21）年8月の総選挙で、自民党が大敗し、民主党を中心とした新しい内閣が発足した。選挙の最大の焦点は、年金、医療、介護など社会保障問題だった。いずれにしても、少子高齢化、とりわけ高齢化の流れは政府発表で 2055（平成67）年頃までは続く（高齢化率40.5%)、とりわけ後期高齢者の増加が著しいことが予想される中で、今後「負担と給付」、「予防、生活習慣病対策」が最大の課題となるであろう。

2．わが国における医療保障制度の概要とその特徴

1）仕組み·構造（structure）から考える

(1) 財政上の仕組み

わが国は資本主義国であるが、医療保障制度を俯瞰すると、ホームレスやリストラにより厳しい生活を強いられている者への支援はきわめて脆弱（ほとんど無きに等しい）なものの、総じていえば、少なくとも欧州の社会民主主義諸国的保障制度と構造的には遜色ない国民皆保険制度を採用している。医療施設設置者は民間（医

療法人など）が全体の8割程度を占めるが、全国一律の診療報酬制度を採用し、公私分け隔てなく診療の対価として報酬が得られる仕組みをとっている。財政面では基本的には保険方式(social insurance)という仕組みを採用し、健康保険や各種共済保険の場合、基本的には労使折半の負担、国民健康保険の場合は世帯毎に応益割（定額）と応能割（負担能力に応じて）を賦課し、それに国庫負担･補助が財源として確保され、あまねく国民へのセーフティネットを作っている（はず）。わが国では被保険者の負担軽減のひとつとして公費負担医療制度がある（後で詳述）[2)]。同制度は大きく二つに分けられる。一つは、あくまでも医療保険制度をベースに一定の手続きをとることで自己負担分（一般なら3割負担）を減免する制度ともう一つは一部の疾患（戦傷病者、被爆者の一部、新感染症患者など）や生活保護法による医療扶助では、医療保険は適用されず、国が全額負担する制度（生活保護の場合は国75%、都道府県25%）。

医療保障分野は、すでに戦前より、その対象者が全国民からすれば一部ではあったが社会保険方式をとり実施されていた（健康保険法は1927年、国民健康保険法は1938年制定）。1946（昭和21）年11月3日日本国憲法公布（施行は翌1947年5月3日）に伴い、旧生活保護法が施行され、医療が社会保障の一つとなった。

社会保険方式は、前述のように保険加入、即ち保険料（税）を払うことが前提である。近年、厳しい経済情勢下、保険料が払えず、病気になっても医療機関にアクセスできず、さらに病気が悪化し、結果として死亡に至っている事例も少なくない。MSWは、患者の「医療を受ける権利」擁護の立場から、医療保障制度を実践知化し、業務に当たることが求められる。

(2) 医療提供体制の仕組み

戦前、ソフト面（医療従事者）の身分法としてはじめて生まれたのが医師法（1906、明治39年）であった。その後薬剤師法1925（大正４）年、保健婦規則1941（昭和16）年などである。ここでは菅谷氏の研究を参考に記述する。医療提供制度（仕組み）の根拠法となったのは1993（昭和８）年に制定された「診療所取締規則」あたりではなかろうか。同規則は全文37カ条からなり、第1条で、はじめて診療所と病院の定義をなし、両者の差異を明らかにしたことである。同規則は病院や診療所の構造設備などについて、詳細にうたっている。同年は日本が国際連盟から脱退し、本格的に戦時態勢に突入した年でもあった。戦争と国民の体力増強は密接不可分な関係である。そしてそれを管轄する部署が必要であった。そこで生まれたのが「厚生省」である1938（昭和13）年１月。３ヵ月後には国家総動員法も制定され日本は戦争一色となった。1942（昭和17）年に成立した「国民医療法」は、本来、前述の「診療所取締規則」を踏襲するものであったが、前年12月真珠湾攻撃に始まる太平洋戦争のための戦時立法そのものであり、「国民医療の適正化と国民体力の向上を目的とし、医療制度の根本的改革を図るため医師法以下の医療関係法令を統合した（したがって旧来の医師法・歯科医師法は廃止された）医療における戦時統制的性格を持った法制であった（菅谷）[3)]。

戦後「国民医療法」に替わって1948（昭和23）年10月27日施行されたのが「医療法」である。同法と「国民医療法」の主な相違点は、a)病院と診療所を明確に区分した、b)あらたに総合病院の制度を設けた、c)公的医療機関という制度を設け、国庫補助の対象とした、d)医療施設について「医療法」の規定の遵守図り、構造･設備･管理等の改善につき指導を行い、医療内容の向上を記すため、あらたに医療監視員の制度導入、などであった。

その後、医療法は大きな制度改正はなかったが、1985（昭和60）年、大幅な制度改正が行われた。その後の制度改革は、第１章で触れたとおりである。

現在の医療法では、第1条で「医療提供の理念」「国及び地方公共団体の責務」「医療関係者の責務」が明記されている。「医療提供施設の定義」として、病院、診療所、地域医療支援病院、特定機能病院、介護老人保健施設などの名称、機能がうたわれている。また「医療に関する情報の提供等」「入院時の文書公布･説明等」「」医療の安全の確保」なども明記されている。さらに病床については、精神病床、感染症病床、結核病床、療養病床、一般病床に種別分けしている。その他ハード面では「構造設備の基準」、ソフト面では「病院の人員標準」が明記されている。法第30条の４～11、また施行規則第30条の28～33の２で「医療計画」の義務を都道府県に課している。

２）仕掛け･機能（function）から考える

医療保障制度の中で日本が世界に自慢できる一つにアクセスのよさがある。「医療保険証」さえあれば、特殊な医療また予約が必要な医療機関を除き、原則どこの地域でも受診が可能である。

また保険内で行える診療については、各保険で定められている一部負担（１割から３割）で済む。また「高額療養費制度」により、医療にかかった費用費とは関係なく、所得に応じて、申請により一定額以上の支払い分は還ってくる。2007（平成19）年度からはさらに、入院に関しては、あらかじめ保険者に対し申請により「限度額適用認定証」を取得し医療機関の窓口に提示すれば、どんなに医療費がかかっても一定以上は負担しなくても良い、つまりあらかじめ高額療養費制度を活用する仕組みができた（但し外来は別）。換言すれば、制度上は貧富の差なく適正な医療を受けることができる。

医療に掛かる財源は各保険で異なるが、基本的には所得に応じて納められた保険料（税）と、使用者側の負担（共済の場合、国もしくは自治体）、一部国の補助でまかなうことになる。医療は現物給付を基本とし、傷病手当金、出産育児一時金、後期高齢者医療制度による葬祭など一部は現金給付となる。

3） 仕切り（management）から考える

前述のように医療保障制度も介護保険制度も、社会保険方式をとっているため、当然保険者、被保険者の関係で保障は成り立つ（勿論、生活保護による医療保護、新感染症や原爆費額に関係する国・地方自治体による全額負担は除く）。大きく地域保険（国民健康保険）と被用者保険に別れ、それぞれの保険者が、仕切ることになる。

【地域保険】

（１）国民健康保険

① 保険者：市町村（特別区を含む）及び国民健康保険組合（例：医師、弁護士、など）
② 被保険者：上記の地域に住む者
③ 保険料：世帯毎に応益割（定額）と応能割（負担能力に応じて）を賦課
④ 一部負担：義務教育就学前は２割、義務教育終了から70歳未満は３割、70歳以上75歳未満は２割（但し現役並み所得者は３割）、但し、国民健康保険組合の中には、２割負担のところもある。また、傷病手当金が給付される国保組合もある（土建組合など）
⑤ 現金給付：出産一時金、葬祭費等

（２）後期高齢者医療制度

① 保険者：後期高齢者医療広域連合
② 被保険者：75歳以上及び65歳以上で一定の障害があり広域連合の認定を受けた者
③ 保険料：広域連合が決めた金額の1割（均等割額＋所得割額）
④ 一部負担：1割（現職並み所得者は3割）
⑤ 現金給付：葬祭費等

【被用者保険】

（１）協会管掌健康保険（旧政府管掌健康保険）

① 保険者：全国健康保険協会
② 被保険者：常時５人以上の従業員を使用する適用事業の事業に使用されている者とその家族
③ 保険料：被保険者と事業主の折半（各8.2%）＋国庫負担
④ 一部負担：国民健康保険と同様
⑤ 現金給付：傷病手当金（最高１年６ヶ月、手取りの60%）、出産育児手当金等

(2) 組合健康保険

① 保険者：健康保険組合（主に500人以上を雇用している企業が作っている組合）
② 被保険者：従業員とその家族
③ 保険料：労使折半
④ 一部負担：国民健康保険と同じ。
⑤ 現金給付：協会健保と同じ。但し区、自己負が一定額を超えた場合、差額分を支給する組合もある（付加給付）その他、共済組合健康保険、船員保険などがある。

３．公費医療負担制度の歴史と仕組み

１）公費負担医療制度の概略

わが国には憲法第 25条「基本的生存権」の保障に基づき様々な社会保障制度がある。難病患者の場合，医療（国民健康・健康保険法，各種共済組合法)と公費負担医療制度，公的年金制度（国民・厚生年金法，各種共済組合法などによる障害年金)，介護保険法、身体障害者福祉法，障害者自立支援法などによる既存のサービスの他、難病対策要綱、難治性難疾患克服研究事業（130疾患が対象)，特定疾患治療研究事業（56疾患が対象、主に医療費自己負担の減免)、難病特別対策推進事業（難病相談・支援センター事業、重症難病患者入院施設確保事業、難病患者地域対策推進事業、神経難病患者在宅支援事業）などがあり，病状や身体障害の程度によってそれらの施策を利用できる。

社会資源とは，これらの法や対策要綱・諸事業に基づく支援だけでなくだけでな

表6-1　公費負担医療等制度一覧[2)]

（出所「公費負担医療等の手引　第6版」全国保険医団体連合会）1999

頁	法律・制度名		法別番号	対象者	給付範囲	一部負担	医療機関
395	感染症法（結核）	適正医療（37条の２）	10	結核一般患者	保険の自己負担分	５％負担あり	指定医療機関
		結核入院（37条）	11	結核を伝染させるおそれの著しい者	保険の自己負担分	所得税年147万円超は費用負担	同上
217	生活保護法	医療扶助	12	生活保護法被保護者	保険の自己負担分	本人支払額の生ずる場合がある	同上
356	戦傷病者特別援護法	療養給付 更生医療	13 14	戦傷病者 （戦傷病者手帳所持者）	10割	無	同上
308	障害者自立支援法	更生医療	15	18歳以上の身体障害者	保険の自己負担分	原則１割負担(所得に応じた上限あり)	同上
323		育成医療	16	18歳未満の身体障害児	保険の自己負担分	原則１割負担(所得に応じた上限あり)	同上
276	児童福祉法	療育の給付	17	結核児童（６カ月以上入院）	保険の自己負担分	所得に応じた費用負担	同上
349	原子爆弾被爆者に対する援護に関する法律	認定疾病医療	18	原爆医療法第８条の認定患者	10割	無	同上
		一般疾病医療費	19	原子爆弾被爆者 （被爆者健康手帳所持者）	保険の自己負担分	無	同上
342	精神保健福祉法	措置入院（29条）	20	自身を傷つけ又は他に害をおよぼすおそれのある精神障害者	保険の自己負担分	所得税年147万円超は費用負担	同上
328	障害者自立支援法	精神通院	21	精神障害者の通院患者	保険の自己負担分	原則１割負担(所得に応じた上限あり)	同上
415	麻薬及び向精神薬取締法	入院措置	22	麻薬中毒患者の入院	保険の自己負担分	所得税年147万円超は費用負担	同上
278	母子保健法	養育医療	23	2000ｇ以下の未熟児（入院）	保険の自己負担分	所得に応じた費用負担	同上
229	中国残留邦人等支援法	医療支援給付（14条の４）	25	特定中国残留邦人等	保険の自己負担分	本人支払額の生ずる場合がある	同上
388	感染症法	一類及び二類感染症	28	患者・疑似症患者・無症状病原体保有者（入院のみ）	保険の自己負担分	所得に応じた費用負担	同上
		新感染症	29	新感染症に罹患していると思われる者	10割	無	同上
433	肝炎治療特別促進事業	医療の給付	38	Ｂ型及びＣ型肝炎患者	保険の自己負担分	所得に応じた費用負担	同上
199	高齢者医療確保法	療養の給付	39	75歳以上、又は65歳以上で一定の障害を有する者	９割（又は７割）	自己負担限度額あり	保険医療機関
361	特定疾患治療研究事業		51	スモン、プリオン病、劇症肝炎及び重症急性膵炎の患者並びに重症認定を受けた患者	保険の自己負担分	無	契約医療機関
				上記以外の特定疾患対象患者（「軽快者」を除く）		所得に応じた費用負担	
386	先天性血液凝固因子障害等治療研究事業		51	先天性血液凝固因子障害等の患者	保険の自己負担分	無	同上
514	水俣病総合対策費の国庫補助	療養費及び研究治療費	51	水俣病被害者であって特定疾病にかかった者	保険の自己負担分	無	指定医療機関
233	児童福祉法	小児慢性特定疾患治療研究事業	52	重症患者に認定された対象患者及び血友病患者	保険の自己負担分	無	契約医療機関
				上記以外の小児慢性対象患者		所得に応じた費用負担	
267	児童福祉法	措置等に係る医療の給付	53	児童福祉法により措置を受けた者	保険の自己負担分	無	保険医療機関
520	石綿健康被害救済法	石綿による健康被害の救済	66	石綿を吸引することにより指定疾病にかかった旨の認定を受けた者	保険の自己負担分	無	同上
445	労働者災害補償保険法		—	業務上の傷病又は通勤途上の災害	10割	無	労災指定医療機関
	公害健康被害の補償等に関する法律		—	公害認定患者	10割	無	辞退していないすべての保険医療機関

図6-1　医療保障制度の概要

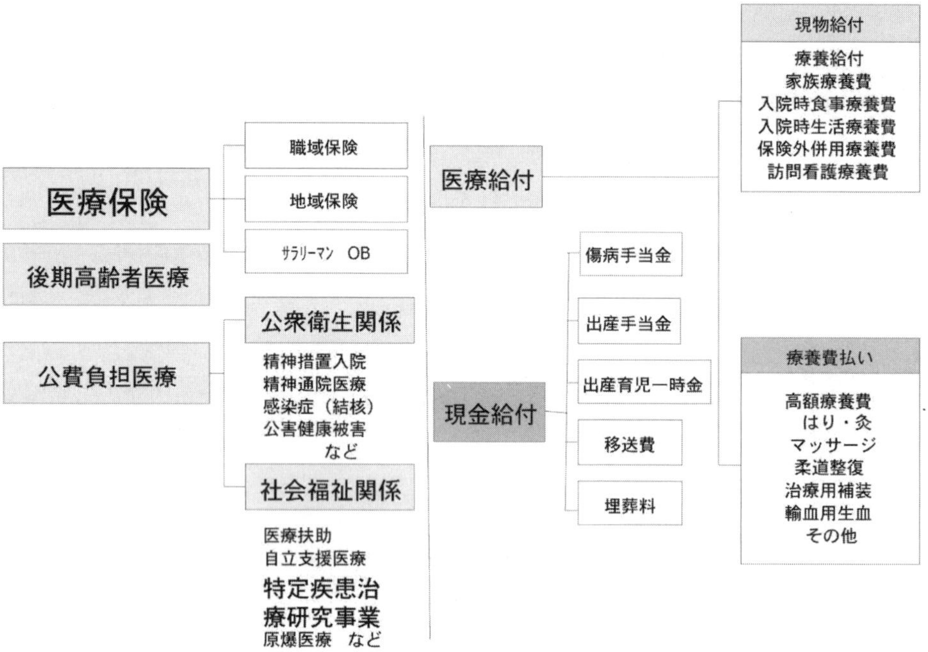

（出所「公費負担医療等の手引　第6版」全国保険医団体連合会）1999

く，それに携わる職員・専門職，難病支援ネットワーク，ボランティアや難病団体など，難病患者とその家族が生活を送る上での困難を克服・軽減するための様々な資源を総称していう。難病はいずれも進行性疾患であり，病気の告知から病気の進行とともに，様々な困難な課題が発生する。したがって社会資源を知り，うまく組み合わせ利用することが患者のQOLを高め家族を支援する上できわめて重要となる。

2）医療保障制度の概要と公費負担医療等制度の関連

まず、医療保障制度と公費負担医療等制度の関連を述べる。わが国の公費負担医療制度は、国が責任を持って治療を支援する福祉的観点から、それぞれが加入している医療保険（地域保険、職域保険、など）を使って、その自己負担分を公的に補償する制度と、加入している医療保険は関係なく、国もしくは都道府県が全額補償する制度（例：新感染症、原爆医療法第８条の認定患者など）に大別される。難病（特定疾患）の場合前者であり、都道府県と契約した医療機関は被保険者が加入している医療保険での診療報酬請求を行い、患者負担については、一般患者からのみ自己負担を請求（７段階)、残りの患者負担分について審査支払機関を通し実施主体である都道府県から支払われる仕組みである。したがって、難病患者が公費負担医療

表6-2

がん末期，筋萎縮性側索硬化症，後縦靱帯骨化症，骨折を伴う骨粗鬆症，多系統萎縮症，初老期における認知症（クロイツフェルト・ヤコブ病を含む），脊髄小脳変性症，脊柱管狭窄症，早老症，糖尿病性神経・腎および網膜症，脳血管疾患，パーキンソン関連疾患（進行性核上性麻痺，大脳基底核変性症及びパーキンソン病），閉塞性動脈硬化症，関節リウマチ，慢性閉塞性肺疾患，両側の膝関節または股関節に著しい変形を伴う変形性関節症

の権利を得るには、まずは医療保険に加入していることが前提である。公費負担医療制度では、疾患ごとに法制番号があり、「特定疾患治療研究事業」は51番である。

3）難病と介護保険制度との関連

(1) 介護保険によるサービスは65歳以上から受けられるが（１号被保険者)、厚生労働省が定めた１６に疾病患者は、40歳以上で申請によりサービスを受けることがで

表6- 3

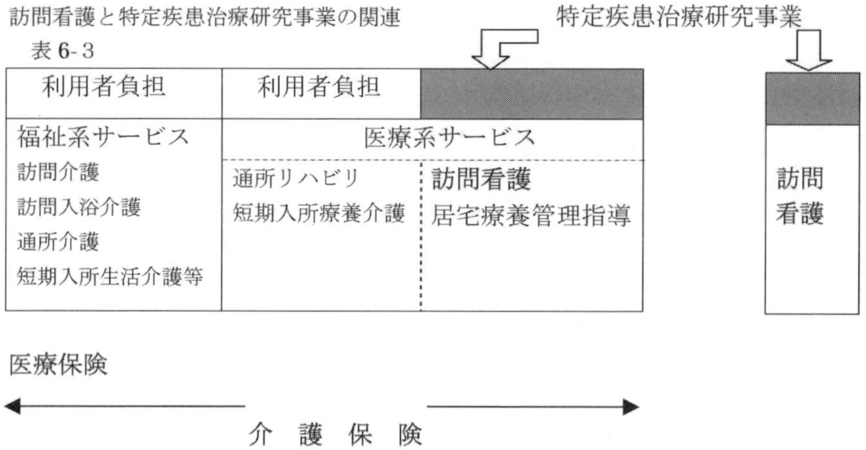

きます（特定疾病、表6-2参照)。16疾患のうち８疾患（下線が引いてある）は特定疾患治療研究事業対象疾患です。

介護保険は、医療と介護を組み合わせた制度なので、難病患者を支援する専門職

表6-4　厚生労働大臣が定める疾患

多発性硬化症、重症筋無力症、スモン、筋萎縮性側索硬化症、脊髄小脳変性症、ハンチントン舞踏病、進行性筋ジストロフィー症、パーキンソン関連疾患（進行性核上性麻痺、大脳皮質基底核変性症及びパーキンソン病（ホーエン・ヤールステージ３以上であって生活機能障害度がⅡ度またはⅢ度のもの)、多系統萎縮症（線条体黒質変性症、オリーブ橋小脳萎縮症及びシャイ・ドレーガー症候群)、プリオン病、亜急性硬化症全脳炎、後天性免疫不全症候群、頸髄損傷、人工呼吸器を使用している状態

は、複雑な仕組みを理解する必要があります。

ただし、訪問看護ステーションが訪問看護の一つとして行うリハビリは患者負担はない。

別に厚生労働大臣が定める疾患（表6-4）以外の特定疾患患者については、要介護度に応じた支給限度の枠内で訪問看護を受けることができる。自己負担分（１割）は支払う必要はない。表6-4の患者の場合、介護保険制度からは抜き出し、医療保険による訪問看護を受けることができ、自己負担はない（交通費等は請求できる）。

引用・参考文献

1）川上　武：現代日本医療史, 勁草書房, 1965, p497-499
2）月刊保団連：公費負担医療等の手引　第6版, 全国保険医団体連合会, 1999
3）菅谷 章：日本医療制度史, 原書房, 1976
4）立川昭二：病気の社会史, NHKブックス, 1971

第７章　医療ソーシャルワークの歴史的検証

１．わが国における保健医療ソーシャルワーカーの成立過程

１）医療ソーシャルワーカーの定義

いずれの職業（職種）も、最初から明確な定義、それの基づく業務が確立されたわけではない。とりわけソーシャルワーカーの場合、まさにSocialな職業であり、紆余曲折を経ながら、時代の流れに沿ってその社会的役割·任務・機能が創造された、と考えるのが常識であろう。卑近なところで、社会福祉士の誕生（1889年）は、主として来るべき超高齢社会に備えて、高齢者に対して専門的知識や技術をも持った専門職の必要性からであった。もちろん高齢者だけではなく、障害児（者）や公的扶助を必要とする人々への支援の専門職としても位置づけられた。

しかし、法施行から20年を経た今日、社会福祉士が果たすべき役割は質·量ともに飛躍的に増加した。ホームレス、児童虐待、スクールソーシャルワークなどをはじめ、司法福祉分野への参画など、社会の発展とその裏面としてのさまざまな社会問題に、専門的知識や技術を持って支援することが社会福祉士には課せられるようになった。

MSWも、時代の流れと共に社会的役割が大きく変化している。とりわけこの10年間だけを見ても、保健·医療分野は、関係法の改定、医療機関の収入源である診療報酬の改定、など毎年のように改定が行われ、現場の第一線で働くMSWさえ変化についていけない事情はある。そこで、ここでは「医療ソーシャルワーカー」について、以下のように定義する。

「医療ソーシャルワーカー（medical social worker、MSW）とは医療福祉あるいは医療福祉事業（ソーシャルワーク）の活動および実践の担い手である。保健·医療の場やその関連領域で働くソーシャルワーカーを指す。資本主義の発展にともなって医療社会問題が発生するとともに必要になった職種であり、イギリスやアメリカの施療機関に1800年代末から1900年の初めに掛けて設置された。以後多くの国で保健·

医療機関におけるソーシャルワーカーの設置が広がっていった。（中略）戦後GHQの指導により保健所、結核療養所を中心に設置が広がり、今日では慢性疾患を対象とする医療機関、精神病院、老人保健施設など種々の保健･医療機関に設置されるに至っている。しかし、長年の運動にもかかわらず、医療ソーシャルワーカーの国家資格制度は、未だに実現していない」１)。なお、厚生労働省健康局長発「医療ソーシャルワーカー業務指針」については、後に詳述する。

２）戦前における医療ソーシャルワーカーの活動

わが国における医療ソーシャルワーカー配置は、1919(大正８)年、東京の和泉橋慈善病院（現在の三井記念病院）内に「病院相談所」が設立され、２人の婦人相談員が配置されたのが最初といわれている。同病院は「寄付行為」第１条に「本法人ハ貧困ナル為メ施療ヲ成スヲ目的」と打ち出しているように、主に市内の貧困患者を中心とした救貧病院としての性格を持っており、患者の多くは貧困者、生活問題を抱え治療費、生活費、長期療養に伴う生活苦で十分な医療が受けられず、そのような患者・家族に対する生活支援が必要となった。そこで病院の婦人有志により「和泉橋慈善病院賛助婦人会」が結成され、病院の一角に「病人相談所」が作られた。相談員の業務内容は「診療を打ち切られ困っている人、退院が許されても帰るべき家がなく困っている人たちへの相談」、また「患者退院後の職業の斡旋」など、医療ソーシャルワークの原型をなす内容であった。1925（大正14）年には東京市療養所（後の国立中野病院）に「社会部」が、また同年東京市小石川の療養所付属に「結核相談所」が設置され、相談業務が始まった[2)]。

次に医療社会事業者が関与して医療機関内に病院社会事業組織と相談員を配置されたのが1926（大正15）年、恩賜財団済生会芝病院「済生社会部」である。創立提唱者が済生会参事の生江孝之、日本社会事業協会の原泰一らであり、病院社会事業の実践をすることが目的であった。

日本国内で本格的な医療ソーシャルワークが実践されたのは、聖路加国際病院（トイスラーらによって設立）に、1929（昭和４）年「社会事業部」が創設されてからである。当時のスタッフは小栗将江（後の浅賀ふさ）らが配置され、主に結核患者への医療サービスと家庭訪問などによる生活支援だった。しかし日本は次第に戦時体制へと走り、軽･中度の結核患者は強制動員され、病院に送られる患者は重傷結核患者で占められるようになった。このような情勢下1936（昭和11）年５月、清水、小栗らが世話人となって日本で最初の「医療社会事業研究会」が結成された。しかし次第に時局が悪化し医療社会事業は事実上途絶えた。

3）戦後におけるMSWの活動の歴史

(1) 戦後混乱期と医療社会事業

第1部第1章でも触れたように、廃墟と化したわが国とって最大の課題は復興であった。GHQによる占領政策の下、医療の確保は宿泊·食料確保とともに最大の政治課題であったが、まず求められたのは公衆衛生政策であった。1947年アメリカ社会保障調査団（ワンデル調査団）が来日、翌1948年「社会保障制度への勧告（いわゆるワンデル勧告書）」が政府に出され、前年（1947年）成立の「児童福祉法」、1949年「身体障害者福祉法」のいわゆる福祉3法が成立した。

医療保険分野では1947年「旧保健所法」（1937年制定）が全面改訂され、第2条第6項に保健所での医療社会事業の任務が位置づけられた。翌1948（昭和23）年3月、東京都杉並保健所に4課のうち奉仕課の中に医療社会事業係が設置された。これを契機に46府県にモデル保健所が開設され、46人の医療社会事業家が就任した。また同年国立病院関係では国立国府台病院に2名、翌1949年には国立第一病院（現国立国際医療センター：新宿区)、第二病院（現独立行政法人国立病院機構東京医療センター)、東京結核療養所（同東京病院）をはじめ全国数箇所にソーシャルワーカーが採用された。同年日本赤十字社も全国の病院に医療社会事業を実施する計画を立て、ソーシャルワーカーを配置した。国立ハンセン病療養所（当時）にも配置された。前後するが、1949（昭和24）年、ワンデル勧告書を受け「社会保障制度審議会」が設置され、翌50年「社会保障制度に関する勧告」が出された。同勧告はその後憲法第25条とともにわが国における社会保障充実の根拠法となった[3)]。

1953(昭和28)年、職能団体である「日本医療社会事業家協会」が発足、配置された者はそれぞれの機関で相談支援活動を展開するとともに、当時社会保障削減の動きがある中で、市民運動の推進者としての役割も担った。これらの動きは社会情勢にも反映し全国社会福祉協議会でも医療社会事業研究会が発足、資格、必置制、身分法の必要性などを取り上げられた。1960（昭和35）年、「人間裁判」といわれその後の日本の社会保障前進に大きな役割を果たした朝日訴訟の第一審勝利の1961（昭和36）年と時を同じく国民皆保険化の実現など前進面もあったが、その後医療社会事業者が全国にあまねく配置される状況は生まれなかった。

1960年代から70年代に掛け、医療社会事業者にとっての最大の課題は「身分法」

成立であった。1964年社団法人化された日本医療社会事業協会（以下日本協会と略す）は、1966（昭和41）年1月、「身分法促進委員会」を立ち上げ、「身分化」を協会運動の大きな柱の一つとして打ち立てた。しかし、前年（1965）「MSW制度調査打合会」を設置し、身分化に前向きな姿勢を示した厚生省は、わずか3ヵ月後の4月、「MSW制度調査打合会」を解散してしまった。前年（1965年）、同じく厚生省内に調査費がついて検討されていた「理学療法士・作業療法士」が国家資格として成立したことは、先発組みであった日本協会にとって衝撃的な出来事だった。

日本協会は、10月に「委員会」を「身分法促進行動委員会」へとバージョンアップし、運動の強化を図った。1968(昭和43)年、日本協会は「医療社会福祉士法（案）」を発表し身分法の制定を掲げた。1971（昭和46）年、中央社会福祉審議会は「社会福祉施法制定試案」を発表したが、当時日本協会は流会続きで、余り意見が出なかったばかりか、PSW協会が反対を表明するなど、関係者の間でコンセンサスが得られず、見送られた[2)]。1973（昭和48）年、日本協会会長に就任した児島美都子は、これまでの「身分法運動」を「資格制度化運動」と位置づけなおし、総会では「社会的要請にこたえるようなMSWの資質向上と制度化をはかる」決議が決定された[『50年史』P61]。

(2) 苦悩の制度化運動　福祉・介護・精神保健専門職の誕生

1974（昭和49）年厚生省（当時）児童家庭局は「社会法人立病院への医療ソーシャルワーカー配置」を通知した。これに対し日本協会は1976(昭和51)年の総会で6項目（必置制、任用資格、業務基準、待遇、研修制度、経済的裏づけ）を内容とした国会請願活動を決議し、翌1977（昭和52）年、6項目に関して国会請願署名を開始した。1978（昭和53）年、参議院社会労働委員会で請願が全会一致で採択。しかし衆議院同委員会では「資格・配置」のみ採択された。翌1979（昭和54）年、日本協会はこの請願署名活動を各都道府県・地方議会レベルまでに広げ、すでに前年（1978年）採択された宮城県議会をはじめ、1982（昭和57）年までに11県議会·市議会で請願書が採択された。この成果を基に、日本協会は、各都道府県協会と共闘し、知事·市長あてに「医療福祉職（医療ソーシャルワーカー）の配置等に関する要望書」を提出し、採択運動を展開した。要望事項は6項目であった（表7-1）。

その後、1982(昭和57)年、日本協会は「医療福祉士法試案」を作成し、運動を展開したが、内部で十分なコンセンサスが得られないまま時が過ぎた。紆余曲折を経て、1986（昭和61）年、斉藤厚生大臣（当時）が「医療·福祉関係職種法制化」を指示、「医療福祉士法」成立の可能性を秘めていた矢先、厚生省内部では、社会福祉士資格

表7-1

①　全ての保健所に、医療社会事業員と精神衛生相談員を、専任として配置する。
②　全ての自治体立病院に専任の医療福祉職を最低２名以上配置する。 但し、ベッド数に応じ増員。
③医療福祉職の採用については、４年制大学で社会福祉学科を卒業した者、または同等以上の者。
④配置に関して、専用面接室および専用電話の設置等、必要な条件整備を整備。
⑤自治体立病院、医療福祉職の配置に関して、その所属は臨床系の医療福祉部とする。
⑥民間医療機関に対する医療福祉職員配置の助成等、医療福祉事業普及のための施策を講じる。

を「汎用性はあるが、狭義の社会福祉を中心とした名称独占の資格」と規定し、医療ソーシャルワーカーは業務の特性から社会福祉士資格とは別の「部分的に業務独占の資格」が必要と主張、国会答弁でもその意見を踏襲し、翌1987(昭和)62年「社会福祉士及び介護福祉士法」が制定し、「医療福祉士法」は宙に浮いた形となった。

児島会長を引き継いだ須川　豊会長（1981年）は、医師として行政分野にも明るい人であった。また日本協会初代副会長で、神奈川県協会会長・村山氏も医師であり、運動の展開が期待された。国家資格実現に最も近づいたのが1987（昭和62）年、前年12月、斎藤厚生大臣が「医療・福祉関係職員資格法定化」を指示したことに始まる。年が明けて、日本協会はさまざまな団体との懇談会を開催するとともに、要請所管である健康政策局とも協議活動を展開した。今から考えるに、この時不幸が生じた。日本協会の努力を横に、厚生省は来るべき高齢化社会に向け、新たな専門職である社会福祉士と介護福祉士の誕生に全力を注いでいた。

30年もの歴史があり、戦後の保健医療領域におけるソーシャルワークで大きな功績を残した日本協会の「国家資格化」の声は政府に届かなかた。ここから先は議論の分かれるところだが、「日本社会福祉士会10年史」[4)]では、「医療社会福祉法案やその後の法案が進展を見せなかった根底に『医療ソーシャルワーカー』を『医療専門職』ととらえるか、それとも『社会福祉専門職』ととらえるかという、『専門性』と『所属』をめぐる根深い対立があった」と、記されている。さらに「法案作成の過程において厚生省内部では社会福祉士資格を『汎用性はあるが狭義の社会福祉を中心とした根衣装独占の資格』と規定し、医療ソーシャルワーカーは業務の特性から社会福祉士資格とは別の『部分的に業務独占の資格』が必要であるとして、(政府は)国会答弁でもその態度を変えることがなかった」とも記されている。

(3) 社会福祉士法の誕生

戦後、社会福祉分野で初めて専門職をして認められたのが「社会福祉主事」である。1950（昭和25）年、「新生活保護法」制定の年である。まだ戦後の傷跡が残る中、社会福祉主事は「福祉に関する事務所において社会福祉三法（後に六法）に定める援護、育成、又は更生の措置に関する事務」を行う専門職として誕生した。社会福祉主事に対しては大きな期待が掛けられていたが、占領政策の一環として配置されたこと、また諸般の事情、特に国と自治体の役割分担が不十分な中で、彼らの業務は国民の担保にはならず、「三科目主事」と揶揄されるなど、芳しくない結果をもたらした。1960年代に入り、復興の順調に進む中、さまざまな福祉法が誕生した。「精神薄弱者福祉法」（1960年）、「老人福祉法」（1963年）、「母子福祉法」（1964年）。因みに戦後復興の象徴となった東京オリンピックも1964年だった。このように福祉の枠組みができる一方、そこで働く新たな専門職の誕生が待たれた。

大阪国際万博の翌年1971（昭和46）年11月、厚生省社会局の諮問機関であった「中央社会福祉審議会職員問題専門分科会起草委員会」は「社会福祉専門職の充実強化方策としての社会福祉試案」を発表した。「試案」は、「資格条件として大学もしくは大学院で社会福祉を専攻し、学士、修士、若しくは博士を称することができるもの」など、国際水準にも勝る資格を提示する一方で、社会福祉士に一種、二種の区別を設けたことに各方面から批判が集中したため、社会福祉関係者全体の合意が得られず「幻の社会福祉士法案」として自然消滅となった。

しかし、その教訓は間もなく生かされることになった。日本における社会福祉専門職のひとつとして「日本ソーシャルワーク協会」が1960（昭和35）年に結成されていたものの、諸般の事情で言わば開店休業団体であったが、「法案」消滅を機に、全国各地の福祉関係者の間から「先進諸国の仲間入りをしたわが国に社会福祉専門団体が存在しないのは不自然」の声が彷彿と沸きあがった。この世論に勢いづいた「日本ソーシャルワーカー協会」は、数年間の開店休業から抜け出し、専門職としての地位を固めるべく課題に着手した。その一番手が「ソーシャルワーカーの倫理綱領」の作成作業であった。再建から３年間の議論を経て1986（昭和61）年４月26日、日本ソーシャルワーカー協会は「ソーシャルワーカーの倫理綱領」を世に宣言した。同年８月、東京で国際社会福祉会議（第23回国際社会福祉会議、第３回国際社会事業教育会議、第９回国際ソーシャルワーク連盟シンポジウムの３会議）が開催された。三者が協力してひとつの都市で開催されることで、関係者は勿論の事、政府も全面的な支援を行った。この三者合同会議に先立って大阪で開かれた「事前セミナー」において「ソーシャルワーカーの資格制度の国際比較研究」に関する議論があった。各国から「日本の社会福祉がこれだけ整備されているのにもかかわらず、ソーシャルワーカーの資格がないのはなぜか」の議論が沸騰した。このことが、社会福祉士成立に拍車を掛けた。1987年１月７日、斎藤厚生大臣（当時）が「保健や福祉の分野で資格をつくる」旨の談話を発表。これに対して日本ソーシャルワーカー協会は「大臣談話支持」を表明、その後緊急招集された「日本社会事業学校連盟の理事長・学長会議」でも大臣談話が支持された。さらに全国社会福祉協議会が「資格化推進総決起集会」を開催し「大臣談話」支持の態度を明確に表明した。環境は整った。

しかし問題がひとつ残った。「医療ソーシャルワーカー」のとらえ方だった。即ち、またしても、「医療専門職」ととらえるか、それとも「社会福祉専門職」ととらえるかということが、法案作成の段階でも一大争点となった。厚生省内部では社会福祉士資格を「汎用性はあるが狭義の社会福祉を中心とした名称独占の資格」と規定した。「社会福祉士及び介護福祉士法案」は政府提案として同月28日に国会に上程され、わずか１ヵ月後の５月26日法律第 30 号として可決成立、即日公布となった。日本協会は紆余曲折を経ながら、2006年「医療保健分野におけるソーシャルワーカーの身分法は社会福祉士である」と明言、資格取得への支援を続けている（その歴史は『50年史』第９章で詳細に記されている）。

1889（平成元）年、厚生省は「医療ソーシャルワーカー業務指針」を通知した。また2000（平成12）年、介護保険制度が始まって、これまで峻別されていた医療と福祉の多くが合流することとなり、保健・医療・福祉の連携が大きな課題となった。また医療機関でのソーシャルワーカーが急増し、医療機関における社会福祉士のあり方が問われることとなった。

これらの動きは、先に厚生労働省が「社会福祉士及び介護福祉士法」の改正を示唆し、2007年同法の大幅改正と大きく関係している。即ち前年(2006·平成18)年、社会福祉士養成における実習機関·施設に医療機関を追加された。同年診療報酬改定において、退院指導のメンバーに社会福祉士が始めて位置づけられ、2008（平成20）年同改定で、結核患者、後期高齢者の退院指導の責任者の職種に社会福祉士が採用され、2010年の同改定では対象者の範囲が大幅に広がった。具体的には、退院支援対象者が65歳以上、若しくは介護保険2号被保険者のうち特定疾病（16疾病）の患者となったこと、退院に当たって支援した場合、介護支援連携指導料として２回まで加算（300点）が算定されるようになったことなどにより、医療機関における社会福祉士の位置づけが大きく変わった（第５章３.参照）。

2．医療ソーシャルワーカーが社会福祉士でなければならない根拠

筆者は冒頭で「医療ソーシャルワーカーはあくまでもソーシャルワーカーであり、働く領域や役割に違いがあるだけである。したがって他の分野のソーシャルワーカー同様社会福祉をベースとする」ことを明確にした。このことを考える時、PSW（精神保健福祉士）の誕生のプロセスには未だに疑問を感じている。

1）ソーシャルワークの基本

岡村は「ソーシャルワークの理論と方法を、保健医療に適用したものが『保健医療ソーシャルワーク』である」と述べている。その前提として岡村は「個人の社会生活上の基本的要求として、a) 経済的安定、b) 職業的安定、c) 家族的安定、d) 医療保障、e) 教育の機会均等、f) 文化・娯楽、g) 社会参加、の７つの要求項目」を提示し、その解決のため「社会関係」に触れ「社会関係の客体的側面」と「社会関係の主体的側面」双方からのアプローチが必要であるが、中でも「社会関係の主体的側面」により目を向けることの重要性を指摘している[5)]。換言すると、ソーシャルワークは社会関係上困っている人、若しくは家族など集団に対し、生活者の立場を守るといういわば、生活必然性を持つものでなければならない」。(そのような実践を通し：注久保)「個人の生活困難を援助するソーシャルワークが、他の多くの生活関連施策の中で固有性と必然性を持つことができよう」[岡村]。

このことから、MSWの社会的存在意義、所属機関で職業として働く意味や位置を考えてみよう。MSWは保健医療分野関連機関に配属された職種である。岡村のいう「要求」に照らし合わせると、主に「医療保障の要求」者に対し相談に応じ、問題解決に向けて支援する専門職である。岡村の考え方の基本に異論はないが、現実問題として、MSWが日々応じている相談援助の内容を分析すると、狭義の医療保障要求だけでなく、他の要求と複雑に絡み合っている事例が大半である。

そこで、本稿では、改めて「ソーシャルワークとは何か」について基本に立ち返って考えることとする。ここでは、ソーシャルワーク形成の詳細については触れない。このテーマを考えるとき、いくつかの歴史（ソーシャルワークの流れ、人物、理論と実践）に触れないわけにはいけない。

(1) Mary E. Richmond（1861-1928）

1861年アメリカ、イリノイ州に生まれたリッチモンド女史は、さしたる教育を受けなかったにもかかわらず、1889年頃よりアメリカ慈善協会（COS）運動に専念。これまで慈善の対象であった貧困民らをソーシャルワークの対象（クライエント）ととらえ、社会問題を改良せずして、彼らが抱えている問題は解決しなしと主張した。それらをまとめたのが1917年に発行された「Social Diagnosis」。その後も彼女は活動を続け、1922年、集大成とも言うべき名著「What is Social Case Work?」を世に出し、ケースワークの基礎を確立することに大きな貢献をした。「What is Social Case Work?」は、全12章からなり、序論ではサリバン女史とヘレン·ケラーのかかわりを記述し、その後、「パーソナリテイの存在」を明記している。終章（結論）で、「ケースワークは個人とその個人の社会環境と間によりよい調整をもたらすことによってパーソナリティに貢献する。（中略）ソーシャル・ケース・ワークの最高の基準はパーソナリテイの成長である。」と、締めくくっている。今から約100年もの昔アメリカの才女は今を予言していた。この２著は、それぞれ矢吹慶輝氏や小松源助氏によって和訳され「社会診断」「ソーシャル・ケース・ワークとは何か」[6)]の名で出版されている。

「社会診断」：入手が極めて困難（福祉系大学にはあるはずです）

(2) Biestek. F. P

アメリカの社会福祉学者バイステックは、ケーワークにおける援助関係の本質に関する研究を続け、1957年「The Casework Relationship」を出版（日本では1965年、田代不二男・村越芳男両氏の訳により誠信書房から「ケースワークの原則―よりよき援助を与えるために」[7)]で出版された。その後「ソーシャルワークの原則」として、尾崎氏らが翻訳し1996年、誠信書房より再出版された）。

この本は、前述したリッチモンドらが、ソーシャルワーク、パーソナリテイ発達と社会改良の関連を社会運動として発展させようとしたが、リッチモンド死後、1920年代後半のアメリカ大恐慌に端を発した社会の混乱は、そのままケースワークの世界にもまともに侵入し、フロイト（1920年代）、ハミルトン（1940年代）らの医療モデル派と1930年代のランク、タフトら生活モデル派の論争もあったが、フロイトの影響力は圧倒的で、また第二次世界大戦が勃発したこともありソーシャルワークは低迷した。イギリスでは1942年のベバリッジ報告を機に、大戦終結直後より復興政策がいち早くとられたのに対し、アメリカでは、1950年代より社会学が隆盛を極め、ソーシャルワークは衰退の一途をたどった。

それは1954年の「リッチモンドに帰れ」を訴えたマイルズのことばに端的に表れている。そのような情勢下、バイステックは、「ケーワークの原点に返ろう」と名著「ソーシャルワークの原則」を世に出した。有名なバイステックの７原則は、周知と思うが、まずは第一部　「ケースワークにおける援助関係の本質　援助関係の本質」ではリッチモンド死後のアメリカにおけるケースワークの歴史を批判的の検討し、援助関係について以下のように定義している。

援助関係とは、ケースワーカーとクライエントの間で生まれる態度と感情による力動的な相互作用である。そしてこの援助関係は、クライエントが彼と環境との間により良い適応を実現していく過程を援助する目的を持っている。

《バイステックの７つの原則》

Principle 1　Individualization

Principle 2　Purposeful Expression of Feeling

Principle 3　Controlled Emotional Involvement

Principle 4　Acceptance

Principle 5　The Nonjudgmental Attitude

Principle 6　Client Self Determination

Principle 7　Confidentionality

(3) Carel　B.germain：生態学的アプローチ

1950年代から続いたアメリカの混乱は 60年代にも尾を引いた。1955年、全米ソーシャルワーカー協会が設立したものの、ベトナム戦争の泥沼化、黒人を中心とした公民権運動、貧困戦争などが次々に起こり、パールマンをして「ケースワークは死んだ」と言わしめた時代が続いた。1970年代に入り、コンピューターの発達にも刺激され、ソーシャルワークの分野にも「システム論」が導入されるようになった。その後、生態学理論が脚光を浴びることとなった。その嚆矢がキャレル．ジャーメンである。彼女は,生態学的視点から「ソーシャルワークは、環境の障害物を取り除き、社会的·物理的環境を再生することで、人々の成長、発達や対処能力に貢献する」と述べている。

「Social Work Practice:People and Environment」Columbia University Press 1979

その後、生態学的理論は、「適用主義」の批判のそしりを受けたが、その一方で「Environment=環境は、物理的なものと社会的なものとの相互作用によりなりたつ」考えは、今でも一定の支持を得ている。

(4) Michael Whiteらのnarrative モデル

21世紀に入り「ナラテイヴ」という「単語」がもてはやされるようになった。医療や看護の世界では「 Medicine Based Narrative 」が流行語のように踊っている。「患者の語りの中にこそ真実が見える」などと解釈され、さながらナラテイヴ現象化さえ感じる。そのような考え方が根本的に間違っているのではないが、ここではWhiteらの考えているナラテイヴについて、その理論的背景、ソーシャルワークを展開する上での有用性などについて述べる（なお、筆者はここ数年この考え方を基に、重度難病患者さんとの面接で採用し、患者と支援者である「われ」との関係を根本的に見直すようになった。

Narrativeモデルは、「伝統的あるいは近代的な知の前提になっている方法論に懐疑的で、予め確固たる現実が定立されていたり、あるいは客観的な心理というものを想定するのではなく、現実は人々の日常のコミュニケーションの中でつくられていくという立場をとる。一般に社会構成主義理論（Social Constructionism）をベースに、ソーシャルワークに中で応用されたものをナラテイヴ･モデルと呼んでいる。」[木原活信　2002　『ソーシャルワーク研究』108　P28]。

換言するならば、まず社会ありきではなく、私、あなたが発することばが世界を構成する、また自己のことを他者に対し語ることによって、自己を構成する、という考え方である。また人の発することばには既成概念として、演じさせられていることば（Narrative Based；権力に抑えられ、演じさせられている語り）と本来自分が語りたいことば（alternative story=自分の持っているidentity や自己を肯定化する語り、ほんとうにかたりたいことば）があり、双方に不具合が出来てくる。

「子どもが学校に行かないで困っている人」の本当の「困りごと」は「学校に行かない」事であり、「学校に行かない子どもを悩む私」ではない。社会構成主義は、「問題は問題である」として、「外在化」の手法で問題と人を切り離し、当初の「こまった事」をいったん分解「こまった事」からその人をいったん外に追いやり（外在化）、再度「本来の私のことば」を再構築していく手法であり、人は「困ったこと」から開放されると、本来の自分のstrength　やempowerment　に気づき、「自己」を自己たらしむべく、あらたなストーリーを作っていくのである。木原も言うように、Narrativeモデルはまだ日本に導入され日が浅いため、まだ市民権を取っていないが、筆者にとって、ALS（筋萎縮性側索硬化症）をはじめ重度難病患者やその家族との面接を通し、彼らの語りが自らを取り戻した（自分の対処力に気がついた)、という実感を強く持つことより、今後の研究と実践に期待している。またそれは自らへの課題でもある。

2）　診療報酬と国家資格

2008年診療報酬の改定により「退院指導における社会福祉士の介入による診療報酬請求」は、やはり画期的なものだったといえる。言わずもがなであるが、わが国の診療報酬制度は、医師自身が、若しくは医師の指示を受け、国家資格を持った専門職が「診療の補助」として、看護、リハビリ、放射線照射などの医療行為を行ない、その対価として、診療報酬を請求できる。MSWの場合、すでに、これまでの歴史でも触れたように、「資格化」が最大の課題であった。また「社会福祉士」の資格は持たないが、所属する医療機関だけでなく、後輩育成に努力されているすばらしい先輩も多くいる。しかし医療機関における唯一とも言える収入源「診療報酬請求」の一角に社会福祉士の資格を持つ MSWが位置づけられた今日、国家資格を有しない者が、保険請求できるのであろうか。

診療報酬をめぐっては、医療のニーズに対応すべく常に新しい職種が誕生した。1965（昭和40）年「理学療法士及び作業療法士法」制定に伴い、それまで「マッサージ師」として、患者の社会復帰を目指し賢明にリハビリに取り組んでこられた先輩方は、診療報酬請求という大きな流れに対し転換を強いられることとなった（もっとも、マッサージ師は県知事認可の職であり決して無資格者ではなく、保険請求は出来た)。ある先輩マッサージ師は「患者の事は俺が一番よく知っているし、若いやつら（きっと新採用された PTのことだと思うが）より技術的にはオレのほうがはるかに上だ」。涙ながらにこれまでの苦労を話された先輩に対し、返すことばがなかった。しかし、制度は制度である。国家資格、若しくは都道府県知事が認めた有資格者による「診療の補助」の対価として診療報酬制度がある以上、社会福祉士という国家資格を有しない者が、保険請求できることが不可能なのは、当然のことである。

社会福祉士の本来の仕事は、言うまでもなく「社会福祉士及び介護福祉士法」第２条に基づき、倫理、行動規範をわきまえ、利用者の empowermentを引き出し、人間らしさを取り戻す人・集団への伴走者である。ここ数年で医療分野にて保険点数の請求が出来るようになったことをもって、「社会的認知を得た」と考えるのは、早計もはなはだしい。

筆者は以前より、「社会福祉士の養成制度」には、多くの疑問を持ってきた。その疑問は浅くなるどころか、むしろ深くなる一方である。医療分野の他の職種に比べ圧倒的に見劣りする実習制度、個人差もあるが社会福祉士を目指す者の「知」への欲求の欠如、そして、社会福祉系の大学を含め養成する側の姿勢も、「とにかく国家試験に合格さえしてくれれば」と、単なる知識の詰め込み、ソーシャルワーク技術の命ともいえる「面接時術」「記録」など、「情報知＝知っている」に留まり、「概念知＝このような方法があるので、仮説を立てたい」から「実践知＝実際にやってみて振りかえる」までには程遠いのが実態である。つまり国家資格は取ったものの、ほぼ素人の状態で就職しているのが実態である。その点、学校の教師は、新卒でも４月からは教壇に立ち、子どもに授業を行うのである。他の医療職も同様である。筆者としては歯がゆい思いでいっぱいである。

３）専門職団体の倫理綱領と行動指針

ケースワーク（ソーシャルワーク）アプローチの系譜を考える時、そこにはいつも時代の流れが反映しているが、それはソーシャルワークがその時々の社会的課題に対し、専門的知識と技術を持ってその解決に当たる点から言えば至極当然なことである。

現在日本はこれまで誰も経験しなかった少子･高齢、格差社会に突入している。上述の４名に共通している視点は「社会改良とソーシャルワーク、自己とは何か」ではなかろうか。このような時代に対し社会福祉士（会）だけで解決するものは何一つないだろう。社会福祉士のよって立つところ、原点は､2005年に採択された「社会福祉士の倫理綱領」と「社会福祉士の行動規範」である。社会福祉に携わる者はこの二つを、情報知（読んだことはある）から概念知（何を書いているのか、自分の頭で再構築する)、そして実践知（知識や技術を使って行動に移し、検証する）までに高めることが求められる。

MSWは、たえず自分の実践を振り返り、学習する機会を意識的に持つことが求められる。日本社会福祉士会は会員のレベルアップ向上の一環として1999年度より生涯研修制度を開始している。概要は基礎研修を基盤に、共通研修（第１期から第３期まで)、専門分野別研究（現場実習指導者、成年後見人養成、障害者の地域生活支援、保健医療分野のソーシャルワークに係る分野）などがある。　研修内容･時間ごとに単位を決め、３年間で60単位以上を取得した場合、申請により修了証明書を取得できる。会員拡大に伴い、中央（都道府県単位）での研修が困難になる中、各都道府県支部とも、地域ブロック制度を設け、ブロックを中心に研修･交流活動が定着しつつある。研修内容･場所はさまざまであるが、自己学習が基本であることより、テキストとして「社会福祉援助の共通基盤：上・下」を刊行している。同書は「出版のねらい」の中で、「全ての社会福祉士（ソーシャルワーカー）にとって、その実践をサポートするためのテキストとして用いられることを視野に入れて作成」と記し、a)社会福祉士がとらえる権利擁護、b)社会福祉士がとらえる生活構造、c)社会福祉士がとらえる相談援助、d）社会福祉士がとらえる地域支援　e)社会福祉士がとらえる福祉経営　f)社会福祉士がとらえる実践研究の６領域を設定している。そして各領域の末尾にそれぞれ「理解度チェック表」を設け、各研修項目を横軸にし、また縦軸に「知識」「理解」「伝達」「実践」を設定し、自己チェックシステムをとっている。さらに学習を通しての「今後の課題」も記すことになっている。このテキストは文字通り「共通基盤」であり、各社会福祉分野のガイドラインではない。

生涯研修制度には専門分野別の研修課程も用意されている。激変する社会に対応できるソーシャルワーカー育成に向け、分野も広がる傾向にある。

(5) 日本医療社会事業協会におけるソーシャルワークの定義

日本医療社会事業協会（以下、日本協会）が設立されたのは1953（昭和28）年11月であり、その歴史は日本社会福祉士会より40年ほど長い。日本協会は幾多の紆余曲折を経て、日本医療者機事業分野におけるにおける唯一の職能団体である。当然のことではあるが「医療ソーシャルワーカーの倫理綱領」を持っている。a)価値と原則：人間の尊厳、社会正義、貢献、誠実、専門的力量、b)倫理基準：利用者に対する倫理責任、実践現場における倫理責任、社会に対する倫理責任、専門職としての倫理責任、などである。

また行動基準として、a)利用者に対する倫理責任、b)実践現場における倫理責任、c）社会に対する倫理責任、d)専門職としての倫理責任、を制定し、会員はこれらに照らし日々自己点検（振り返る）が求められている。

日本協会は、日本社会福祉士会と共同で 2003年「保健医療ソーシャルワーク実践全３巻」を発行した。各巻を概観すると、各巻とも３章立てになっている。第１巻（第１章：保健医療分野のソーシャルワークの歴史と動向、、第２章：医療と社会·医療、第３章：医療機関の機能とソーシャルワーク)、第２巻（第１章：医の倫理とソーシャルワーク、第２章：生活生涯とソーシャルワーク、第３章：連携・協働)、第３巻（第１章：実践の評価・記録、第２章：組織と業務管理、第３章：保健・医療・福祉関連法規・規則）が主な内容である。

そして６年経た2009年９月「改訂版」を発行した。発行直後、筆者はすぐに入手し、2003年度版と照らし合わせ、落胆した。2003年から2009年までの６年間、保健・医療・福祉をめぐる状況が、こんなにも大きく変化している中で、一部修正・加筆を除き、ほとんど６年前と変わらない内容に、腹立たしさえ覚えたのは筆者だけだろうか。多くは記述しないが、この６年間は､2003年の介護報酬改訂、2006（平成18）年の診療報酬改定、介護保険法抜本改定、2007年第５次医療法改定による医療連携の強化など、まさに激変の年月であった。

3．社会福祉士を取り巻く近年の動き

長年の先輩方の努力により社会福祉士が国家資格として成立したものの、当初は単なる「名称独占」であり、特に業務独占の動きもなく、資格取得した者にとって一種の閉塞感もあった。特に受験資格のない現役ソーシャルワーカーにとって、仕事を抱えながら、あるいは家事を支えながら養成所もしくは通信教育による取得は、時間の上でもまた金銭面でも大変な苦労があっただけに、「何のための国家資格か」「あの努力は一体何だったのか」の疑問や無力感もあった。

しかし、成年後見制度による法定後見人、地域包括支援センターにおける社会福祉士の必置を皮切りに、社会福祉士が確実に社会的地位を得るようになった。

保健・医療分野においては、まず平成９年度から全面改訂された難病対策「難病患者保健・医療・福祉施策」の一つである「難病患者地域支援対策推進事業」の医療相談事業の一員として社会福祉士（等）が位置づけられた。また2006（平成18）年の診療報酬改定において、退院支援の一職種として初めて社会福祉士（ら）があげられた。2008（平成20）年の改定では、後期高齢者と結核患者の退院支援ではじめて社会福祉士が看護師らとともに診療報酬の請求ができるようになった。

今後ますます医療機関同士の連携が深まる中で、道具としての地域医療連携機能を身につけている社会福祉士に対しては、診療報酬という医療機関の経営上の面からも期待が寄せられるものと思われる（この点については、第Ｉ部第５章で詳述した）。

参考・引用文献

１）大野勇夫: 社会福祉事典, P23, 大月書店, 2002
２）50周年記念誌編集委員会: 2003年, 日本の医療ソーシャルワーク史, (社)日本医療社会事業協会, p2-4, 2003
３）川上武: 現代日本医療史,p497-499, 勁草書房, 1965
４）日本社会福祉士会編集委員会: 日本社会福祉士会10年史, 日本社会福祉士会, 2003
５）岡村重夫: 保健医療・ソーシャルワークハンドブック, 理論編, 保健医療ソーシャルワーク研究会, p4, 1990
同: 社会福祉原論, 全国社会福祉協議会, 1983
６）M・リッチモンド:ソーシャル・ケースワークとは何か, 小松源助訳, 中央法規, 1991
７）F・Pバイステック: ケースワークの原則・新訳版, 尾崎新, 他訳, 誠心書房, 1996

あとがき

本書は、主に神経難病患者に関わるようになったいきさつから、現在までの筆者の実践研究をまとめたものである。第３章の３．については修士論文を基調としているが、他の章は全てオリジナルである。また本書は主に福祉系学生、就職間もないMSW、社会福祉士養成機関の教員を対象に書いた。

第１章については、これまでなんとなく分かったつもりになってヘルパー講習等で講義し、また雑誌等投稿していたが、今回多くの文献に出会う中で、国の難病対策の経過を改めて知ることが出来た。

第２章については、当時まだ「難病」といえば「結核など治らない病気」との認識が広がっている中で、東京都を中心に先輩方が、当時難病に限らず広く一般的に「ソーシャルワークとは何か」の議論さえ不十分な中で、看護職である川村佐和子女史、福祉職である伊藤淑子女史、そして心理職である高坂雅子女史らが、職種の垣根を外して、「生活」に視点を当て実に緻密な実態調査と課題の抽出、そしてその課題解決に向け、様々な努力をされたことを改めて知る機会になった。

第３章が本書のメインである。１．では就職後初めて本格的に関わった筋ジス病棟における実践をまとめた。前半で、「僕も学びたい」「社会に出て働きたい」という彼らの願いに対し、ともに語り合いながら、実践し、少なくない筋ジス患者が社会で暮らし働くことになった。後半は「轟　敏秀」という途轍もないヤツとの出会い、彼と畠山氏を始め日本トップクラスの研究者との共同作業は、その後のわが国におけるスイッチの開発をはじめ意思伝達装置などコミュニケーション機器研究の発祥の下地となった。３．は2005（平成17）年に提出した修士論文を加筆修正したものである。４つの事例提供については、全て当事者の承諾を得て、匿名性を保つために少し修正している。介護保険制度は幾多の苦難（最初の政府提案は廃案になった）を経て2000年４月より全面施行されたが、21世紀初頭の大改革が一夜にして、順調にスタートすることは考えられない。介護保険が始まる以前は、多くの関係者に過大な期待とともに、多くの不安もあったと考えられる。４つの事例はいずれも社会資源が圧倒的に不足している過疎高齢地域での実践である。町の福祉課の職員が、介護保険を想定し社会資源発掘の様子を事例に見ることができる。４．は、筆者が一番力量をつぎ込んだ実践である。本文で述べているように、南九州病院は全国に先駆けて昭和50年代後半から在宅難病訪問指導を行っていた。地域社会資源が脆弱な中で、何とか地域で難病患者・家族を支援したい、そのためにも難病に関する勉強会、事例検討会を行って欲しいとの願いを南九州病院・保健所が受け入れ、在宅支援スタッフとの共同で始まった。いずれの研修会や事例検討会がそうであるように、最初の段階は、多くの人が興味を示し参加するが、そのうち次第にしぼんでいくことが多い。その理由の一つに事務局の働きがある。この「検討会・学習会」は当院に付設されていた「南九州医療福祉研究会」の会長である川島望先生（当時南九州病院院長）、事務局の福岡さん、それに著者の3名が、講師選定、事例提供者の依頼、当日の案内、会場準備、司会進行など、すべてをこなしてきた。また福永院長先生をはじめ神経内科の先生方も必ず毎回参加し、適切なアドバイスをしてくださった。数十名が集まってにぎやかなときもあったが「開始時間になっても誰ひとり来ない、案内を間違ったのかしら」。福岡さんの顔に幾ばくかの悲しげな姿に心が痛んだ。このような例会を持続するために最も必要なことは「事務局」の存在・機能であることを肌で学んだ。苦労はあったが、一生忘れられない10年間（50回）であった。

第４章は、ここ数年、めまぐるしく変動する医療保障制度とソーシャルワーク機能とその役割を記した。またこの時期より地域医療連携室も院内外で市民権を得て、スタッフも大幅に増える中で、神経難病に特化したソーシャルワークの実験を試みた。特にアセスメントに関しては、難病患者には多くの職種が関わるため「MSWアセスメント」などというようなものは存在し得ない（看護関連のアセスメントはあるが）。そこで他職種と協議しながら、アセスメント→課題の明確化→支援→評価(モニタリング)について、検討しつつあることを記した。

第５章はMSWの役割、MSWと社会福祉士の関係を述べた。ここでは少なくない社会福祉士未取得MSWからの批判を承知で、筆者の意見を強く打ち出した。

第６章、第７章は、これからMSW(社会福祉士)を目差す学生を対象に、社会保障制度の特徴と課題などを述べた。特に難病に限らず、これから医療費をめぐる議論が盛り上がることは想像に難くない。そのような中で、特に「公費負担医療」のことを是非勉強して欲しいという願望も含め記述した。第７章は第５章とも多少重なるが、先人の努力に深く敬意を示す一方、歴史を批判的に検討する中で、新たなMSW（社会福祉士）の機能・役割について問題提起した。

なお、末尾に年表をつけた。これは筆者が、社会福祉士資格取得のため某養成所に通った1994（平成６）年より今日に到るまでを学習時パソコンを立ち上げつくったオリジナルなものである（現在も進行中）。

当初、大学院卒業者同窓で「共著」を書くことになっていた。それらは現実化し、福祉関係書店の書棚を賑わせている。しかし著者は、どうしても「単著」が書きたかった。

幸い、福永秀敏・南九州病院長先生の温かい励まし、鹿児島国際大学大学院研究科長・高木邦明先生の貴重な助言、さらに身の程もわきまえず難病医療関連学会の重鎮である糸山泰人先生に「挨拶文」をお願いした所、私ごとき者に素晴らしい文章を頂き、天にも昇る思いで掲載させてもらった。出版社の方のアドバイスで、ここまでたどり着いた。深くお礼を申し上げたい。

著　者

索　引

和文索引

英文索引

社会保障・社会福祉援助技術関連年表1

作成：久保裕男

西暦	元号	諸外国における衛生状態 社会保障	世界の出来事 日本の出来事	日本に於ける社会保障の流れ 関連出版物発行	保健・医療・福祉関連、MSW関連
6世紀		ペスト、痘瘡が最大の原因	帝王ネロ体制		
540		『驚くほど凄まじい疫病の出現』			543年：高僧鑑真:鹿児島坊津に。『艦上秘伝』
757		フランク王ピピン：ライ患者市民権			
1343		「哀れなハイインリッヒ：癩病」 欧州を中心に黒死病大流行		ザビエル鹿児島上陸	僧医・田代三喜。金元李朱の医学
1601		エリザベス救貧法： 監督官が貧民税徴収			1549：ザビエル来日、西洋医療を紹介 1552：ルイス・デアルメイダ（ポルトガル）豊後府内で医療活動
1639		発疹チフスが猛威を奮う	家光：完全鎖国令	オランダは長崎（出島）を窓口に貿易続行	山脇東洋(1705～1762)日本発の人体解剖
1662		米：ボストンに救貧院創設			シーボルト(1796～1866)
1722		ワークハウス（労役場）	A．スミス『国富論』		
1777		J．ハワード『監獄事情』	英：産業革命		
1782		ギルバート法→ 有能貧民を失業者			
1795		スピーナムランド制(生保の源	ワット：蒸気機関改良		
1798		マルサス『人口論』：			永井慈現：越後に狂療院（日本初の精神病院）
1799		F.M.イーデン『貧民の状態』	アークライト：水力紡績機		華岡青洲：第1回乳がん手術
1812		赤痢、発疹チフス：敗因の原因	ナポレオンロシヤ遠征		
1815		トーマスヤング：結核危機強調 **欧州の若者の4分の1が死亡しかねず**	蒸気機関車発明		杉田玄白「蘭学事始」なる
1816		レネックス：聴診器を発明			
1828		英：王立無料病院設立	シーボルト事件		塙保己一「群書類従」正編刊行
1830			天保の大飢饉(10年間)		独シーボルト、オランダ商館医員として来日
1833		英：工場法成立 児童労働週48時間制			シーボルト：長崎郊外の鳴滝村に診療所・塾を開く
1834		英：改正救貧法：全国一律，ワークハウス，劣等処遇の原則	大塩平八郎の乱		
1838		英：チャーチスト運動開始	佐渡大規模な打ち壊し		緒方洪庵：大坂に蘭学塾（適々斎塾）を開く
1841		仏：少年工保護法	天保の改革(水野忠邦)		
1842		英：チャドウック 労働者の衛生状態を議会報告	英：新救貧法の医療費用の節約、労働力枯渇防止		
1845		英：エンゲルス『伊イギリスにおける労働者階級の状態』			
1848		マルクス・エンゲルス：共産党宣言			
1852		独：フェルバート制度			
1853		発疹チフス猛威を奮う	クミリヤ戦争　58年まで		
1854		米：共和党成立	ペリー来航		
1855		クリミア戦争：ナイチンゲール	洋書の禁再び解かれる		ポンペ（オランダ人）長崎海軍伝習所の医官に
1860		英：ダーウイン「種の起源」	米：リンカーン当選		
1861		米：奴隷解放宣言　1963年	米：南北戦争65年まで)	英：医師ウイリアムス来日	ヘボン：コレラ大発生の指摘
1864		赤十字条約締結	マルクス「資本論」第1巻	炭鉱・高山暴動：1967年	

社会保障・社会福祉援助技術関連年表２

1967		パスツール	大政奉還	別子銅山 M2:生野鉱山、M3:高島炭鉱	**幕府:京都に御親兵病院設置**
1868	M1	ハンセン:らい菌	明治維新	M5:佐渡金山、高島炭鉱	**鎮守府:東京に種痘所を設立** **明治政府:正式に西洋医術(イギリス)採用**
1869	M2	ﾛﾝﾄﾞﾝ慈善組織協会 (COS) **チャルマース** ※個別援助スタート	スエズ運河開通 版籍奉還	東京府三田救育所開設	**行旅病者取扱規則** **政府岩佐、相良を「医道改正御用掛」任命** **大阪に官立大阪仮病院設置** **岩佐、相良:ドイツ医学の優秀性を進言** **島津藩:藩立医学校兼病院(赤倉病院)設置**
1870	M3	バーナードホーム開設			**ウイリアムス:西郷の斡旋で鹿児島へ** 天然痘流行→種痘館開設 政府:ドイツ医学を正式採用
1871	M4	英:労働組合法成立	廃藩置県：1971年 帝國宰相ビスマルク	禁酒法	政府:長崎と神戸に梅毒病院設置、京都でも **太政官布告「全県に種痘の普及」**
1872	M5		学制発布 士族問題発生	国営富岡製糸工場開設 芸娼奴開放施行令	**陸軍:軍医寮事務章程** **文部省に医務課設置**
1873	M6		徴兵令布告 地租改正例布告	養育院設立 養育院規則	**医務課→医務局に昇格** **私立神戸病院(宣教医)**
1874	M7	独:全ドイツ労働者	独：労働者協会解散させられる	**浦上用療育院** 恤救規則：制限扶助主義 ・明治政府の公的救済制度 ・人民相互情誼の相互扶助	**医制布達(東京、京都、大阪)** **産婆の規定を定める**
1875		独:ドイツ社会主義労働党結成			「種痘規則」、「天然痘予防規則」
1875	M8			窮民一時救助規則 **貧児学校「楽善会」**	**衛生業務は文部省から内務省に移管**
1876	M9				京都府癲狂院開設 **「種痘医規則」「天然痘予防規則」制定**
1877	M1	米:バッファローにCOS	西南戦争	**政府、初の労災補償「官役人夫死傷手当て等」** 佐野常民:博愛社設立　1887日赤	**政府「「コレラ予防法仮規則」を発令** **ウイリアムス:日本を去る**
1878	M1		独:社会主義者鎮圧法 (1890年廃止)		**らい:京都に療痼院設置**
1879	M1			政府:各庁技術工芸ノ者就業上 死傷ノ節手当内規	コレラ流行 東京府病院付属癲狂院(巣鴨→松沢)
1880	M1		**集会条例制定**	備荒儲蓄法制定	伝染病予防規則
1881	14		自由民権運動 **自由党結成、松方正義**	久留米機織女工、紺屋と交渉	**伝染病救療**
1882	M1		独:コッホ、結核菌発見 立憲改進・立憲帝政党	明治日報:ドイツの社会保障案を掲載	**帝國統計年鑑開始** **行旅死亡人取扱規則**
1883	16	独:疾病保険制度、84労災、	**鹿鳴館時代始まる**	「興業意見」国民の6割が窮乏の中に呻吟	**「医学校通則」東大を中心ni養成体制確立**
1884	17	**独:事故保険法、** **(国民皆保険ではない)** フェビアン協会設立 トインビーホール開設 ※ｿｰｼｬﾂｾｯﾂﾙﾒﾝﾄが本格化 バーネット	仏:労働組合公認	秩父事件(貧民党、困窮党、借金党) 『興業意見』全国民の6割が数段的に呻吟	**高木兼寛:日本初の看護婦教育所設立** **後の東京慈恵会看護専門学校、** **東京慈恵会医科大学** **大日本私立衛生会設立** **「医術開業」試験規則」「医師免許規則」制定**
1885	M1	英:	内閣制度制定	政府『太政官達』 伝染病貧民者収容政策	**有志共立東京病院看護婦教育所(3年)設立** **第4回統計年鑑:肺病調査結果**
1886	19	英:ブース：ロンドンで貧困調 ※セッツルメントスタート	英:炭鉱法(少年労働禁止)	朝野新聞「府下貧民真況」 甲府雨宮製糸工場で日本初のストライキ	**ゴクトル・ラートゲン:独の「職工保険」を紹介** **京都看病婦学校(2年制)設立**

社会保障・社会福祉援助技術関連年表 3

1887	M2	テンニース『ゲゼルシャフトとゲマインシャフト』	後藤象二郎： 大同団結運動始める	石井十次：岡山孤児院 徳富蘇峰「国民の友」英国の貧困調査(ブース)やCOS、トインビーホール紹介 西本願寺学生：『反省会雑誌』→『中央公論』へ	北里柴三郎帰国 コレラ大流行
1888	21		保安条例制定 高島炭鉱争議	岡山孤児院 鈴木梅四郎『大阪名護町貧民窮視察記』	日本は開業医中心の医療制度へ 帝國大学付属看病法練習科（1年） 鎌倉に最初のサナトリウム「海浜院」開設
1889	22	米：アダムス シカゴにハルハウス設立 独：障害補償 独：養老及び廃疾保険制度 英：児童虐待防止及び保護法	大日本帝国憲法制定	大阪市：窮民救助規則 **「六号雑誌」英国の救済政策紹介** 薬品営業並薬品取扱規則 濃尾地震、東北大凶作貧困児童保護	我が国初の私立結核療養所：須磨浦療病院 後藤新平「国家衛生原理」 廣津柳浪「残菊」 藤沢喜太郎『生命保険論』
1890	23		独：ビスマルク失脚 第一回帝国議会 **教育勅語発布** 経済恐慌	1906：収容児1200人となる 鉱業条例：工場衛生に関する初の取り締法規 窮民救助法案提出 大井憲太郎「あづま新聞」発行 平民主義、賤民主義を主張 東京都：東京市養育院規則	森林鴎外『医事新論』創刊、斎藤緑雨「唯我」 コレラ大流行：死者35，227人 山口県のセメント会社で初の民間共済組合 北里柴三郎：破傷風血清療法 日赤看護婦養成所（1年6ヶ月）発足 『衛生療病志』VS『東京事新誌』 各地域の新聞でドイツの保険制度紹介
		コッホ：ツベルクリン発見			
1891	24		濃尾大地震	石井亮一：孤女学院、 バーネット来日：六号雑誌大きく紹介→ アダムス：岡山博愛館：日曜学校 北村透谷：「事前時魚の進歩を望む」論文→	佐伯理一郎：京都にて産科病院開設 トインビー報告多し。 ※日本のSettlement運動の最初
1892	M2	**英：上院は外来混雑解消、無料治療乱用コントロールのためアーモナーの任命を薦める**	我が国初の経済恐慌	石井亮一：滝乃川学園創設 高島炭鉱夫虐待事件 大井憲太郎：東洋自由党結成 最初の精神薄弱児（者）施設 孤女学院を改称、孤女と精薄教育	大阪の紡績会社保健会社設立も1年で廃止 北里柴三郎：伝染病研究所設立 後藤、独留学後「労工疾病保険法」提案 日赤看護婦養成所（3年6ヶ月）拡充
1893	26	ギャボット：マサチューセツ診療所		浦上療育院：ドロ神父、岩田	
1894		**英：8時間労働制成立**		政府『興業意見』費本の貧困状況記載	北里柴三郎：ペスト菌発見
1895	27		日清戦争勃発	山室軍兵：入信→救世軍組織	従軍看護婦658人
	28	英：世界で初のMSW（アーモナー）	日進講和条約（下関）	阿部磯雄『社会問題と慈善事業』 内村鑑三『余は如何にして基督信徒となりしか』	コレラ、腸チフス大流行、滋賀潔：赤痢菌発見 陸軍死傷者手当金給与規則
		レントゲン：X線撮影成功翌29年完		日本初の養老院聖ヒルダ養老院：トーソン	リデル：熊本に癩療養施設回春院設置 伝染病予防法制定
1897	M3		**日本恐慌→31年**	片山潜：キングスレーホール ・東京神田三崎町に設立 ・Settlement活動 労働者階級を視野：社会改良実践 内村鑑三：「万朝報」記者：足雄銅山事件扱う	後藤新平、伊藤博文に「救済衛生制度ニ関スル意見書 後藤新平：官設永楽院
1898	31	米：ギャボット：マサチューセッツHpの診療所赴任 仏：キュリー夫妻ラジウム発見		徳富蘆花「ホトトギス」 小河慈次郎貧民研究会(慈善と感化) 留岡幸助『慈善問題』社会事業の古典	
1899	32	ラウントリー：ヨーク市調査開 英：民間団体を母体に養成所が設 1901：『貧困－都市生活の研究』 1941：第２回調査Rep『貧困と進	水難救護罹災救助基金法 **「治安警察法」制定**	横山源之助『日本の下層社会』刊 「中央公論」創刊、山室軍平：救世軍 家庭学校開設：留岡幸助（地方改良開拓者） 月刊雑誌『人道』発行 東京巣鴨に本校、神奈川・北海道に分校	『産婆規則』公布 トライスラー：築地病院（のちの聖ルカ病院） 「海港検疫法」、「行政執行法」「」伝染病予防ノ為物件輸入禁止ニ関スル件」発布 東京府令 「看護婦規則発令」

社会保障・社会福祉援助技術関連年表 4

		51:第3回調査Rep、貧困と福祉		・非行少年の感化事業：家族舎方式 留岡幸助：家庭学校、雑誌『人道』	**行旅病人及行旅死亡人取扱法**
1900	33		**恐慌→翌年まで** **足尾銅山鉱毒事件** **田中正造:天皇に直訴**	感化法(日本初の児童社会事業施設) 貧民研究会発足 留岡幸助：家庭学校に慈善事業師範部 片山潜「欧州に於ける社会主義の体制」 野口幽香:双葉幼稚園(貧児を対象)	精神病者看護法制定 夏目漱石:ロンドン留学(2年間)
1901	34		社会民主党結成 日英同盟	国勢調査に関する法制定 各地で労働争議、ストライキ勃発 社会民主党結成	**畜牛結核防止法**
1902	M3	英:男性アーモナー誕生 英:7つの病院にアーモナー設置		農商務省:「職工事情」調査 工場法案立案するも、事業者の猛烈な反対	
1903	M3	英:英国結核菌伝染性委員会設置 英:病院慈善委員会設置	仏:グランシェ	農商務省「職工・錦糸紡績職工・生糸紡績」 幸徳秋水、平民社「国民之友」43:大逆事件	**木下尚江:平民新聞投稿**
		英:アーモナー協会設置	**『平民新聞』発行**	全国慈善同盟大会(会長渋沢栄一)	**「社会病としての結核」**
1904	37	英:病院アーモナー研究所設立:教育機関の役割	**日露戦争**	与謝野晶子「君しにたまふこと勿れ」	**結核豫防ニ關スル内務省令(痰壺令)** **各地に日赤支部病院設立される**
1905	38	※ギャボット:ボストンで最初のMSW創設、ベルトン女史相談	東北大凶作		**鐘紡共済組合:①病気、②負傷、③死亡救済** **日本初官業共済「八幡製鉄所職工共済会」**
1906	39	英:学校給食開始→1907学童保健法 **米:マサチューセッツHpに医療社会事業部** 英:病院アーモナー協議会が設立		東京市養育院長等社会事業貢献 井上友一:救貧、防貧、教化 官役職工人夫扶助令	**廃兵院法:傷痍軍人のみ対象、収容政策** **恩賜慈善救済で泉橋慈善病院設立** **医師法公布、内務省令「結核予防ニ関スル件」** 「官立医学専門学校規定」の成立
1908	M4	英:無拠出年金法、児童法制定 ジンメル:『社会学』社会学の確立		中央慈善協会設立(初代渋沢栄一) 感化法改正:都道府県に院の設置義務 セツルメント活動:救世軍大学拓民館設立→	**コッホ来日:結核予防7ケ条提案** **東京市養育院、巣鴨分院を増設** **相談部、医療部設置**
1909	M4	英:王立救貧委員会報告 ※ウエッブ夫妻:ナショナルミニマム論は少数意見	桂内閣徹底的弾圧 山県有朋	初の社会事業調査連絡機関 機関誌『慈善』現:社会福祉 井上友一「救済制度要義」我が国初の専門誌 異常児教育白川学院設立	**無料病院・泉橋慈善病院** **(今の三井厚生病院)が開院される** **種痘法成立**
1910	M4	米:第1回白亜館会議 (家庭は文明最高の創造 豪:廃疾年金実施	大逆事件 関東大水害	・1921:中央社会事業会 1947:日本社会事業会 全国感化院長協議会	**浅草寺救済所、大阪『弘済会』設置** **大阪毎日新聞慈善団:巡回診療**
1911	M4	英:国民保険法(健保、初の失保: グローチャン:『社会病理学』	細民調査→翌年まで	**「工場法」制定　救護法制定** **注:工場法の深夜労働規制は15年間放置** **生江孝之『欧米視察細民と救済』**	**恩賜財団済世会、実費診療所開設** **「貧民済世勅語」** **東京救世軍病院開設** **2月:天皇の下賜:済生会設立の発端**
1912	T1	米:児童局、児童労働法 全米慈善矯正会議発足 ボストン社会事業学校でSW教育始 英:ロンドン経済大学の教科科目にCW,コミュニテイワーク取り上げられる		隅本和平:宮崎で公益質屋開始 井上友一『救済制度要義』 大阪、静岡、東京で保育所設立	**原栄「通俗肺病予防療養教則」** **4月「済生会設立趣意書」出される**

社会保障・社会福祉援助技術関連年表５

1913	T2	米：ｸﾘｰﾌﾞﾗﾝﾄﾞ共同募金開始（慈善博愛連） ｽｴ：老齢年金法（H.ブランテイン		鈴木文治『社会事業と労働運動』 **大阪救済時行研究会『救済研究』**	石原修「女工と結核」 大阪の石神院長：結核予防会の結成 **結核死亡者：年間10万人**
1914	3	米：ケロッグ　ピッツバーグ調	第一次世界大戦	渡辺海旭：仏教同士会結成	**肺結核療養所設置及ビ国庫補助ニ 関スル法律」**
1915	4		：独に宣戦布告、	中央慈善協会：雑誌『慈善』発刊	**東京・大阪・神戸に公立結核 療養所設置令**
1916			**憲政会結党**		看護婦規則公布
	5		工場法施行令	河上肇「貧乏物語」開始（朝野NP） 異常児教育：大阪桃花塾、 渡辺海旭『現代感化救済事業の五大方針』 大阪桃花塾（養護学校の元祖）	**職域病院の拡大：鉄道病院、** **T12：倉敷中央病院設立** **救世軍：東京中野に結核療養所設置** **東京大崎に無産者診療所が設立**
1917	6	米：リッチモンド『社会診断』	ロシア革命、内務省に救護科設置（後藤新平） ＩＬＯ発足	笠井信一：岡山済世顧問制度（知事在任中） 『済世顧問の精神』を記録 岡山県民生員制度の始まり 軍事救護法 **国立感化院令、→翌年規則**	**結核療養所「刀根山病院」、** **東京市肺病療養所** 内務省に救護課設置→9年社会局に **東京泉橋慈善病院に婦人相談員配置：**
1918	7	米：コミュニテーテスト 住民主体の募金運動 ギャボット『ソーシャルワーク―医師とSW』	英：婦人参政権 米騒動 第一次世界大戦終結 政府シベリヤ出兵宣言	大阪方面委員制度：小河滋次郎、林市蔵 大阪府に於る組織的救済制度 ・社会測定（調査）を重視 ・独のエルバーフェルト制度を参考 ・民生委員制度の前身 24：小河『社会事業と方面委員』 日本女子大：生井孝社会事業の講義 東大：姉崎正治らによる講義。震災後法学部	**記録上は1921年頃となっている** **（児島美都子氏の著書による）** **政府保健衛生調査会** **「疾病保険制度の導入」** **東京府巡回看護婦会設置** **乳児死亡率ピーク（189.7）** **→セッツルメント活動盛んにんる**
1919	8	米：全米ＳＷ協会結成	独：ﾜｲﾏｰﾙ憲法 米：金解禁	国立感化院 長谷川良信：マヤハナ学園創設、 『改造』創刊、『解放』創刊 『社会事業とは何ぞや』	精神病院法制定 結核予防法制定（全15条） トラホーム予防法、アヘン予防法
1920	9	英：失業保険法制定	米：婦人参政権　内務省救護課→社会局 第１回国勢調査実施	賀川豊彦『死線を越えて』 岩永マキ「浦上養育園」設立、仏人ド・ロ神父	**憲政会　片岡直温・江木翼** **「疾病保険法案」発表**
1921	T1	米：全米社会事業連盟設立 リッチモンド日本に紹介	20：国際連盟発足	中央COS→中央社会事業協会 吉野作造の民本主義『社会と経済』	**結核死亡率ピーク（223.7）**
1922	11	国際ﾘﾊﾋﾞﾘﾃｰｼｮﾝ協会設立 米：リッチモ**ンド『ケースワークとは何か』** ミルフォード会議開始	独：児童保護法 国連児童憲章草案	少年法、矯正院法制定　未成年禁酒法 20年代：賀川豊彦協同組合 田子一民『社会事業』 東大宗教学研究室『日本車事業年報』 全国水平者創設 労働争議調停法、	健康保険法制定 **注：同法は保険者、傷病手当金など現在の** **同法の基礎をなしている。主たる趣旨は富国** **強策の一環であった。実施は5年後** **田沢鐐二「日本結核病学会」** **東京市訪問間事業開始**
1923	12	同会議：精神分析を厳しく議論 G.Hメイヨー：ホーソーン工場実	関東大震災	盲学校及聾唖学校令 **軍人扶助法、恩給法制定**	
1924	13	**独：カーエス『社会衛生学』** 英：病院アーモナー協会再出発	国連ジュネーブ宣言 普通選挙法、治安維持法（若槻内相）	東大セッツルメント設立 生江孝之『社会事業要綱』 小河慈次郎「社会事業と方面院制度」	**東京療養所〔中野〕に相談援助専任員配置** **大阪市：労働共済会発足：失業対策**

社会保障・社会福祉援助技術関連年表 6

1925	T1		イギリス、オランダ:金解禁	細井和喜蔵『女工哀史』 橋川正「日本仏教と社会事業」 小沢一『社会事業』リッチモンドを紹介 高橋正『日本仏教と社会事業』 呉秀三『シーボルト先生・其生涯と功業』発刊	**東京療養所に「社会部」設置:結核患者・家族相談** **東京:コレラ大流行→赤痢流行** **薬剤施法制定→翌年施行。『看護婦規則』制定** **全生病院(らい療養所)に 相談援助専任員配置** **小石川療養所に結核相談所**
1926	S1	**-1947**	児童愛護会設立	大林宗嗣『Settlementの研究』	**済世会芝病院に「済世社会部」設置** **初の健保スト:日本鋳造KK(神奈川県鶴見)**
1927	2	国際社会保障会議→ →国際社会保障協会 (ＩＳＳＡ) 独:失業保険法制定	金融大恐慌 デフレ政策 →王立無料病院	矢吹慶輝『社会事業概説』 公益質屋法制定 **←震災手形への不安**	花柳病予防法制定 **工場法全面改正←健康保険法全面施行** **事業主の扶助明文化　無過失責任主義** 聖路加Hで医療社会事業開始
1928	3	英:Royal Free Hospital 第1回SW国際会議(パリ)			**結核予防法施行令の改正** **結核相談所が警視庁に設けられる**
1929	4	ﾐﾙﾌｫｰﾄﾞ会議報告書 generic specific論争	世界大恐慌 浜口内閣:失業対策 救護法公布	救護法制定→実施は1932年 全国方面委員大会 **昭和恐慌**	**→制限扶助主義、受給者の保護請求権なし** **聖路加国際病院にMSW部設置。浅賀ふさ担当** **社会事業調査会医療施設に関する決議**
1930	5	アメリカ児童憲章	昭和大恐慌 農作飢饉	初の公的救済義務主義を取る ・生活、医療、助産、生業、埋葬 ・制限扶助方式:労働能力困窮者を排除 ・保護欠落条件:能力ある扶養義務者存在	**母子心中大増加(63.5%が生活難)**
1931	6		満州事変勃発 東北地方大飢饉 重要産業統制法	労働災害扶助法 全日本方面委員連盟発足 全国養老事業協会設立 生江孝之『日本基督教社会事業史』 労働災害扶助法	**日本発の公立結核予防相談所大塚健康相談所** **結核予防対策協議会の開催** **国立長島愛生園設立** 軍事救護法改正
1932	7	**英:コレラ大流行**	軍事救護法改正 **満州国建国宣言**	東京私立光明養護学校開設 斎藤内閣:農山漁村経済更正運動 全国隣保事業、5人組制復活 辻善之助『慈善救済資料』	**大阪市:労働共済会発足:** **障害・失業・福祉事業拡大**
1933	8	ニューディール政策 米:連邦緊急救済法	**ヒトラー:首相に就任** 日本:国際連盟脱退	少年救護・少年虐待防止法 安井誠一郎「社会問題と社会事業」	**診療所取締規則**
1934	9	英:失業法成立 NMの国家責任明確化		母子愛育会設立 山口正「社会事業研究」社会事業と慈善事業の区	**保健衛生調査会答申** **「結核予防の根本的対策」**
1935	S1	米社会保障法、伊:家族手当法	陸相保険国策樹立強調	小沢一『救護事業指針』	
1936	11	ラウントリー第二次調査	二・二六事件	方面委員令	
1937	12	英:寡婦・孤児老齢年金法	日中戦争勃発	母子保護法、軍事扶助法	**保健所法制定、結核予防法改定** 保健社会省の創設閣議決定
1938	13	バーナード『経営者の役割』 仏::メルカットの結核事業の ニュージーランド:社会保障法	国家総動員法 **勅語発令　厚生省外局に傷兵保護院設置**	**社会事業法制定** 社会事業法 大河内一男『我国に於ける社会事業の現在及び将来』発刊 山口正『日本社会事業の発展』『社会事業史』 ファッシズム論議 勅令「厚生省官制」発布	国民健康保険法(健兵健民政策) **議論点:国保組合** **国民体力法、国民優生法公布**

社会保障・社会福祉援助技術関連年表 7

1939	14		**第二次世界大戦始まる** **ノモンハン事件**	**山口正「厚生事業の構造及び体系」** **社会事業→厚生事業へ** **司法保護法成立**	**職員健康保険法制定** **（家族給付、結核患者の給付期間延長** 結核予防会設立 船員年金制度設立：医療，年金，労災 ※我が国初の総合保険 **（家族給付、結核患者給付期間延長** **職員健康保険法制定:療養費払い**
1940	15	英:労働相アーモナーを職業として分類	日独伊三国同盟 大政翼賛会発会	優生保護法、国民体力法　紀元2600年記念全国社会事業大会	**高橋梵仙『日本慈善救済史之研究』** **国民体力法、国民優生法公布**
1941	16	英：ベバリッジ委員会設立。病院アーモナー提言 E. フロム『自由からの逃走』	国連：大西洋憲章 太平洋戦争勃発	医療保護法制定、人口政策確立要綱 労働者年金保険法（初の被用者保険） 11月:労働者年金保険法	**日本医療団令公布** **医療保護法（医療関連法統合）** **保健婦規則:疾病予防、母性、乳幼児保健衛生** **12月:大政翼賛会厚生部**
1942	17	ベバリッジ報告	※五大悪 貧困、疾病、無知、不潔、失業	社会事業→厚生事業に **4月:少年保護運動実施要綱** **竹中勝男「社会事業における構成の原理」**	国民医療法制定：職員健保と健保合体 医療関係者扶助規則公布 健民運動児童愛護妊産婦手帳制度
1943	18	英：身体障害者雇用法	**ガダルカナル撤退**	勤労青少年補導対策要綱 **社会事業研究所『近代医療保護発達史』**	**全国95%の自治体国保険組合結成**
1944	19	ワックスマン:ストレプトマイシン	**B29初の本土空襲**	厚生年金保険法に改定	**結核死亡者:17万1千人に激増**
1945	S2	英：国民保険法、家族手当法 仏：ラロック社会保障プラン 豪:廃疾手当金導入 第二次世界大戦終了	**ヤルタ会談** 国際連合発足 ポツダム宣言、原爆投下 敗戦	戦災孤児保護対策要綱 GHQ覚書救済並びに福祉計画 生活困窮者緊急生活援護要綱 ※宿泊，医療，給食，衣料 **2月厚生省内に「社会保険制度審議会」発足**	**9月:GHQ[講習衛生対策に関する件」提言**
1946	21	英：国民保健事業法, 英:NHSの医療の商品化除去 UNICEF(国連連合児童児童基 英：ｶｰﾁｽ委員会、児童ｹｱへの提言 米：コイルの報告 ※ＧＷをＳＷとして確立 Rベネデクト「菊と刀」発行	日本国憲法公布 3つの学説 1)具体的権利説 2)プログラム規定説 3)抽象的権利説	厚生省:救済福祉に関する件 GHQ「SCAPIN775（社会救済に関する覚書）」4原則 初の『社会保障案」まとめる 民生事務所開設 浮浪児他児童保護等の応急措置 旧生活保護法 民生委員法（方面委員制度廃止） 主要地方浮浪児等保護要綱 全日本民生委員連盟発足 近江学園等開設	**GHQ「公衆衛生対策覚書」** **旧来の救護法、母子保護法、医療保護法、軍事扶助法戦時災害保護法の5法を一括総合した救護立法**
1947	22	英：国民扶助法 独:ウィルヒョウ「医学こそ本質的に **社会科学である」と宣言**	**労働基準法** **失業保険法** **日本国憲法施行:5月3日** 災害救助法 ＩＳＳＡ （国際社会保障協会） **労災補償法**	厚生省に児童局設置 10月：社会保障制度要綱公表 ワンデル調査団来日 社会保険制度調査会答申:健保と国保統合 日本社会事業協会設立 児童福祉法制定 第１回共同募金	保健婦助産婦看護婦令 国民健康保険の衰退 GHQ「結核強化対策に関する勧告」 **12月栄養士法** 保健所法全面改定 **第2条第6項に「医療社会事業」を規定** **医療制度審議会設置**

社会保障・社会福祉援助技術関連年表 8

1948	23	ニューンベルグ綱領 英:児童法 英:NHS発足	失業保険制度創設 経済安定９原則 世界人権宣言	平岡国夫:徳島で子ども民生委員活動 私立療養所患者同盟結成 優生保護法制定 少年法、少年院法制定 国立光明寮設置法制定 7月:ワンデル「社会保障制度への勧告」提出 民生委員法制定 ワンデル:社会保障制度審議会設置求む	**労働者災害補償保険法、職業安定法制定** 医師法、医療法制定 保助看法制定 **新・保健所法に基づき** **杉並保健所MSW発足** **政令30指定モデル保健所MSW設置** **国民健康保険法改正: 保険者市町村公営** **国民医療法廃止。7月:新医師法制定。** **保健婦・助産婦・看護婦法制定** **予防接種法、優生保護法、性病予防法**
1949	24	米:障害扶助新設 マートン『社会理論と社会構 社会問題の定義	中華人民共和国設立 シャウプ勧告 国連児童憲章 《福祉教育発足》 大阪:福祉教育本校	日本肢体不自由児協会設立 里親家庭制度開始 生保法施行規則不服申立制 社会保障制度審議会設置 「社会保障制度確立のための覚書」発表 日雇失業保険制度←失保法改正 日本精神薄弱者愛護協会再建 民生委員を協力委員に変更 GHQ厚生行政に関する6項目提案 身体障害者福祉法→	厚生省設置法制定 国立医療機関:特別会計法に **各保健所に医療社会事業係が設置される** (リハビリテーション＝更生)
1950	25	米:廃疾扶助新設 スウェーデン:之までの救貧制度を **すべて公的扶助に切り替える** 米:50～60年代 SWは専門職として役割拡大	50:神奈川 米:トルーマン水爆実験 **インド共和国建国** 朝鮮戦争勃発 警察予備隊創設	母子福祉対策要綱 新生活保護法制定 谷山恵林『日本社会事業史』 社会福祉主事設置 10月16日「社会保障制度に関す関する勧告(50年勧告) 全国養護施設協議会結成 神奈川県初の福祉教育実施	東京都公害防止条例 精神衛生法制定 **医療法人発足(医療法一部改正)** **→公的扶助から社会保険方式** **社会福祉と公衆衛生施策を重視** **愛知・岡山に医療社会事業協会発足**
1951	26	英:アーモナー研究所 「SWは独立した専門職」 ・ＡＧＩＬ方式 ５０年代 **ノーマライゼーションの思想** デンマーク:ミケルソン	対日平和条約調印 日米安保条約調印 マッカーサー解任	中央社会福祉協議会発足 社会福祉事業法制定 整肢療護園開設、福祉事務所発足 児童憲章宣言 身障児の療育指導開始	**全国保健所724ヶ所中240ヶ所にMSW係設置** **国民健康保険税の創設** 新・結核予防法制定 **東京医療社会事業協会発足** **6月:診療放射線技師およびX線技師法** **日本WHO加盟**
1952	27	ILO「社会保障の最低基準にに関する条約」採択	対日講和条約発効 国際連盟日本加盟決議	社会福祉法人全社協連合会 手をつなぐ親の会発足	**結核検診活動本格化**
1953	28	英:保健教育福祉設置 国際看護師(ICN)看護婦の倫理国際規律		**孝橋正一「社会事業の基本問題」** 社会福祉事業振興会法制定 **らい予防法制定**	日雇健保制定→29年3月から実施 日本民医連結成 **厚生省結核実態調査: 133万人の要入院患者**
1954	29	マイルズ:「リッチモンドに帰れ」 英:エジンバラ大学初のMSWコース	ジュネーブ協定 自衛隊発足	精神薄弱児対策基本要綱 日本社会福祉学会発足 社会保障費大幅削減	日本医療社会事業家協会結成(以下協会) **社会保障制度審議会結** **核対策強化改善に関する申入書提出**

社会保障・社会福祉援助技術関連年表9

1955	30	豪:国民保健法 全米ＳＷ協会(NASW)設立 ホリス『CWにおけるPersonalitv診断』	ビキニ被災事件 第5福竜丸 ベトナム共和国 **池田内閣:所得倍増計画(経済自立5カ年計画**	全生連会議結成 新・厚生年金法制定 日本初のホームヘルパー:長野県上田市 日本社会事業学校連盟創立 「世帯更生資金貸付制度」発足 第1回SSM調査(社会階層と社会移動に関する全国調査)以後10年度とに実施	**更正医療・育成医療の制度化** 育成医療開始 **けい肺・外傷性脊髄障害に関する特別保護法施行** **七人委員会の答申** 森永粉ミルク中毒事件
1956	31	スエ:社会扶助法	日本正式に国連加盟	売春防止法制定	**WHO「ベックマン報告書」** 社会保障制度審議会「医療保障制度に関する勧告」発表:国民皆保険の達成、結核医療対策強化
1957	32	パールマン『SW・問題解決の過程』 ※４つのＰ、ワーカビリテイ(MCOモデ	**ソ連人工衛星打ち上げ成功** 米:スプートニックショック	朝日訴訟開始	水俣病発見 低所得者の医療費貸付制度創設 国民健康保険法制定→本人定額負担導入 原爆被災者の医療等に関する法律 **浅賀会長保健文化賞受賞**
1958	33	英:身体障害者雇用法制定		厚生省:国立TBSに於けるMSWの運営 秩父学園設置	**協会:名称を日本医療社会事業協に変更** **日雇健保に傷病手当金支給始まる** **結核病床数ピーク:26万3235床**
1959	34	ジニ係数:所得格差の指標 デソ:デンマーク法　ノーマライゼーション	国連児童権利宣言	家庭奉仕員制度大阪で実施 国民年金法制定、福祉年金制度施行 最低賃金法制定	**スモンが始めて学会で報告された** **新・国民健康保険法施行** **行政管理庁報告** **※国立結核療養所にMSW配置**
1960	35	1960年代 米:シゲリスト『医療社会学』	新日米安保条約改定 三池労組スト	精神薄弱者福祉法制定 東京都:家庭奉仕員制度実施 身体障害者雇用促進法制定 日本ＳＷ協会設立 国立教護院(鬼怒川学園) 家庭養護療発足 日本社会事業大学救貧制度研究会『日本の救済制度』	**薬事法制定、施行** **新薬剤師法制定** **深沢晟雄岩手県沢内村** **「乳児・老人国保10割給付実施**
1961	36			社会福祉施設職員退手共済法 児童扶養手当法制定 国民年金:拠制年金開始	**国民健康保険、全市町村で実施され、ここに国民皆保険達成** **重症心身障害児公費医療始まる** **小児麻痺流行3歳児健診制度創設**
1962	37	米:シゲリスト『文化と病気』	国民皆保険実現	東京都:家庭奉仕員制度発足 社会福祉協議会基本要項: **生活保護基準:マーケットバスケット方式からエンゲル方式へ基準算定方式変更** **栄養士法改正:管理栄養士制度新設**	看護婦不足深刻化 国立がんセンター設立 **協会:医療機関におけるMSW 業務指針を討議**
1963	38	英:保健福祉10カ年計画(5年で廃 英:ナーシングホーム法 **英:alomonerをMSWに改称**	地公法改正:業務委託	東京:高齢者無料職業紹介事業 第１回公的扶助セミナー	サリドマイド系の奇形児出産 **国保:世帯主7割給付に拡大**
1964	39	米:公民権法 パールマン「ＣＷは死んだ」 ヘルシンキ宣言	米:貧困戦争 経済機会法制定 **東海道新幹線営業開始**	日本で最初の当別養護老人ホーム開設 母子福祉法制定→81年改正 ライシャワー事件起こる	**スモンの集団発生(埼玉県戸田市)** **厚生科学研究費助成費研究班発足** **難治性肝炎への研究事業開始**

社会保障・社会福祉援助技術関連年表10

		ジョンソン大統領「貧困戦争」宣言	東京オリンピック	精薄児扶養手当法制定	**協会：法人化認可、**
		英：アーモナー研究所	→ＭＳＷ研究所に		**※機関誌「医療と福祉」発刊**
1965	40	米：医療扶助新設	北爆再開	日本PSW協会結成	新潟水俣病
			JISSA設立	母子保健法制定	**進行性筋萎縮児公費医療始まる**
		コラーンド・ジニ：ジニ係数理論発		労災法大幅改正	**理学療法士及び作業療法士法、**
1966	41	英：社会保障省設立、補足給付制度	国連Ａ規、Ｂ規約	社会保障研究所設立	**母子保健法施行**
		米：老人健康保険制度（メディケア）	富山ｲﾀｲｲﾀｲ病発生	特別児童扶養手当法制定	**国保：家族も7割給付**
				厚生省令「養護・特養H設備及び運営基準」	
1967	42	バイステック『CWの原則』７原			公害対策基本法公布
		豪：保護雇用（助成）法		国療に重心病棟開設	健保特例法
		仏：社会保障法施行		身障相談員、家庭奉仕員創設	**協会：「医療福祉法（案）」発表**
1968	43	英：「シーボーム報告」		厚生省障害福祉課設置	**国保：7割給付完全実施**
1969	44	※自治体に於ける対人福祉ソーシャルワークの強化	ｶﾈﾐ油症、スモン病発見	最高裁朝日訴訟上告審打切判定	全国スモンの会発足
				国民生活審議会「コミュニテイ生活の場における	東京都：老人医療無料化実施
		※ｺﾐｭﾆﾃｲｹｱの重要性を主張	新全国総合開発計画	人間性の回復」報告書発行	**スモン調査研究協議会発足**
		英：エイヴズ報告			
		ｽｳｪｰﾃﾞﾝ：精神発達遅滞援護法制定		都社協「都に於けるCCの進展」	**国民医療大綱：難病は公費負担に**
1970	45	英：地方自治体福祉法	東京で光化学ｽﾓｯｸﾞ発生	重度障害者へ日常生活用具給付開始	**キノホルム発売禁止**
			勤労青少年福祉法		**ベーチェット病、サルコイドーシス研究助成金**
			公害国会	心身障害者対策基本法制定→93年法改正	**ベーチェット病救済・難病救済基本法**
					請願が国会に提出される
		豪：障害児福祉法		厚省：社会福祉施設整備5年計画	**10月社保審答申：特定疾患全額公費の答申**
				心身障害者扶養保険制度	**4月厚生省内に難病対策**
1971	46	英：地方自治体サービス法	国連精薄者の権利宣言	児童手当法制定	
		英：シーボーム改革開始	中高年雇用促進措置法	社福審「C形成の今日的意義」	**スモン患者に月額1万円支給**
		英：中央SW教育訓練協議会（CCETSW）設置	四大公害裁判開始	「社会福祉士法」制定試案発表	**小児がん公費医療適用**
		英国のSWの訓練機関	71：ｲﾀｲｲﾀｲ病、新潟水俣	「コミュニテイ形成と社会福祉」	**多発性硬化症に研究助成金**
			環境庁設置←	**中央社会福祉審議会の答申**	**心身障害児医療研究**
					6月：厚生大臣の私的諮問機関
			72：四日市、熊本水俣病	厚生省社会福祉事業団設置通知	**特定疾患対策懇談会発足→**
1972	47	英：対人社会サービス10カ年計画方式導入	日中国交正常化実現	東京都老人総合研究所開設	**翌年の難病対策要綱へつながった**
		米：社会保障法改正　専門分野規準検討委員会設置：SWへの評価			**7月：厚生省公衆衛生局に**
					特定疾患対策室設置
					特定仕官研究費補助金5億3千万円
					全国難病団体連絡協議会発足
					厚生省調査研究班：「スモンの原因は
				勤労婦人福祉法	**キノホルム」と正式に発表**
				児童手当制度創設	**人工透析医療への公費負担**
				身体障害者福祉工場	**厚生省：特定疾患対策事業着手**
					厚生省：10月「難病対策要綱」発表
				老人福祉法改正　↓	**当面調査研究対象：8疾患、治療研究4疾患**
1973	48	米：リハビリテーション法改正	パリ協定	摂津訴訟	**4月調査研究対象：20疾患**

社会保障・社会福祉援助技術関連年表11

		英：ＮＳＨ再組織法 NHSのSWは自治体に 自治体のNsがNHSへ ・J.ハウス：情緒、評価、情報、 米：患者の権利章典 英：DHSS（イギリス政府保健・社会保障省）は自治体に対し対人サービス10ケ年計画を求める（NHSとの違い）	福祉元年 福祉国家の危機 ※年金国会，標準報酬制 少子化始まる	「いのちの電話」発足 第一次オイルショック 年金物価スライド制導入 公害健康被害補償法制定 特別児童扶養手当創設 公害健康保障法	治療研究6疾患 **手当てから公費費負担医療へ** **4月：公営性局長通知** **「特定疾患治療研究事業実施要綱」** **8月厚生省:特定疾患対策室→難病対策課** ※70歳以上老人医療無料化開始 高額療養費制度創設
1974	49	英：10ヵ年計画の中止 英：NHS機構改革 **SW:大半自治体職員** ＩＬ運動戦争障害者権利 豪：障害者援助法 老人ホーム助成法	サイゴン陥落 ←（ベトナム戦争敗）	雇用保険法制定（失業保険法廃止）	**小児慢性特定疾患治療研究事業** **創設：9疾患** **東京都：重度身体障害者** **医療費無料化** **児童課程局長通知：社会福祉** **法人立病院MSW配置**
1975	50	米：社会保障法改正　パーソナル・ソーシャルサービスの概念が付け加えられた	国連障害者の権利宣言 国際婦人年	雇用保険法施行 育児休業法制定	**日雇健保の家族給付7割に拡大** **国立病院療養所MSW共同研究班** **「MSWの業務標準化への基礎的研究」まとめ**
1976	51	英：イングランドにおける保健及び対人サービスの優先事項　諮問文 **DHSS：予算の大半をNHSに求む**	国債発行急増	身体障害者雇用促進法改定	**難病患者在宅療養者の** **訪問看護開始（東京）** **4月：難病特定疾患調査研究班** **43研究班になる**
1977	52	英：保健・社会サービスにおける優先事項　更なる前進 **英：児童給付法（家族手当の改正）**		厚生省：福祉教育活動に国庫補助 １歳半健診開始	**健保改正：ボーナスから保険料拠出** **協会：資格化署名運動開始**
1978	53	アルマ・アタ宣言 伊：国民保健サービス法→ 英：資源移転アプローチ政策（NSHから資源を自治体に移転する（小さな政府）	第二次オイルショック 地域保健単位を設定	国民医療費１０兆円を越える 全社協「在宅福祉サービスの戦略」出す	**12月スモンに対するはり等の治療研究創設** **資格化：参院で採択、衆院で** **「資格・配置」のみ採択**
1979	54	全米SW協会倫理綱領採択、翌年より発効 英：サッチャーLAPS（地方自治体計画報告）を廃止 **英：パッチシステム導入** 国際児童年	**サッチャー保守党政権** **小さな政府を目差す** 米：アフガニスタンへ	国際児童年 養護学校義務化	角膜腎臓移植法制定 **健保本人に高額療養費制度導入、** **入院8割給付**
1980		国際障害者年行動計画 WHO国際障害者分類試案		武蔵野市福祉公社設置	
1981	56	患者の権利に関するリスボン宣言 インフォームドコンセントが議論 英：バトレー・ハッチ多元主義	レーガン政権 第２臨調一次答申	財政再建元年 生活保護123号通知 母子及び寡婦福祉法に改正	

社会保障・社会福祉援助技術関連年表12

1982	57	『社会福祉と国家の失敗』 **米:DRGs導入に伴い退院計画書が重要課題に** 国際障害者年　障害者世界行動計画ソーSWのレベルアップを指摘 **米:ミナハン「レーガン時代はSWにとって最悪の時代だった」と述べた** 英:バークレイ報告 ｽエーデン:社会サービス法:ｺﾐｭｰﾝの責任明確化 **米「国家保健介護法」論議** **米課税公平財政責任法**	難民条約批准 **米:レーガノミズム「SWは衰退する専門職」** 国連障害者の10年（83～92年）	老人保健法制定→83年より実施	
1983	58	※ｼｰﾎﾞｰﾑReに基づきSWの新任務が明確に **英:精神保健:認可SWに** 英:施設ケアの拡大、在宅ケアの衰退 **豪:障害者援助法見直し**	国民生活審議会答申	家庭奉仕員派遣対象の拡大 社会福祉・医療事業団法	**市町村「訪問看護事業」開始:訪問看護事業** **老人保健法の一部負担相当額を特定疾患治療研究事業による医療の給付の対象** **健保改正:本人1割負担**
1984	59	英:情報保護法 ｽｳｪｰﾃﾞﾝ:新法制定 ※収容施設閉鎖解体を法律で明記した			**透析患者:マルチョウ1万円** 退職者医療制度創設 **第1次医療法改正制定**
1985	60	英:インフォーマル福祉活動・ボランテイアの推進 **豪:在宅・地域ケア事業法** **米:退院支援はSWが行う**	社保審「老人福祉のあり方」 職業能力開発促進法	基礎年金制度 補助金問題等検討会報告	**同法施行:地域医療計画による病床規制導入**
1986	61	英:障害者法改正:アセスメントに介護者とサービス利用者参加義務化 ボストン法律大学「児童虐待プログラム」作成 豪:障害者サービス法	チェリノブイリ原発 機関委任事務整理法 行革一括法 長寿社会大綱	年金関係法成立(基礎年金導入) 老人保健施設創設（老健法改正による） ｻｰﾋﾞｽ:入所、在宅(SS､ﾃﾞｲ･ﾅｲﾄケア) 国際社会福祉会議東京で開催 日本SW協会「倫理綱領」採択	**国立精神・神経センター設立** **斎藤厚生大臣:医療・福祉関係職種資格法制化指示**
1987	62	豪:リハビリ地方分権化 マイヤー『エコシステム』	地域雇用開発等促進法	社会福祉士介護福祉法制定 精神保健法制定（精神衛生法を改正） 3審:施設費用徴収基準あり方	**臓器移植法施行** **国民医療総合対策本部中間報告:在宅ケアの遅れを指摘** 臨床工学士法、義肢装具士法
1988	63	英:社会保障法 伊:家族手当全面改正 英:グリフィーRe『C･C:行動綱 **独:法定疾病保険加入義務解ける。→大半は未加入** 米:政府政策遂行担手	公害患者新規認定打切	障害者の雇用促進等に関する法 ※すべての障害者が対象となった	**日本看護協会「看護婦の倫理規定」** **2003年改定『看護者の倫理綱領」**

社会保障・社会福祉援助技術関連年表13

1989	H1	※高度なSW教育の必要性、サービス提供の自治体移譲ｹｱﾏﾈｰｼﾞメント、民間導入 **英：民間ナーシングホームの増大化（94年）** **英：ケマネジメントを政策の要に** **英：ボランテイア入所施設増加**	国連児童権利条約採択 **中国：天安門事件勃発** **独：ベルリンの壁撤去** 新学指要領：福祉教育 消費税等の新税制発足 労働組合再編成	３審「今後の社会福祉のあり方」答申 民間事業者老後保健福祉整備促進法 新学習指導要領：福祉教育位置づけ→90年 ゴールドプラン（ＧＰ）発表 福祉関連８法改正→ＧＰスタート	**特例許可病院に「入院医療管理料」** **「難病患者医療相談モデル事業」開始** **最初は7自治体** **「医療ソーシャルワーカーの業務指針」** **通知**
1990	H2	独：民法改正（通称：世話法） 英：NHSトラスト 英：ＮＨＳ及びコミュニテイケア法。地方自治体にコミュニテイ計画 ＳＷの業務大幅に変化　1）ケアマネジメント、2）モニター、3）アセスメント　4）退院調整 英：NHSトラスト 米：ＡＤＡ法成立 **社会構造主義の台頭：ホワイトら Michael[Narrtive Means to**	子供の為の世界ｻﾐｯﾄ ソ連：ゴルバチョフ サッチャー辞任 保守党メージャーに 独：ドイツ連邦共和国誕生 初代首相　コール	社会事業法改正のポイント： 3条地域連携・配慮 精神薄弱者福祉法改正： 更生、授産に加え福祉H、福祉工場も第１種 精神薄弱者相談員が法定化、ＧＨの充実 身体障害者法改正：地域で自立、在宅介護 全国在宅介護支援センター協議会発足	**診療報酬改定（全体で3.7%↑）** **4月「難病患者医療相談モデル事業」に訪問診療事業を新設。小児慢性疾患対象10疾患軍に拡大** **協会:大会にて3項目について論議**
1991	H3	英：NHSと並行しコミュニテイケアに関わる社会福祉（対人社会サービス）実施 英：市民憲章：Sの質の向上と効率 米1990年代管理ケア制度にSWも参画。ジャーメインの考え方が浸透	湾岸戦争 ソ連解体 独：首都をベルリンに	国民年金基金制度発足：地域型、職能型	**協会：「制度化に関する基本方針」** **採択されず**
1992	H4	ｽｳｪｰﾃﾞﾝ：エーデル改革 豪：障害者サービス法の改定、障害者差別禁止法 **英：在宅ケア（ホームヘルパー）の増大化** 保健・医療の市町村移議		厚生省「老人保健福祉計画について」 老人訪問看護制度発足：老健法改正 介護労働者の雇用管理の改善に関する法律	**日弁連** 「患者の権利の確立に関する宣言」 **4月「難病患者医療相談モデル事業」** **『難病患者地域保健医療推進事業」** **に改め実施県を21件に拡大** **診療報酬改定（本体5.0%）** **「寝たきり老人総合診療科」新設** **第2次医療法改正：特定機能病院や** **療養型病床群向けの点数新設** **「居宅において」在宅医療の法制化** **老人訪問看護制度新設→老訪看護STN始動** **健康保険法改正**
1993	H5	ｱｼﾞｱ太平洋障害者10年 WHOヨーロッパ会議「ヨーロッパにおける患者の権利の確立に関する宣言	**チェコとスロバキア分離** 合計特殊出生率1.46 **米：クリントン大統領就任** **欧州連合条約批准完了** **細川連立内閣発足**	ﾃﾞｲｻｰﾋﾞｽ：D型（小規模型）、E型（地方）加わる 6月：住宅改良（リフォーム）ﾍﾙﾊﾟｰ制度創設 障害者基本法制定 精神保健法改正：ｸﾞﾙｰﾌﾟﾎｰﾑ法定化	**92：老健法改正：70歳以上一部負担↑** **協会：国家資格のあり方としては** **社会福祉士とする**

社会保障・社会福祉援助技術関連年表14

1994	H6	スウェーデン:障害施設改革 英:SW事後資格・昇進審査の導入 独:介護保険制度発足 **疾病保険加入者のみ** ILO:世界の失業は大恐慌並みと発表	英仏海峡トンネル通過 ３月:２１世紀プラン 関西空港開港	母子保健法改正エンゼルプラン 地域保健法公布（保健所法を改定） 児童権利条約批准 年金法改正(支給開始年齢) 付添廃止、給食有料化← 老人福祉法改正:在宅介護支援Ｃを法制化 ハートビル法制定:高齢者障害者配慮建築 厚生省：少子高齢社会看護問題検討会報告書 3月：高齢社会福祉ビジョン懇報告 「21世紀福祉ビジョン－少子・高齢社会に向けて新しい介護システムの検討 12月:高齢者介護・自立支援システム研究会報「新たな高齢者介護システムの構築を目ざして	**「在宅時医学管理料」新設** **4月特定疾患調査研究班が4研究班となる** **相談訪問事業:全都道府県に拡大** **在宅人工呼吸器死闘特定疾患患者緊急一時入院事業を新設** **老人病院の看護体系を再編** **診療報酬改定(初めて年2回)** 10月:訪問看護制度ｽﾀｰﾄ ※難病、障害者も対象に ※健康保険法一部改正による **厚生省:「精神保健福祉士の国家資格化　検討」(試案)提示。** **協会:PSW単独立法化に反対決議** **付き添い看護･介護廃止、基準給食見直**
1995	H7	英:コミュニテイケアの行き詰まり露呈化 スウェーデン:精神障害者施策改革 伊:全国社会保険校舎の設立:年金大改正	北京国連世界女性会議	新ＧＰスタート 精神保健福祉法改正:福祉化、医療保険化 社復施設:新たに福祉ﾎｰﾑ、福祉工場 精神保健福祉手帳の創設 県:社会適応訓練事業 障害者プラン（ﾉｰﾏﾗｲｾﾞｰｼｮﾝ７年計画） ※H8年度予算:2025億円 社会保障制度審議会勧告 社会保険を中核として、租税負担の勤労者世代への負担集中見直し、など	**難病対策委員会最終報告:3事業明示** **新GP:訪問看護ステーション5,000箇所** **4月『難病患者地域保健医療推進事業」に患者･家族教室(モデル事業)新設。** **新たに「特定疾患医療従事者研修事業」開始。**
1996	H8	英:介護者法施行　10月「バーッグナー報告」 コミュニテイケア行き詰まり	独:失業率最悪に	老人保健審議会にて介護保険法審議 「社会保障構造改革の方向(中間まとめ):国民負担率を**50**%以下に 11月:介護保険法案提出	**200床以上の病院の初診に特定療養費制度** **診療所のかかりつけ医機能を強化**
1997	H9	**英:政府は病床削減をするも自治体との折り合いつかず**	労働党ブレア政権　当面前政権の政策引きつぐ 独:失業率12.2%	健康保険法改正 本人1割→2割、外来薬剤費の導入 8月：社会福祉基礎構造改革 児童福祉法改正：保育所の措置制度改正 **地域保健法施行** 12月：介護保険法可決成立	**特定疾患調査研究の再編** **難病患者等居宅生活支援事業の創設** **「今後の難病対策具体的方向」→重症患者に重点を置いた難病対策の充実** **看護師養成課程に「在宅看護論」を規定**

社会保障・社会福祉援助技術関連年表15

1998	H10	英:ブレアー白書『社会サービスの近代化』 自立の促進、保護の改善、規準の向上　第三の道:7つの基本原則		自殺者が3万人を超える 「社会福祉基礎構造改革について(中間まとめ)	第3次医療法改正:病診の機能分担・連携推進 地域医療支援病院の創設、 有床診療所への療養型病床群設置 一般W180日超高齢患者の看護料大幅引き下げ 難病重点研究事業の創設(研究班) 4月:健康局長通知「難病特別対策推者認定適正化 健康医療局通知「在宅人工呼吸器使用 特定疾患患者訪問看護治療研究事業 実施要綱」出された
1999	H11	英:Royal Commission		「今後5ヵ年間の高齢者保健福祉背策の方向(ゴールドプラン21)策定 エンゼルプラン策定 男女共同参画基本法制定	
2000	H12	英:NHS計画 相対的貧困率(OECD)アメリカ(25.6%)日本(15.3)、デンマーク(4.3%)、スウェーデン(5.3%)		介護保険法スタート 社会福祉法制定 健康保険法改正 (老人1割負担導入) 児童虐待防止法制定 『21世紀に向けての社会保障』セーフネット機能、給付と負担の見直し、効率化により出来るだけ給付負担の増加防止	報酬改定:病院への外来受診抑制 紹介率を要件とする「急性期特定病院加算」新 「回復期リハビリテーション病棟 入院料」新設 療養型病床群は介護・医療保険並存 年金改正:学生、育児休業中者へ　減免措置 老健施設の逓減制を廃止
2001	H13	英:医療社会ケア法:病院運営に住民参加が義務化 WHO:ICFを採択		**社会保障改革大綱** 配偶者からの暴力の防止及び被害者の保護に関する法律(「DV防止法」)	第4次医療法改正 病床:一般と療養型に分ける 卒後医師臨床研修の必修化
2002	H14	英:NICEの設置 3つのプログラム作成 1)診療ガイドラインP 2)診療技術評価P 3)介入的手技P NICEには7つの共同研究会、各学会が協力 ※ガバナンスの強化	米:ブッシュ大統領就任	健康増進法制定 障害者プラン(ノーマライゼーション7年計画) 非正規労働者50%を超える フリーター200万人を超える	診療報酬改定: 退院指導計画の作成と実施 180日超長期入院のホテルコストを 特定療養費化 健保改正:70歳以上一部負担↑ 薬剤負担廃止 「医療ソーシャルワーカーの業務指針」の改定
2003	H15	米:メデケア近代化法		障害者福祉制度:措置から支援費制度へ	国立病院等のソーシャルワーカーに 福祉職が適用 厚労省:在宅ALS患者の 痰吸引に対する見解発表 「難病相談・支援センター事業」創設 難病患者等居宅生活支援事業(日常生活給付 事業:8品目から17品目へ 10月:特定疾患治療研究事業の一律 定額の一部負担負担を所得と治療状況に応じた 段階的な患者一部負担へ改正(7段階)

社会保障・社会福祉援助技術関連年表16

2004	H16	英：診療ガバナンス強化			特別支援学校の痰吸引・経管栄養・導尿’、 教員による実施を条件付で許容 4月児童福祉法一部改正に伴い小児慢性 特定疾患治療研究事業が法制化
2005	H17	英：NICEを公衆衛生適用			医療制度構造改革大綱
2006	H18	米：SWが提供するS内容 ①ケース発見 ②危機介入 ③退院計画 ④ケースマネージメント	【求められるスキル】 ①ストレス対処スキル ②時間有効活用スキル ③セルフエンパワーメント ④調査に関するスキル ⑤葛藤解決スキル ⑥院内医療チームとの連携・調整スキル ⑦院内におけるアドボカシーに関するスキル ⑧地域における組織作りに関するスキル ⑨管理ケア制度に関するスキル	「高齢者の虐待防止、高齢者の擁護者に対する支援等に関する法律（「高齢者虐待防止法」）	診療報酬マイナス改定： 在宅療養支援診療料新設 病診の初診料統一化:再診料も縮小 入院基本料に7対1の区分を設定 疾患別リハビリ日数に上限設定 療養病床に区分設定 3月：疾病対策課通知「難病患者等短期 入所事業について 第5次医療法改正 医療計画と連動する医療連携体制の構築 4疾患5事業の推進 「入院診療計画書及びたい飲料用計画書」に 関する事項が「医療に関する情報提供に 関する事項」（情報公開）に示された。
2007	H19			船員保険法改正 22年度から労災雇用給付は労災	新感染症法（結核予防法廃止） がん対策基本法成立 地域医療連携パス導入
2008	H20	仏：薬剤費総医療費2割			診療報酬マイナス改定： 後期高齢者退院支援計画書新設（100点）、 社会福祉士が施設基準に含まれた 老人保健法→「高齢者医療確保法」へ改正 後期高齢者医療制度発足 政府管掌健保→協会けんぽへ
2009	H21			介護保険法一部改正：退院時連携に加算 介護報酬改定	
2010	H22				診療報酬改定 在宅復帰後を見越した地域連携の評価 介護支援連携指導料新設(300点、入院中2回 請求可能）社会福祉士が施設基準に

注：上記年表は、筆者がこれまで読んださまざまな研究雑誌、論文から抽出したものである。

医療・福祉現場に求められる幅広い専門知識と、高度なマネジメント能力を持つ人材を養成

日本福祉大学大学院

【通学課程［夜間開講］】

医療・福祉マネジメント研究科 医療・福祉マネジメント専攻 修士課程

◆課程内容

開講形態：夜間開講
授与学位：修士（医療・福祉マネジメント）
入学定員：30名

◆課程の特徴

○相互理解の視点、コミュニケーション能力育成のため *Inter Professional Education*（多職種連携教育）を導入。
○働きながら修学できるよう、平日夜間の開講の他、土日の集中講義を多数開講。（在籍者の内、96%が現職社会人［2010年度］）
○ケースメソッド演習・実務家による先駆的実践事例の紹介、修士論文に代わる「実践研究コース」など、多彩な科目や特徴あるコースを設置。

◆2011年度入試概要

＜入試日程＞
出　願：**2011年1月17日（月）～27日（木）**
入　試：**2011年2月12日（土）**

＜選抜方法＞
一般・社会人：書類審査・面接・小論文
社会人特別推薦：書類審査・面接

【通　信　課　程】

社会福祉学研究科 社会福祉学専攻 修士課程（通信教育）

◆課程内容

開講形態：通信教育
授与学位：修士（社会福祉学）
入学定員：25名

◆課程の特徴

○3つの福祉専門領域（政策・地域・臨床）を設け、総合的・実証的な学習を推進。
○講義・演習は、インターネット上の掲示板を中心に開講し、現職社会人も、時間を有効活用しながら修学可能。
○年4回（各2日間）、週末を利用したスクーリングを実施し、きめ細かい対面指導を実現。
○医療・福祉・教育分野を中心に、20～60代まで幅広い年代の方が在学。
○全国に広がる在学生・修了生のネットワーク。

◆2011年度入試概要

＜入試日程＞
出　願：**2011年1月8日（土）～18日（火）**
入　試：書類審査のため入試日の設定はありません。

＜選抜方法＞
一般・社会人：書類審査

※両課程とも、厚生労働大臣より『教育訓練給付制度』の講座指定を受けています。

（資料請求・お問合せ先）

日本福祉大学大学院

大学院事務室　〒460-0012 名古屋市中区千代田5-22-35
TEL（052）242-3050　FAX（052）242-3072　E-Mail：swjim@ml.n-fukushi.ac.jp

http：//www.n-fukushi.ac.jp/daigakuin.htm

脊髄小脳変性症のすべて

発症から長期療養まで！
治療・看護・介護の参考書

■監修：水澤　英洋
（東京医科歯科大学教授）
■編：「難病と在宅ケア」編集部

- 医師だけでなく、OT/PT/看護/SMW/患者家族からの具体的な在宅療養ノウハウがマニュアル化。
- リハビリテーション、看護、生活上の工夫などが非常に充実しており、さらに最新のトピックスを加えている。

A４判　横２段組　272頁
1,800円（税別）
ISBN978-4-86227-002-3 C2047 ¥1800E

心に翼を

～あるALS患者の記録～ 長谷川　進

68歳。1999年10月、ALS（筋萎縮性側索硬化症）で突然倒れ、この春で8年目を迎えた。

患者自身が、新たに患者になる人たちのために書いた指南書！
ALS療養の現場と、看護・福祉のための在宅療養の実態！

A５判　並製　192頁
1,200円（税別）
ISBN978-4-86227-003-0 C2047 ¥1200E

看護師 マザー夢都子物語

鈴木 夢都子

大学病院、個人医院、訪問看護ステーションなどで40年の看護生活を経て、1999年１月に全国初のナーシングホーム「みのりホーム」を開設

どんな難病でもどんと来いと構えた肝っ玉母さんの阿修羅の奮闘劇の一部始終の物語！！！行き場のない難病患者さんらを一生看る看護施設の実態がここに。

四六判　並製　160頁
1,200円（税別）
SBN978-4-86227-004-7 C2047 ¥1200E

非侵襲的人工呼吸療法

－神経筋疾患のための－ ケアマニュアル

ニュージャージー医科歯科大学教授　ジョン・ロバート・バック　序
国立八雲病院小児科医長　石川　悠加　編著

- 急速に注目されている非侵襲的人工呼吸療法(NIV)の全体像を初めて系統的に記述。
- NIV療法だけでなく、食事栄養療法、コミュニケーション、座位保持、旅行、外泊、日常生活動作、心理的サポート、介護体制立ち上げ方法までのトータルな全人的マニュアル。
- 気管切開→呼吸器の前に、鼻マスク・マウスピースの選択肢の有無をサポートする。

A４判　横２段組　288頁
4,500円（税別）
ISBN978-4-931197-65-7 C2047 ¥4500E

在宅ケア感染予防対策マニュアル 改訂版

訪問看護・介護に必携！
基礎から実践まで

ICHG研究会／編著

- 知りたい情報をすぐに探すことができるように索引と目次を充実。
- 必要な知識が一目でわかるよう「訪問看護・介護者」「療養者家族」「注意」「メモ」等、マークを使用。
- 「正しい手洗いやうがい、洗浄・消毒や廃棄の方法」「MRSA、ウイルス肝炎、結核等、各種感染症のケア」「褥瘡、尿道留置カテーテル、経管栄養、人工肛門、人工呼吸療法等のケア」などの場合や疾患に応じてまとめた。

A４判 ２色刷 横１段組 192頁
3.600円（税別）
ISBN978-4-86227-001-6 C3047 ¥3600E

誰にでもわかる 神経筋疾患 119番

神経難病の簡潔な解説、その臨床的特徴、代表的な神経難病に対する対処法、といったいわば総論に続いて、筋ジストロフィー、ALS、パーキンソン病、多発性筋炎、脊髄小脳変性症、重症筋無力症、多発性硬化症などの神経難病についての各論であり、神経難病のすべてが載っています。

これ一冊があれば例え神経内科専門医でなくとも一通りの神経難病診療ができる仕掛けになっています。

■監修：金澤一郎（国立精神・神経センター総長）
■編集：河原仁志（前国立松江病院院長）
月刊『難病と在宅ケア』編集部

A４判
横２段組
264頁
ソフトカバー
3,500円（税別）
ISBN978-4-86227-006-1
C3047 ¥3500E

株式会社 日本プランニングセンター
TEL: 047-361-5141　FAX: 047-361-0931
〒271-0064 松戸市上本郷2760-2
E-mail: jpc@jpci.jp
URL: http://www.jpci.jp/

久保　裕男（くぼ・ひろお）

1950年　鹿児島県生まれ
1973年　鹿児島大学教育学部特別学科（保健体育教員養成課程）卒業
2005年　鹿児島国際大学大学院福祉社会額研究科社会福祉学専攻（修士課程）
1974年　社会福祉法人曙福祉会吹上学園（知的障害児施設）児童指導員
1976年　国立療養所南九州病院　重症心身障害児病棟　児童指導員
2005年　独立行政法人国立病院機構南九州病院　地域医療連携室
医療社会事業専門員、社会福祉士、介護支援専門員
鹿児島県難病医療専門員（知事委嘱）2007～2009年まで

〔著　書〕
『児童福祉ノート』（共著　筒井書房　1985年）
『医療福祉論』（共著　嵯峨野書院　2003年）
『難病医療専門員による難病患者のための難病相談ガイドブック』（共著　九州大学出版会 2008年）
『保健医療サービスとソーシャルワーク』（共著　法律文化社　2010年）　ほか

MSWハンドブック　定価　本体2,000円＋税

発　行　2010年12月15日

著　者　久保　裕男
発行者　株式会社 日本プランニングセンター
代表取締役　今村栄太郎
〒271-0064　千葉県松戸市上本郷2760-2
電話047-361-5141(代)　FAX047-361-0931
URL: http://www.jpci.jp
E-mail: jpc@jpci.jp

印刷・製本　（株）ディグ

ISBN978-4-86227-010-8　C2047　¥2000E